豊臣秀吉像（豊國神社蔵）
重要美術品。「秀頼書」の「豊国大明神」の神号、その左側には豊臣秀吉の辞世の草稿と思われる押紙がある。渡辺武によると、これは豊臣秀吉の肖像画として他に類例のないもので、片桐且元の弟である片桐貞隆の流れをくむ大和国小泉の片桐家に伝来し、かつて片桐且元が豊臣秀頼から秀吉の肖像画を所望されて本画像を見せたところ、秀頼が感動して神号を揮毫したとの由来をもつという。

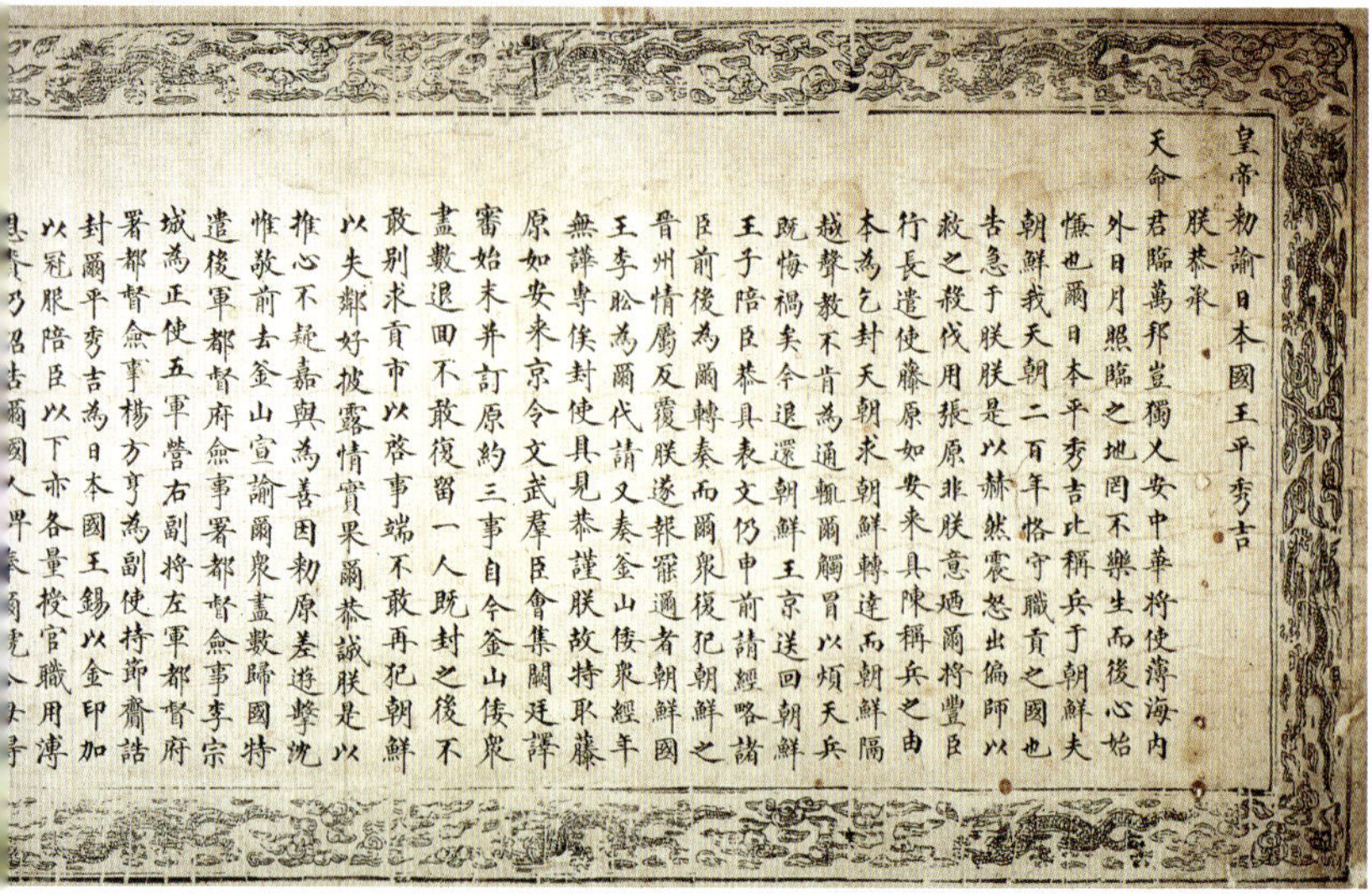

皇帝勅諭日本國王平秀吉
朕恭承
天命君臨萬邦豈獨乂安中華將使薄海内
外日月照臨之地罔不樂生而後心始
愜也爾日本平秀吉比稱兵于朝鮮夫
朝鮮我天朝二百年恪守職貢之國也
告急于朕朕是以赫然震怒出偏師以
救之殺伐用張原非朕意廼爾將豐臣
行長遣使藤原如安來具陳稱兵之由
本為乞封天朝求朝鮮轉達而朝鮮隔
越聲教不肯為通輒爾觸冒以煩天兵
既悔禍矣今退還朝鮮王京送回朝鮮
王子陪臣恭具表文仍申前請經略諸
臣前後為爾轉奏而爾衆復犯朝鮮之
晋州情屬反覆朕遂報罷適者朝鮮國
王李昖為爾代請又奏釜山倭衆經年
無譁専侯封使具見恭謹朕故特取藤
原如安來京令文武羣臣會集闕廷譯
審始末幷訂原約三事自今釜山倭衆
盡數退回不敢復留一人既封之後不
敢别求貢市以啓事端不敢再犯朝鮮
以失鄰好披露情實果爾恭誠朕是以
推心不疑嘉與為善因勅原差遊擊沈
惟敬前去釜山宣諭爾衆盡數歸國特
遣後軍都督府僉事署都督僉事李宗
城為正使五軍營右副將左軍都督府
署都督僉事楊方亨為副使持節齎誥
封爾平秀吉為日本國王錫以金印加
以冠服陪臣以下亦各量授官職用溥

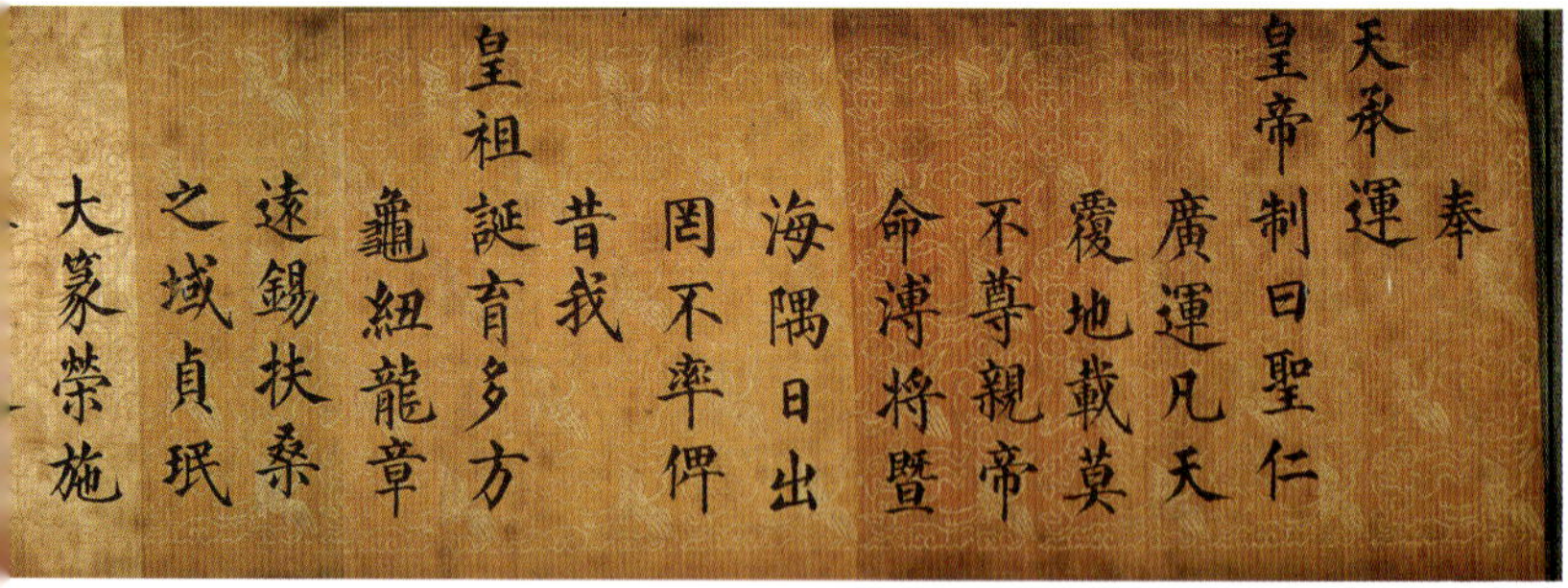

奉
天承運
皇帝制曰聖仁
廣運凡天
覆地載莫
不尊親帝
命溥將暨
海隅日出
罔不率俾
昔我
皇祖誕育多方
龜紐龍章
遠錫扶桑
之域貞珉
大篆榮施

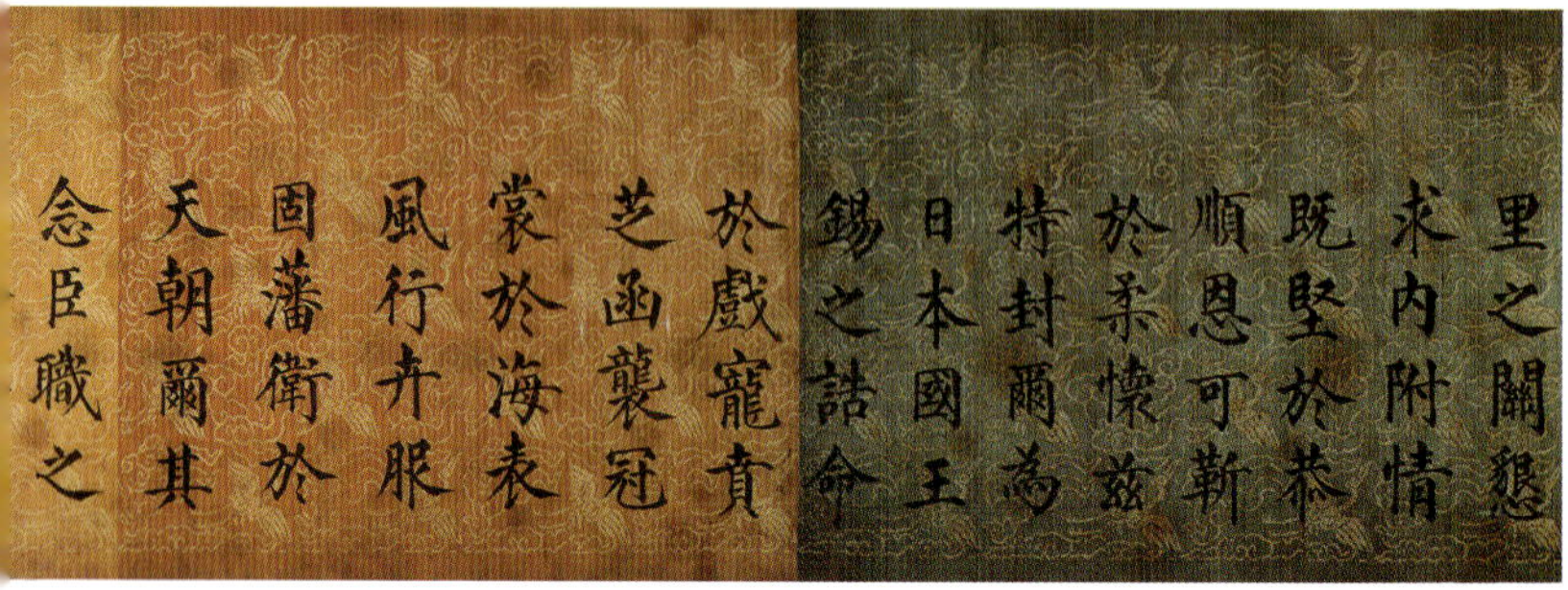

里之關懇
求内附情
既堅於恭
順恩可靳
於柔懷茲
特封爾為
日本國王
錫之誥命
於戲寵賁
芝函襲冠
裳於海表
風行卉服
固藩衛於
天朝爾其
念臣職之

装幀　大原大次郎

中世から近世へ

# 豊国大明神の誕生

変えられた秀吉の遺言

野村玄

平凡社

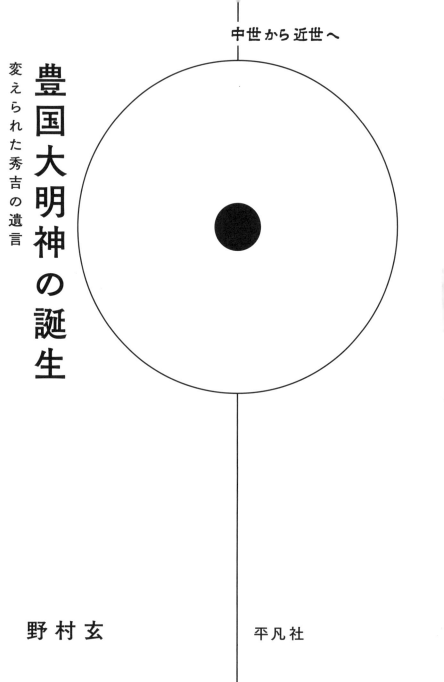

明神宗贈豊太閤書（部分）

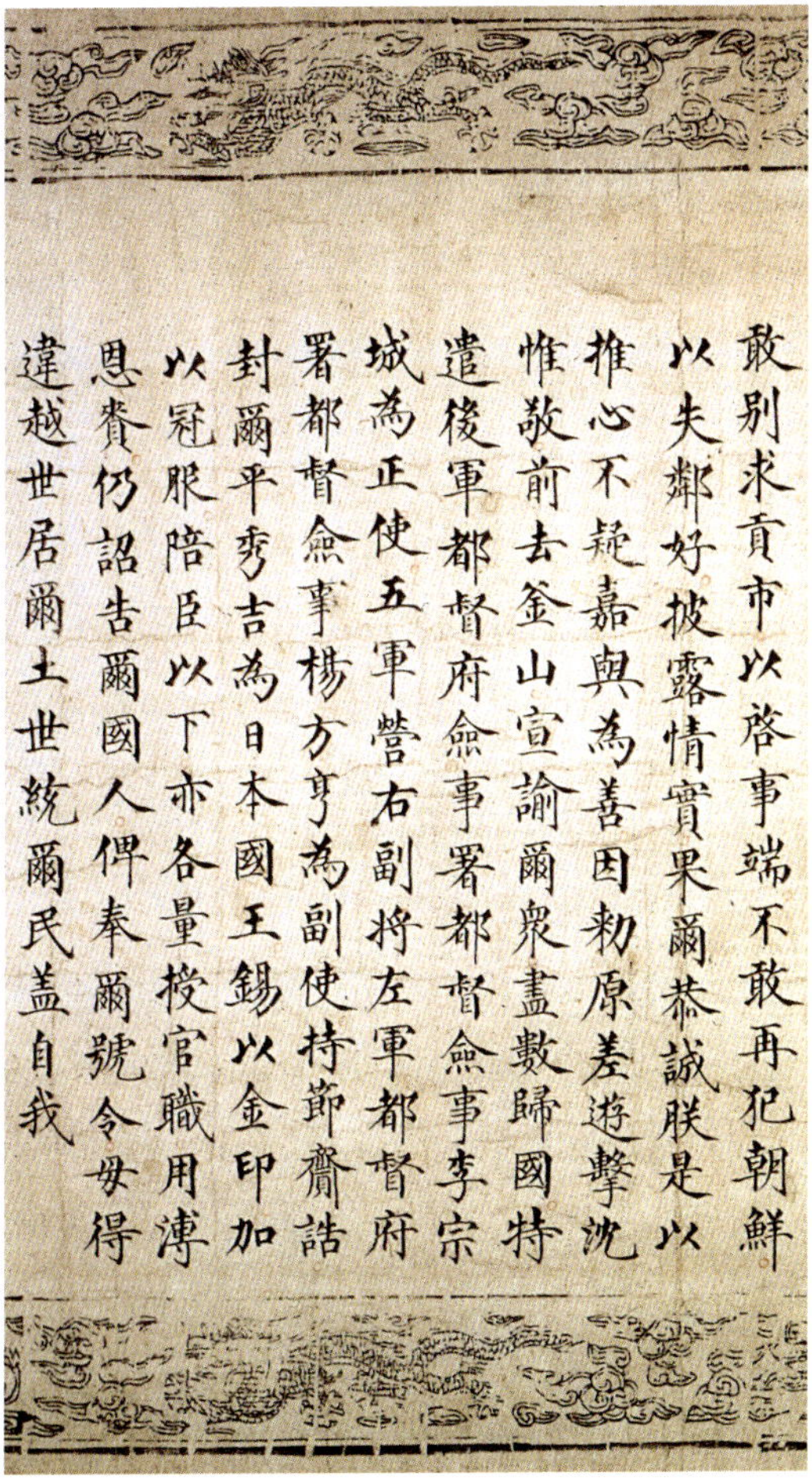
敢別求貢市以啓事端不敢再犯朝鮮
以失鄰好披露情實果爾恭誠朕是以
推心不疑嘉與為善因勅原差遊擊沈
惟敬前去釜山宣諭爾衆盡數歸國特
遣後軍都督府僉事署都督僉事李宗
城為正使五軍營右副將左軍都督府
署都督僉事楊方亨為副使持節齎誥
封爾平秀吉為日本國王錫以金印加
以冠服陪臣以下亦各量授官職用溥
恩賚仍詔告爾國人俾奉爾號令毋得
違越世居爾土世統爾民蓋自我

前頁上：明神宗贈豊太閤書（宮内庁書陵部蔵）
万暦帝が李宗城と楊方亨を派遣し、秀吉への日本国王冊封などを伝達するために作成した勅諭である。田島公は、冊封時の使者は楊方亨と沈惟敬であり、本来彼らの氏名に書き換えられねばならず、書き換える前の勅諭の伝来理由は不明とした。大庭脩によると、肥前国蓮池の鍋島家家老の成富氏の所蔵であったが、のち天保９年（1838）４月21日に松浦静山から佐藤一斎に贈られたものという。

前頁下：明王贈豊太閤冊封文（大阪歴史博物館蔵）
重要文化財。万暦帝が秀吉を日本国王に封じた際の誥命（辞令）である。大庭脩は、錦の色を木（青）・火（赤）・土（黄）・金（白）・水（黒）の五行の色とし、雲鶴文様などから秀吉の王号は蕃王の扱いで、誥命は慶長５年（1600）の堀尾忠氏の妹と石川忠総の婚姻時、堀尾家から石川家に渡され、第二次世界大戦後に個人から大阪市へ譲られたとする。荊木美行は、堀尾家から石川家への譲渡年を寛永10年（1633）以降とする。

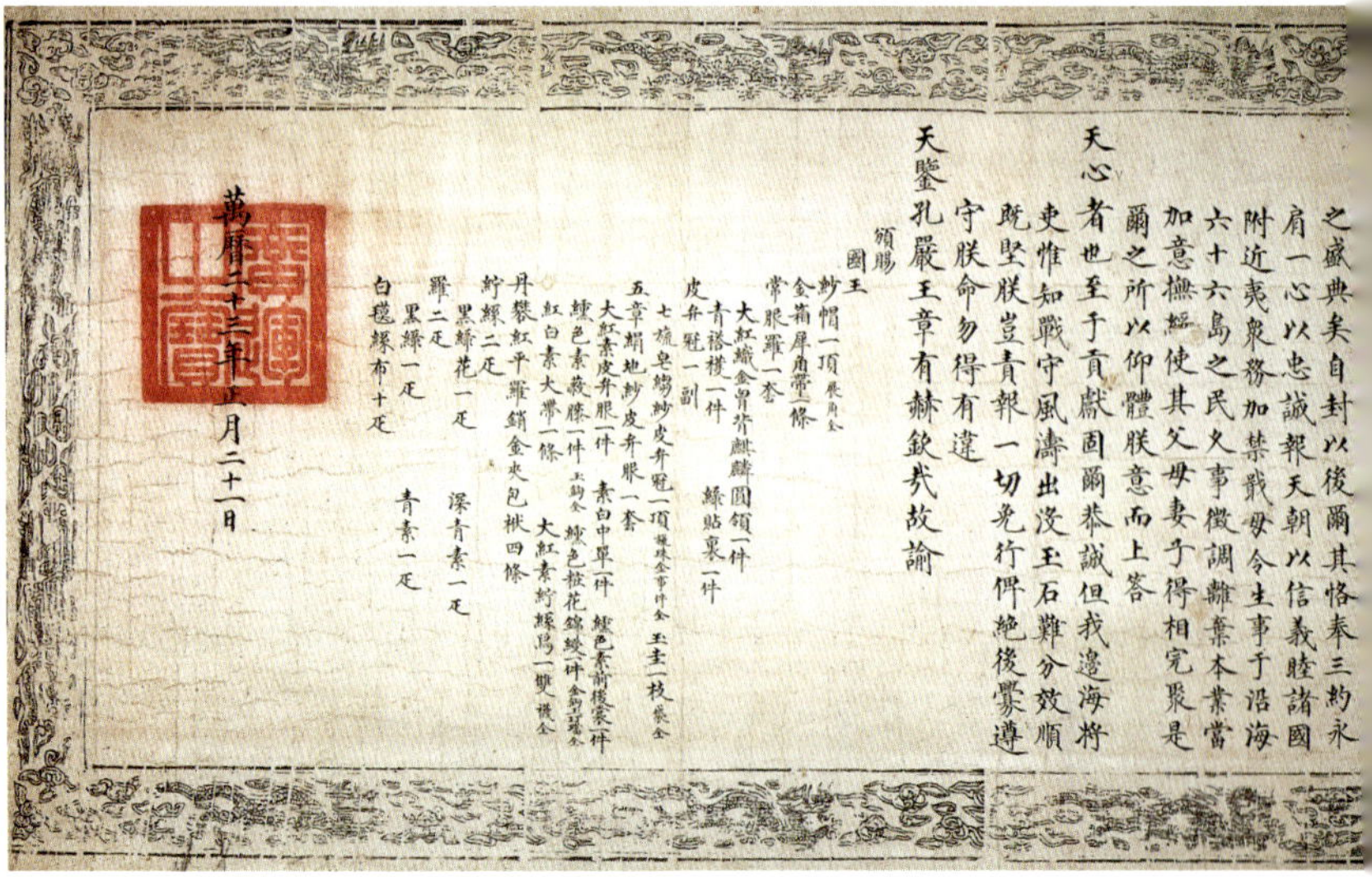
之盛典矣自封以後爾其恪奉三約永
肩一心以忠誠報天朝以信義睦諸國
附近夷衆務加禁戢毋令生事于沿海
六十六島之民久事徵調離棄本業當
加意撫綏使其父母妻子得相完聚是
爾之所以仰體朕意而上荅
天心者也至于貢獻固爾恭誠但我邊海將
吏惟知戰守風濤出沒玉石難分效順
既堅朕豈責報一切免行俾絶後釁遵
守朕命勿得有違
天鑒孔嚴王章有赫欽哉故諭
頒賜
國王
紗帽一頂 展角全
金廂犀角帶一條
常服羅一套
大紅織金胷背麒麟圓領一件
青褡褸一件 綠貼裏一件
皮弁冠一副
七旒皁縐紗皮弁冠一頂 旒珠金事件全 玉圭一枝 袋全
五章絹地紗皮弁服一套
大紅素皮弁服一件 素白中單一件 纁色素前後裳一件
纁色素蔽膝一件 玉鉤全 纁色粧花錦綬一件 金鈎玉玎璫全
紅白素大帶一條 大紅素紵絲舄一雙 襪全
丹礬紅平羅銷金夾包袱四條
紵絲二疋 深青素一疋
黑綠花一疋
羅二疋 青素一疋
黑綠一疋
白氎絲布十疋
萬曆二十三年正月二十一日

明神宗贈豊太閤書
（宮内庁書陵部蔵）

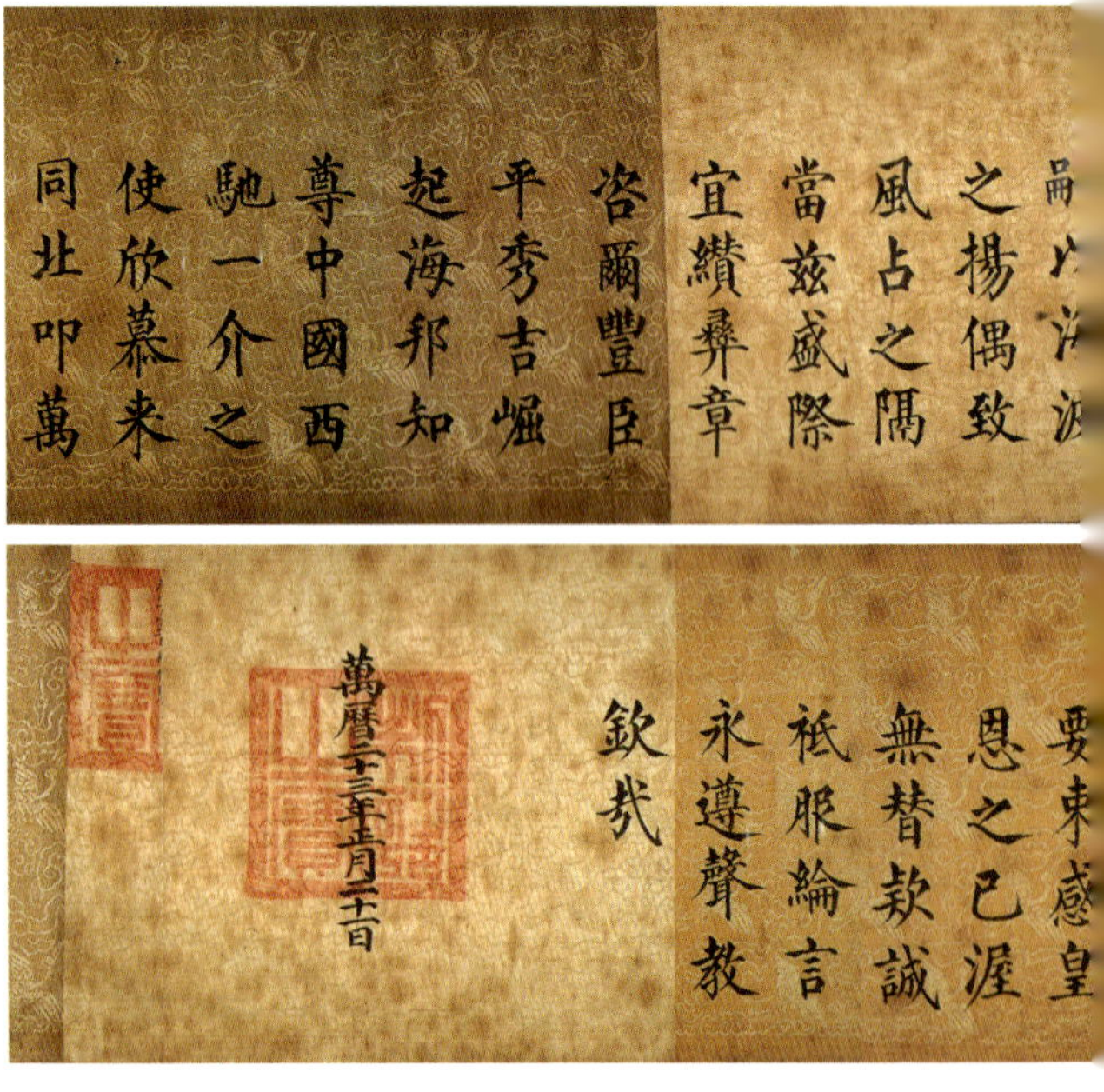
之揚偶致
風占之隅
當茲盛際
宜纘彝章
咨爾豐臣
平秀吉崛
起海邦知
尊中國西
馳一介之
使欣慕來
同北叩萬
要東感皇
恩之已渥
無替款誠
祗服綸言
永遵聲教
欽哉
萬曆二十三年正月二十一日

明王贈豊太閤冊封文
（大阪歴史博物館蔵）

豊国大明神の誕生◉目次

はじめに――豊臣秀吉は最期に何を想ったのか　7

第一章　豊臣秀吉の遺体の出土・損壊とその背景……19
豊臣秀吉の三百年祭を目前にした衝撃　20
明治新政府と豊国神社・豊国廟　25
寛文期までに盗掘されていた秀吉の墳墓　33
江戸幕府と豊国社・豊国大明神　38

第二章　豊臣秀吉の遺言とその奏上……45
さまざまな秀吉の遺言　46
フランシスコ・パシオとジョアン・ロドゥリーゲスの証言　62
秀吉にとって神とは何か　71
秀吉の最期　77
新八幡としての神格化計画と遺言奏上　80

第三章　秀吉の遺言変更と豊国大明神……85
遺言奏上の時期をめぐる政治的意味　86
アレシャンドゥロ・ヴァリニャーノによる新八幡批判　100

豊国大明神の誕生 106
豊国社の景観 115

## 第四章 秀吉の遺言を改変した者たちのねらい …… 121

誰が秀吉の遺言を改変したのか 122
北政所(高台院)の行動の意味 130
豊国大明神という神格の二面性 137
秀吉による中国大陸・朝鮮半島出兵計画の告白 140
日本勢の朝鮮半島上陸と漢城陥落 148
後陽成天皇の北京行幸計画と戦争への関与 153
戦局の悪化に伴う講和への動きと後陽成天皇 165
秀吉の日本国王冊封の動きと後陽成天皇 180
冊封使の逃亡と万暦帝の勅諭・誥命 189
日本国王豊臣秀吉と右都督徳川家康らの冠服 196
後陽成天皇にとっての豊国大明神 212
豊臣秀頼が豊国大明神号を許容できた理由 216
豊国大明神号創出をめぐる徳川家康の判断 219

第五章　その後の徳川家康と豊国大明神……225


徳川家康の大坂城西之丸への入城　226
伏見城落城・関ヶ原合戦と豊国大明神　235
大坂豊国大明神の勧請　243
大仏鐘銘事件の展開　253
豊臣家滅亡後の豊国社・豊国大明神　261

おわりに　272

主要参考文献　277

# はじめに――豊臣秀吉は最期に何を想ったのか

読者各位は「豊国大明神」という語を見て、誰のことを思い浮かべるだろうか。「豊国」は「とよくに」と訓じたので〔藤井二〇一二〕、「とよくに（の）だいみょうじん」と読む。「豊国大明神」は慶長《けいちょう》四年（一五九九）四月十七日に後陽成《ごようぜい》天皇から豊臣秀吉に宣下された神号で、秀吉を神として祀った際に与えられた神格である。

豊臣秀吉のことはかなりの人が知っているはずだが、「豊国大明神」と聞いてすぐに秀吉のことを思い浮かべられる人は、相当の日本史通だろう。筆者が講義などをしていても、日本史を専攻していない学生の中には「豊国大明神」を知らない人が多い。本書で筆者は、その日本史上よく知られる秀吉が神になった（神とされた）ことの意味をぜひ知ってもらいたいのだが、まずその理由を説明する必要があるだろう。

平成三十年（二〇一八）は、慶長三年（一五九八）の豊臣秀吉の没後から四二〇年にあたる。このように書くと、実は早速に矛盾が生じてしまうから難しい。というのも、神となった秀吉は当時の宗教的理論では亡くなっていないはずだからである。神になる（神とされる）ということはそういうことで、当時の史料を見ていると、物理的に呼吸が止まり、心臓が停止して死に至っていても、葬儀は発せられなかった。かつて研究者の間では、秀吉の葬儀があったかどうかで論争になったことがあるが［河内二〇〇八］［三鬼二〇一一a］、おそらく秀吉の葬儀はなかったと思われる。なぜなら当時、秀吉は人として死ぬのではなく、人がそのまま神にならなければならなかったからである［河内二〇〇八］。死を経由せずに神になる（神とされる）、しかも現役の最高指導者がそのように処遇されることは、日本史上秀吉が初めてであり、徳川家康で絶後となった。

だが、日本史や日本民俗に詳しい人ほど、こう反論されるかもしれない。日本には人が神になっている例は数多くあり、秀吉のこともその一例に過ぎないのではないか。その疑問に対しては否といわなければならない。日本史上、早良親王《さわらしんのう》や菅原道真《すがわらのみちざね》など、神になった（された）歴史上の人物は数多い。また、近年の研究では、祖先信仰の要素への注目から中世武士の神格化と天下人の神格化に連続性を見出したり、江戸時代も中後期になると、各地域の領主が藩祖・藩主顕彰事業の一環として神に祀られ始め、幕領で善政を敷いた代官なども神とされた例が明らかにされており、それらは徳川家康の神格である東照大権現《とうしょうだいごんげん》の権威の低下や大名などによる天皇への接近の事例として理解されている［高野二〇一八］。だが、中世武士の神格化や藩祖・藩主顕彰事業の一環としての神格化、また幕領代官の神格化などは、いちど死を迎えた人物をあらためて神格化したものであり、豊臣秀吉や徳川家康のように形式上の死を慎重に回避した結果としての神格化ではなく、現象としては神格化であっても、かなり質的に異なるのである［岩田二〇一四］。

本書は、天下人の神格化の歴史的特質、すなわち当時の政治的な最高権力者であった秀吉が死なずにそのまま神となることを目指し、しかもその神を祀る社について古代・中世に淵源を有する社をそのまま勧請したりするのではなく、まったく新しい独自の社殿を直ちに設計・造営させ、そこに鎮座したことの意味に注目したい。もちろん本書で後述するように、当時は神仏が分離していないから、実際の秀吉は仏教的世界観をも受容しているのだが、本書はその秀吉が神格化にかけた思いとその後の動きの異様さに注目したい。

秀吉は死ぬわけにはいかなかった。秀吉が最期の場面で何を考え、なぜ日本史上異例となる自らの神格化を企図しなければならなかったのか。そして、そのような当時としては異例の判断であったはずの最高権力者の急速な神格化を容認した後陽成天皇、遺された豊臣家の遺族、そして徳川家康らをはじめとした大名たちの考えとはいかなるものであったのか。これらの疑問を解き明かすことは、おそらく慶長期という日本史上の中世から近世への流れが一挙に加速する時期の複雑で難解な政治過程にこれまでとは異なる照明をあてることにつながるだろう。

そしてもう一つ、本書の意図していることは、まさにその日本史上の慶長期の政治過程について、従来とは異なる説明を試みたいということである。このように述べると、近年、豊臣秀吉を従来のいわゆる徳川史観から解放させようとしている研究動向のことが想起される。

筆者の理解では、この徳川史観というものは、江戸幕府の徳川将軍家に都合のよい歴史解釈で構築された歴史観のことで、いわば秀吉の事績や秀吉に臣従した徳川家康の立場を後代の徳川将軍家にとって有利な形で位置づけなおしたものということだろう。すなわち、豊臣秀吉の歴史的評価は、徳川将軍家によって歪《ゆが》められてきたという認識が基礎にあり、それを是正するために、新史料や従来知られていた一次史料（まさに歴史的人物本人や当時の存命者、当事者などが記した記録・書状など）を再検討することにより、新たな豊臣秀吉像や豊臣政権の姿を描き出そうとする動きである。この動きはとても意欲的な試みで、本書においてもその成果を参照させていただくのだが、歴史の叙述においては、残念ながら常にその叙述を行う主体による歪みが生じ、その歪みを生じさせる主体には政治家のみならず、研究者も含まれることは自戒《じかい》の念を込めて指摘しておかねばならない。なぜなら、本書でも後述するが、豊臣秀吉ほど、現代までの四二〇年間、歴史的評価の揺れ動いた人物はいなかったのではないかと思うからである。

秀吉の存命中は、秀次《ひでつぐ》事件などに象徴されるように、彼が決して政治的に安泰でなかったことは明らかであるし、神となってからも、後述のように江戸幕府が開幕し、さらに豊臣家が滅亡した後は「豊国大明神」を表立って崇敬することが許されなくなった。その意味で、幕府が秀吉の扱いに神経質となり、その歴史的評価を変更しようとしていたことは確かなのだが、江戸幕府の倒壊後、今度は明治新政府による秀吉の顕彰がなされた。秀吉について、新政府は天皇の臣下として戦乱を平定した人物と再評価したうえ、文禄《ぶんろく》・慶長の役によって海外にまで国威を宣揚し、中国大陸を治める明国からの日本国王冊封《さくほう》を拒絶した歴史的偉人としても讃えたのであった。

その具体化の一つが、明治十三年（一八八〇）に完成し、現在も存続する京都と大阪の豊国神社であったが、秀吉の顕彰をさらに強化していくため、今度は明治二十年（一八八七）から明治三十一年（一八九八）にかけて秀吉の墳墓の修築が目指され、その工事の途中、遺体の発掘・損傷という事故に見舞われながらも豊国廟《ほうこくびょう》が完成すると、今度は秀吉への贈正一位《ぞうしょういちい》が検討されることになった。ここまで秀吉の復権が段階的になされねばならなかった前提には、前述の江戸幕府による「豊国大明神」の祭祀の封印という事実があった。つまり、秀吉の歴史的評価の修正は、残念ながら常に行われてきたのである。

そのこと自体に目を向ける時、歴史を叙述することの難しさを痛感させられる。「これが史実だ」と断言することは容易だが、実際問題として、後世のわれわれが見られる史料は当時生成されたであろう記録・書状のおそらく何分の一でしかないだろう。歴史家が解明した「史実」は部分であって、全体ではないことに留意する必要があるだろうし、その部分的「史実」には相互に余白があるから、解釈の余地が生じてしまう。その解釈が時々の政治的理由で行われることもあるだろう。徳川史観しかり、明治新政府による顕彰しかりである。学問と政治との適度な距離感が、とくに歴史学において大切であることはいうまでもない。

しかし、いっぽうで近年とくに考えさせられる場面が多いのだが、政治的にではなく、学問的に歴史家（研究者）は「史実」の解釈を避けてはいけないと筆者は思う。近年の日本史学の研究は、歴史的な「事実」や「実態」を精緻に描くことを得意としているが、その反面、それらの歴史的評価・解釈の提示には消極的である。論文などを読んでいても、いきなりある歴史的な「事実」や「実態」の分析に入ってしまう研究者が多い。なぜその「事実」や「実態」に注目する必要があるのかを説明しない研究者が、残念ながら増えているのである。やはり学問であり、且《か》つ研究だから、それぞれの研究者には仮説があるはずで、自らの経験や知見に裏うちされた歴史へのまなざしがあるはずである。そのまなざしの新しさと確からしさを検証するために、研究者はそれぞれに歴史的人物・事件・事象への注目と、それらに関わる「事実」や「実態」の分析・実証を行うのではなかろうか。

研究者は、自らの提示する「事実」や「実態」が全体のごく一部であることを自覚しつつも、自身の歴史観を積極的に開陳すべきではなかろうか。その歴史観・解釈が、結果として、現代のわれわれが陥っているさまざまな問題・不安を逆照射し、先を見通すことの難しい現代へのある意味で「予言」や「警鐘」となり得るならば、歴史家としては本望である。けれども、これは言うは易《やす》く行うは難《かた》しである。全体のごく一部に過ぎない「事実」を広い視野から見つめなおし、それらの歴史的評価・解釈を積極的かつ学問的に打ち出すには、どのような方法があるだろうか。

本書の内容に則して考えれば、秀吉は死後に神格化されて「豊国大明神」となったが、従来それは秀吉による自己神格化とされ、神格化の要因も秀吉亡き後の自らの政権の将来を視野に入れた行為として、おもに国内的要因から説明されてきた。いっぽう、豊臣家の滅亡後は、江戸幕府により「豊国大明神」の神号が剝奪され、「豊国大明神」の祭祀も廃絶したといわれてきたことから、研究史上、とくに「豊国大明神」の問題には言及されることもなかった。近年、江戸時代における「豊国大明神」の取り扱いに関する研究が少し発表されてはいるが［久世二〇一五］、江戸幕府が倒れて以降、前述のように明治新政府が秀吉の祭祀を復活させて豊国神社を創建し、日本の対外的優位性の根拠の一つとして秀吉の再評価を推進していく。したがって、これまでの通説では、秀吉の神格について、もともとは秀吉亡き後の国内的要因から要請されて生み出されたものであったはずが、そのことは豊臣家の滅亡後の江戸時代には忘却され、近代に至って秀吉の歴史的営為が日本の国威発揚に利用される形で再評価されたことにより、秀吉の神格の歴史的性格も大きく変貌したと捉えられてきたのである［三鬼二〇一二a］［三鬼二〇一二b］。

しかし、果たして秀吉の神格をめぐる歴史的変遷は、そのように捉えられるだろうか。国内的要因で生み出された神格が後世に対外的要因で再評価・再解釈されるようになったのではなく、最初から対外的要因も織り込まれた神格であったとしたなら、と仮定することは許されないのであろうか。従来の研究ではそのような発想はできなかったかもしれない。だが、十六世紀から十七世紀初頭にかけての日本は、幕末とは比較にならないほどの衝撃的な西洋との出会いをしている。そのことに早くから注意を促した研究者は丸山眞男《まるやままさお》だが［丸山一九九八］、筆者は、従来と異なる慶長期の政治過程の説明を試みるためには、当時の国内史料のみならず、海外史料にも目を向ける必要があると思う。

慶長期の政治過程については、本シリーズでもさまざまな執筆者が言及することだろう。国内の新史料の発掘や従来知られていた史料の再検討により、新たな歴史像が描かれると思うが、同様の事例を同じ史料で繰り返し論ずることは避けねばならないし、また実際、すでに論じ尽くされている歴史的事件や事象も数多いだろう。それらのことにどこまで言及するのかも難しいところだが、本書では、従来おもに国内史料で言及されてきた歴史的事件や事象についても、当時の日本に滞在していた外国人がどのように観察し、評価していたのかという観点から叙述することを心がけてみたい。

そのことを可能にする史料は、ローマカトリックの布教のために来日・在日したイエズス会宣教師によるイエズス会の上長《じょうちょう》への報告書や、当時まだ活動できていたイギリス商館長の日記などだが、これらの史料は近年、ようやく使用されるようになってきたが［白峰二〇一五a〜f］、従来の日本史学の研究ではあまり使用されてこなかった。それは、国内史料で見出すことのできない歴史的事件や事象あるいは見解が、海外史料の随所に見出されるからであり、日本史学としては、国内史料で裏づけの得られない海外史料独自の情報は真実ではないとして、採用することを極端に避けてきたからである。歴史家としては、海外史料の記述を鵜呑みにすることは避けるべきだが、かといって、海外史料を殊更に斥けることは、学問的姿勢として一見誠実そうに見えるけれども、実はそうではないだろう。なぜ海外史料がそのような叙述を行っているのか、そしてなぜその叙述に相当する国内史料は存在しないのかを考えることも重要な分析の一つである。しかも、イエズス会宣教師やイギリス商館長らは、その職務の性格上、天下人をはじめ当時の政権の枢要な人々と直接会って話をし、彼らの発言や表情、声色《こわいろ》や立ち居振る舞いを含め、驚くべき観察眼で当時の状況を具体的に描いているのである。そこには、研究上の新たな着想や、日本人が陥っている先入観からの解放へとつながる記述があるかもしれない。脚色や誇張もあるかもしれないが、それらをすべて排除できるほどに国内史料の残存状況はよろしくないし、国内史料による分析のみでは、頭打ちになっているところもある。そして何より、もし日本史学の研究者が海外史料を意図的に排除するならば、それは叙述の歪みにつながってしまうだろう。少なくとも外国人が指摘した日本史上の暗部などから目を背けることになってしまう。そのような状況を打開・回避するためにも、本書においては、従来の日本史学の枠内では扱われることの少なかった海外史料を敢えて積極的に採り入れ、叙述してみたい。

そして、さらに留意したいことは、秀吉の行った文禄・慶長の役という約六年間にわたって中国大陸・朝鮮半島を巻き込んだ対外戦争のことである。この対外戦争に日本がどのように臨んだのかもさることながら、この対外戦争をイエズス会宣教師らがいかに見つめていたのかも重要な論点である。また、この大規模な戦争をどのように終息させるのかも当時の重要な政治課題であった。文禄・慶長の役によって、日本も、李氏《りし》朝鮮も、明国《みんこく》も相当の打撃を被ったが、忘れてはならないことは、そこに明治新政府が回顧したような日本の勝利はなかったということである。後述のように、むしろ当時の日本は中華思想に基づく明国を相手とした複雑な交渉に対応できず、明国に服属したと述べるほうが正確な状況にあった。問題はそのような状況下、戦争の最高指導者であった秀吉が戦争遂行中に病に倒れ、最期を迎えたことである。そこに本書の主題であるところの神格化の問題も関わってくるのだが、秀吉の神格化は秀吉自身の問題であったと同時に、あとに遺された後陽成天皇、豊臣家の遺族、そして徳川家康を筆頭とするポスト秀吉を担って日本国を牽引していく人々の問題、さらにはその後の日本国の独立の問題でもあったのではないかと想定すべきだろう。

本書は、以上のような観点から、できる限り広い視野に立って慶長期の政治過程を捉えなおし、日本史上それまでに例を見なかった現役の政治指導者の急速な神格化という異様な現象が出現した政治的背景とその歴史的意義を論じてみることにしたい。

＊

なお、本書では天皇や歴史的人物、研究者個人への敬称は省略している。論文・編著書や公刊史料の引用に際しては、口絵の解説文や本文での出典表示を簡略化し、巻末の「主要参考文献」と対応させて確認できるようにした。例えば、論文・編著書は、口絵の解説文では編著者名のみ、本文では編著者名の一部と発行年を示し、繰り返し引用する公刊史料については、後掲の「凡例」のように表示した。未公刊史料の史料名と所蔵機関名は、できる限り本文で記すようにした。

また、公刊史料からの引用にあたり、読点や人物比定などについては、引用元の表記や見解を極力そのまま尊重した。例えば、本書で松田毅一の監訳による『十六・七世紀イエズス会日本報告集』の各期各巻から引用する場合、種類分けされた括弧付きの語もそのまま表記した。各括弧の意味は、同書の凡例によると「〔 〕内はテキストにある補足語、（ ）内は訳者の補足語、または注に入れるべき短文」を示すとのことである。さらに、論文・編著書や公刊史料の引用にあたり、よみがなや人物比定などのルビを追記した箇所もある。

ただし、公刊史料において明らかな誤りと思われる読点などについては私見を反映させ、漢字は原則として常用漢字に改め、片仮名の繰り返し記号は「ヽ」、平仮名の繰り返し記号は「ゝ」としたことを予《あらかじ》めおことわりしておきたい。

最後に、史料上、現代の人権感覚などからは、不適切と思われる表現や特定の宗教などへの批判が一部見られるが、これらは筆者の見解ではなく、本書では歴史学的観点からそのままとしていることも、あわせてご理解願いたい。

＊

〈凡例〉『大日本古記録　言経卿記』……『大日古　言経』
『史料纂集　義演准后日記』……『史纂義』
『史料纂集　舜旧記』……『史纂舜』
『一六・七世紀イエズス会日本報告集』……『イ日報』（期はローマ数字、巻は漢数字）
『新訂　本光国師日記』……『新訂本光』

# 第一章　豊臣秀吉の遺体の出土・損壊とその背景

## 豊臣秀吉の三百年祭を目前にした衝撃

明治三十年（一八九七）四月二十八日の夕方、京都東山の阿弥陀峯《あみだがみね》一帯は俄《にわか》に慌ただしくなっていた。それは、現代の観点からは考古学上の一大発見であると同時に、一大不祥事ともいえる事態であった。当時、京都府の社寺志編纂委員であった湯本文彦は、明治三十九年（一九〇六）に著した手記「豊太閤《ほうたいこう》改葬始末」で次のように回顧している（以下、とくにことわらない引用は「豊太閤改葬始末」による）。

四月廿八日（明治三十年）夕方、受負人か工夫を指揮して、公（豊臣秀吉）の墓上の地固めのため其土を掘りしに、三尺計の下にて瓦の銅針金にて束ねしもの幾束を得たり、恠みて之を見るに、朱にて経文を写したるものなり、其瓦を取り除けしかは、其辺に胞衣壺の如きもの二つを得たり、其内には骨灰の如きものあり、其下に一つの石の稍平形なるものあり、普通の川石なり、又其下を掘りしに一抱へはかりの壺出でたり、已《すで》に毀れ目ありて掘りし時に破れたれは、其中に全骸叉手《しやしゆ》て西向きに趺座《ふざ》するあり、工夫大に驚き事務所に報告せしにより、馳せて実見せしに其いふところの如くなりしかは直に府庁に届け、東京に電報し更に屋構をなし、番人を置くなど非常の取混しとなりたり、其経瓦は豊公《(豊臣秀吉)》の百五十年忌、延享四年に当り妙法院宮堯延親王《(法脱カ)》が僧侶と共に経瓦を書きて供養せられしものにて、其一字も隠々として見るべし、其壺は素焼の茶壺の如きものにて粗造なる品なり、高は二尺弱にして中太く口少ししまりたり、箆先口にてひねりつちの五字を彫りたり、何の製とも知れかたし、幹事委員等立会之を取り上げんとせしに、全骸直に破砕して其形を滅したれは、取り集めて厳重に保存せりとの事なり、

明治三十年（一八九七）四月二十八日の夕方に阿弥陀峯の豊臣秀吉の墓の工事を進めていたところ、約九十一センチ掘り進めた所で銅の針金によって束ねられ経文の記された瓦と壺二つが出土した。その下にやや平らな石があったことから、さらに掘り進めると「一抱へはかりの壺」が発見された。その壺はすでに毀《こわ》れていたが、掘削中にさらに破損させたので、壺の中に全身骨格で叉手趺坐の形をした遺体が西を向いて残存していることが確認できた。驚いた工事関係者が事務所に報告し、実際に見分したところ、その通りだったので、東京に電報で知らせるとともに、現場を覆《おお》い屋《や》で保護して警備の者を配置するなど混乱を来《きた》した。さきに出土した瓦は、延享《えんきょう》四年（一七四七）の秀吉の百五十回忌にあわせて、妙法院門跡《みょうほういんもんぜき》の堯延法親王《ぎょうえんほっしんのう》が供養のために用意したものであったことがわかり、遺体の納められていた壺

は約九十一センチ弱の高さで口が少し窄《すぼ》まり、中が太く作られ、「ひねりつち」と文字が彫られたもので、どのような焼き物であるかは不明であるとのことであった。そして、前述の遺体を取り上げようとしたところ、すぐに遺体は崩壊し、損壊した各部位を回収して厳重に保存したとのことである。

なぜ当時、京都の阿弥陀峯でこのような工事を行っていたのか。湯本によると、彼が事の次第を聞かされた日と場所は明治三十年（一八九七）五月八日、出張先の醍醐寺三宝院でのことであったが、妙満寺内に設置されていた豊国会の京都事務所に急ぎ来てほしいとの呼び出しをうけたのだという。この豊国会は「明治三十一年ヲ期シ京都阿弥陀峯豊太閤ノ墳墓ヲ修理シ道ヲ設ケ幷ニ同年ニ於テ三百年祭ヲ挙行スルヲ目的トス」る組織であり、翌明治三十一年（一八九八）が豊臣秀吉の没した慶長三年（一五九八）から三〇〇年にあたることから、秀吉の墳墓の修築と三百年祭挙行を目指して、明治二十九年（一八九六）に設けられた（若松雅太郎編『豊国会趣意書』、国立国会図書館デジタルコレクション）。豊国会の事務所は、妙満寺内の京都事務所のほか、東京・京橋の東京事務所と京都・阿弥陀峯の建築事務所があった（『豊国会趣意書』）。妙満寺内の京都事務所に到着した湯本は「今度豊公《（豊臣秀吉）》墓修営工事中、測らす公《（豊臣秀吉）》の遺骸を発掘したり、誠に恐惶の至りに堪えされとも、慎重に改葬せざるべからず、改葬すれば更に墓誌を要するにつき、急に黒田侯爵《（豊国会会長の黒田長成）》の為め代作を求む」との趣旨で呼び出されたのであったが、湯本が「大に驚き実況を問ふ」て受けた説明が前述の内容であった。損壊した遺体は、のちに湯本代作の墓誌とともに、

　其改葬は遺骨を一々絹に包み桐函に朱詰となし、之を厚き銅の方匱に納め其上に銅板に壙誌《こうし》を楷書にて刻し、全面二度の鍍金《ときん》としたるを置き、更に之を石櫃に納れ、其砕けし陶壺と骨に附きし土、及骨器鏞錠とも石櫃中に納め、其経瓦を併せて鄭重に之を改葬せりといふ、

という形で改葬されたのだが、せめて出土した壺を無理に取り出さずにおけば、遺体の損壊は免れたのではないかと惜しまれてならない。秀吉は完全な座禅の姿ではないが、それに近い姿で西を向いて眠っていたのだから、これは仏教的世界観としての西方浄土を見ていたのだろう。秀吉の永い眠りを覚まさせたうえ、身体まで損壊したとあっては、何のための墓所修築と三百年祭かと、当時の一部関係者は疑問を禁じ得なかったのではなかろうか。湯本もその一人であったが、もともと彼は墓所修築事業そのものに賛成であったものの、その今回の運び方には批判的で、手記の「豊太閤改葬始末」では次のように述べている。

経文緯武の緯績回天撑日の大勲を建て、皇威を八紘に輝かし余烈を累世に遺し〻、万古無比の大英雄なる、豊太閤（豊臣秀吉）の埋骨地を故らに剗夷残滅、荊棘《けいきょく》の叢、狐狸《こり》の栖《すみか》と化せしめしは、実に徳川氏の所為として、三百年来天下仁人志士をして憤惋慷慨已むあたはざらしめしか、幸に大政維新の隆運に際し、其神霊を官社に列し永く其偉勲を表章せられ、頃日豊国会興りて更に其の墳墓を興造し、大に其埋骨地を顕章せんとする、誠に千歳の快事といふべし、是独り英雄の幽魂を慰するのみならす、帝国の光輝を発揚するに足るべき事業なれば、有志の士誰か喜ひて其挙を賛同せざらんや、故を以て皆眼を刮して如何なる構造を為し、此大英雄の墳墓を標するやと注目せさるものなし、昨日料らすも其設計書を一見するに及び、其構造の雄大なるには深く感するところあるも、其設計の成案につきては窃に如何にやと考へらる〻ところなきあたはす、

すなわち、そもそも「皇威を八紘に輝か」せた大功労者で「万古無比の大英雄」である秀吉の「埋骨地」がよくわからなくなり、棘《とげ》のある木々が生い茂って狐や狸のすみかとなってしまったのは徳川将軍家のせいであり、心ある人々は憤懣《ふんまん》やる方なかった。しかし、幸いに明治維新に際して秀吉の「神霊を官社に列」することになり、また最近は豊国会が組織されて、「更に其の墳墓を興造し」て「其埋骨地を顕章」する運びとなったことは「誠に千歳の

快事」であり、それは秀吉の慰霊ということのみならず、「帝国の光輝を発揚するに足るべき事業」でもあるから、志のある者は皆こぞって賛成し、秀吉という「大英雄の墳墓」がどのようになるのか、皆が関心を示している。湯本はその「設計書」を見て「其構造の雄大」さに深く感じ入ったが、内容には疑問を覚えたようであった。

## 明治新政府と豊国神社・豊国廟

ここで、少し話を整理しておく必要があるのだが、湯本のいう明治維新に際して秀吉の「神霊を官社に列し永く其偉勲を表章せられ」たという点は、次の慶應四年（一八六八）四月六日に明治天皇が発した御沙汰書（「明治元年四月六日ノ御沙汰書」〈「故従一位　豊臣秀吉（内務省経由・大阪府）」（「大正大礼贈位内申書巻三ノ二」国立公文書館所蔵）〉）が契機となった一連の流れのことを指している。

有功ヲ顕シ、有罪ヲ罰ス、経国ノ大綱、況ヤ国家ニ大勲労有之候者、表シテ顕スコト無之節ハ、何ヲ以テ天下ヲ勧励可被遊哉、豊太閤（豊臣秀吉）側微ニ起リ、一臂ヲ攘テ天下之難ヲ定メ、上古烈聖之御偉業ヲ継述シ奉リ、皇威ヲ海外ニ宣ヘル数年ノ後、猶彼ヲシテ寒心セシム、其国家ニ大勲労アル、古今ニ超越スル者ト可申、抑武臣国家ニ功アル皆廟食其労ニ酬ユ、当時朝廷既ニ神号ヲ追諡セラレ候処、不幸ニシテ天其家ニ祚セズ、一朝傾覆シ、源（徳川）家康継テ出テ子孫相受ケ、其宇祠ノ宏壮前古無比、太閤（豊臣秀吉）ノ大勲ヲ以テ却テ晦没ニ委シ、其鬼殆ント餒エントスルニ及ヒ候段、深思食候折柄、今般朝憲復古、万機維新之際、如此之廃典挙ケサル可カラサルニ、加之、宇内各国相雄飛スルノ時ニ当リ、豊太閤其之人ノ如キ、英智雄畧ノ人ヲ被為得度被思召、依之、新ニ祠宇ヲ造為シ、其大勲偉烈ヲ表顕シ、万世不朽ニ被為垂度被　仰出候、列侯及士庶豊太閤之恩義ヲ蒙リ候モノ不少、宜シク共ニ合力シ、旧徳ニ可報旨　御沙汰候事

この御沙汰書は秀吉のことを天下の難を平定して、歴代天皇の偉業を継ぎ、天皇の威光を海外にまで轟かせ、数年間は外国を震え上がらせた「大勲労」者で「古今ニ超越スル者」だとしている。そして、当時の朝廷は秀吉の功労に報いるべく「神号ヲ追諡セラレ」たが、不幸にも豊臣家は続かず、徳川将軍家が存続し、秀吉を祀った壮麗な社殿も埋没してしまったとの認識を示したうえで、今まさに「朝憲復古、万機維新之際」に「各国相雄飛スルノ時ニ当」って秀吉のような傑物を得たいと考えた明治天皇は、秀吉の「大勲偉烈ヲ表顕シ、万世不朽ニ」残したいとの意思を表明し、かつて秀吉の恩義を受けた者たちの子孫に力を合わせ

て秀吉の徳に報いよと命じたのであった。そして、藤井貞文によると「この御沙汰書には別紙が附せられ、それには大阪城外近傍に於《おい》て相応の地を択び、社壇の造営を為すから、天下有志の者の手伝を許すに依《より》て、裁判所に於て可然取計《しかるべくとりはから》ふ様にと達せられてゐ」た〔藤井一九三二〕。

さらに、明治天皇はその約一ヶ月後に次の御沙汰書をも発している（「明治元年五月十日ノ御沙汰書」〈「故従一位　豊臣秀吉（内務省経由・大阪府）」〔「大正大礼贈位内申書巻三ノ二」国立公文書館所蔵〕〉）。

先般浪華ヨリ　大駕御凱旋之節、豊太閤《豊臣秀吉》之社御建立被　仰出候、抑太閤《豊臣秀吉》ハ撥乱反正翼戴紀合其功績古今ニ亙リ、加之、皇威ヲ海外ニ赫輝シ、宝運ヲ振興シ、万世人臣ノ模範ト相成候段、深御称誉被遊候、先年致敗毀候豊国山之廟祠、更ニ御再興被　仰出候、依テハ当時恩顧ニ受候後裔ハ勿論、其英風ヲ仰、欽景慕之輩、御手伝願出候者ハ御差許ニ相成候間、天下之衆庶能此旨ヲ得候様　御沙汰候事

前引の四月六日の御沙汰書は「豊太閤《豊臣秀吉》之社御建立」を命じたものであったとしたうえで、五月十日の御沙汰書では「先年致敗毀候豊国山之廟祠、更ニ御再興」を命じ、「廟祠」すな

明治初年の豊国廟（青山重鑒『豊国神社誌』より転載）

わち秀吉の廟所を整備せよと念を押したのであった。

藤井貞文によると、この御沙汰書をうけ、八月十八日の秀吉の命日に新日吉《いまひえ》社《しや》の御饌《みけ》殿（のちに同社の神楽殿）で祭祀が行われ、明治二年（一八六九）六月三日からは、北政所（高台院）の子孫にあたる足守《あしもり》藩主木下家・日出《ひじ》藩主木下家が、阿弥陀峯の廟所に柵の設置工事を開始して同年九月二十四日に完成させた。しかし、「豊太閤之社御建立」は社地の選定や社殿の造営がなかなか進まず、京都で造営するか大阪で造営するかで論争となる。いったん大阪で決定となりかけたところ、京都側により再運動が展開され、最終的には京都の別格官幣社豊国神社を本社とし、大阪にも「摂社に準じて別社」の豊国神社大阪別社を造営することで決着した。だが、ともに完成は明治十三年（一八八〇）まで待たなければならなかった［藤井一九三二］。

したがって、明治三十年代の湯本がいう「其神霊を官社に列し」とは、その明治十三年

（一八八〇）に完成した豊国神社のことを指すのだが、「其の墳墓を興造し、大に其埋骨地を顕章」しなければならなかった理由は、明治三十年（一八九七）にはまだ、明治二年（一八六九）の工事により柵で囲われた墳墓を、明治二十年（一八八七）に「修営」したものしかなかったからであった［青山一九二五］。その墳墓をさらに修築し、明治三十一年（一八九八）に三百年祭を迎えようという事業に多くの者が賛成したのだが、湯本はその「設計書」に疑問を覚えたのである。すなわち、

今日開明の盛世に在りては、則ち深く考量を要すべきものあるべし、朝廷已にこれを神とし官社に列し官幣に加へらるゝに有志者に於ては其遺骸を仏としこれを仏式とするは朝廷の盛旨と相反するの嫌なきことあたはず、況んや已に五輪塔の仏式なるに、其前道に設くるに神式の鳥居を以てするをや、

という疑問である。湯本の見た「設計書」は、現在の豊国廟がそうであるように「五輪塔」であった。湯本は、明治十四年（一八八一）に別格官幣社豊国神社の「附属地」とされていた豊国廟［藤井一九三二］が仏式となることはおかしい、と考えたのである。

湯本から批判された豊国会は「已に建勲《たけいさお》神社東照宮などの例あり」、すなわち神社におけ

上：太閤坦の豊国廟拝殿　中：豊国廟階段　下：豊国廟五輪塔
（いずれも著者撮影）

る仏塔としては、織田信長を祀る京都の建勲神社や徳川家康を祀る栃木の日光東照宮などの例があるとし、また「朝廷に於て皇霊の御祭典には、神式を用ゐ給へども、其御墳墓は仏式のものあるにあらずや、又別に仏祭を行ふを禁せられさるは如何」、宮中でも祭祀は神式で墳墓が仏式の例はあると反論したが、湯本は次のように切り返した。

　これは其霊を神とせられし時、旧来の墳墓儼存《げんそん》せるを以て故《ことさ》らに破毀して改造するに及ばざればなり、

すなわち、そのように神式と仏式が併存している例は、祭神を神とした際、もともとの仏式の墳墓が現存していたからであり、それを敢えて破壊しなかったからであるという。湯本はさらに、

　故に維新以来の御墳墓は皆神式にして、其御祭式も、皆神式を用ゐ給へり、祭式は宗派によりて行ふものなれば、正祭の外《ほか》仏式をも行はるゝとあれど、これは独り其祭事のみにて、其墳墓の式に関することにあらす、故に余（湯本文彦）は豊公（豊臣秀吉）の墳墓再造の事は、最も賛成する所なれと、其現今設計の式に於ては識者の議を招くことなきやの恐なきあたはす、

と述べて、だから明治維新以後の墳墓はすべて神式であるし、個別に祭事を仏式で行う例はあっても、それは祭事のみであって墳墓にまでは及ばないはずで、豊臣秀吉の墳墓を再び造営するにあたり、五輪塔とした場合には議論を巻き起こすのではないかと危惧を表明したのであった。

しかし、「豊国会にては已に東京にて決定せりとて行はれざる勢なりき」、もはや東京事務所での決定事項だからと、湯本の言は容れられなかった。けれども、湯本が五輪塔に反対した理由にはもう一つ、次のような大きな理由があった。

> 又大五輪塔を建つれば其重量の大なるため、墓中まで地固めを要する可く、如此は則公（豊臣秀吉）の墓中に鍬を入るゝことゝなり、甚不敬に当るべし、大に注意あるべきなり、余（湯本文彦）の意見にては已に神社と定りし上、其墓の荒廃せしを更に再造する事なれば、神式に改めて可なるべし、如此則或は神式或は仏式の不体裁もなく墓中を犯す恐もなく、費用も減して大に其宜を得べし（以下略）

計画されていた五輪塔は巨大なものであった。『豊国会趣意書』には「其高サ地盤ヨリ三丈ニシテ古来五輪塔中ノ最モ壮大ナル者トス」とある。「三丈」とは約九メートルである。それをそのまま廟所の上に設置するためには、廟所の地盤補強工事を行う必要が生じ、墓室の中にも工事の手が及んでしまう恐れがあり、すでに別格官幣社豊国神社なのだから、その祭神の墓所を再び造営するならば神式でよく、仏式となる不体裁や墓室の中にまで工事が及ぶ危険を回避でき、費用も削減できるのではないかと、湯本は提言していたのである。けれども、その湯本の提言は採用されなかった。

## 寛文期までに盗掘されていた秀吉の墳墓

だが後日、湯本の不安は的中して現実のものとなった。湯本は新聞報道で次のことを知らされることになる。

会（豊国会）にては受負人を命し、費額を定め、工事に着手し、在来の墓樹を伐り、墓阜を夷けし上、大五輪の重量には地堅を要するとて、其廿八日（明治三十年四月）更に其墓の地内に堀（ママ）り入りしに非常の事に及びし為め、設計の上にも更に大に影響する由新聞に見えたり、果して余（湯本文彦）が預言の如くなりしにやとおもへと、此時は適々醍醐寺寺志編纂のため、数日間三宝院に出張

せしに、（明治三十年）五月八日府庁より急使来りて、直に豊国会に至るべしといふ事なり、

豊国会が周辺の木々を伐採して地盤補強工事を進め、墓の内部を掘ったところ、「非常の事に及びし為め、設計の上にも更に大に影響する由」が新聞で報じられたのである。湯本は自分の言ったとおりになったと思ったが、そこで前述のように豊国会から呼び出しがあり、秀吉の遺体の発掘と損壊の事実を知らされるのである。この事態をうけて、一部関係者の怒りと戸惑いは、察するに余りあるものがあった。湯本は、当時の豊国神社の宮司であった日《ひ》野《の》西《にし》光善《みつよし》の様子を次のように伝えている。

此時子爵日野西光善は深く此事を慨し、独り其実地を調査し、深夜に至り来訪して其地にて得たる錠を示して其実況を説く、曰く、其墓の玄室とおほしきは、方七八尺許の壙にて、其中に木棺ありし者の如し、其側の土中にて得たりとて、鉄の蝦夷錠の朽ちし破片と、板の朽ちて棺材の残物と認めらるゝものなと示し、或は一旦発掘して殉宝を盗み、遺骸のみ埋め去りしものゝ如しといふ、其説と物品の一個もなきと其錠の棺の前と認むる方にあるべきに、却て後方に認めらるゝ所にありしなど、発掘せし迹掩ふべからざるか如し、

秀吉の遺体の発掘・損壊という事態を嘆いた日野西は、一人で自ら現場を調べて歩き、深夜に湯本を訪ねてきたという。日野西は、現場にあった「錠」と「棺材の残物と認めらるゝものなと」を見せながら、湯本に状況を語って聞かせたが、墓室は約二、三メートルほどの墓穴で、その中に「木棺」があったと思われ、「殉宝を盗み、遺骸のみ埋め去りしものゝ如し」と述べて、すでに盗掘されていた可能性を示唆した。湯本は、のちに歴史学者の三上参次《みかみさんじ》から教示された野宮定基《ののみやさだもと》の日記にある、秀吉の墓の盗掘に関係する記事を引用しているが、あらためて筆者が、宮内庁書陵部に所蔵される『野宮定基日記』の元禄《げんろく》元年十一月一日条（『野宮定基日記』十二、宮内庁書陵部蔵）を確認すると、次のような内容であった。

豊国社奥山上号阿弥陀峯、彼所関白秀吉（豊臣）之廟有之、其躰瓦フキ、四方板囲、中板敷也、尸収所一段高板間也、其上二間許言（ママ）有之、其下埋瓶、瓶上ニ二間四方石置之、或時盗賊彼高板間之所打破、石押除、瓶埋出、其中ニ甲冑・太刀・黄金等有之、奪取、于時知人無之、其廟所之四方置灯台、退散歟、灯台有之、其後見付人々驚、彼所行見之、如此間、無用可尋様無之、無是非如元埋了、但於石〇《難》動、仍其様而漸板間打付了、可哀ゝゝゝゝ、〇《於》彼世者有如此哉云々

野宮は、妙法院門跡の堯然《ぎょうねん》法親王に仕えた老人が自邸を訪ねてきた際に聞いた話を記している。それによると、「豊国社」の奥の「阿弥陀峯」と号する山にあった秀吉の廟は瓦葺きで、板で囲われており、内部は板敷きで、屍を収めるところは一段高い板間になっていたという。その上には約三・六メートル程の何らかの施設があり、その下に「瓶」が埋められ、その上にやはり約三・六メートル四方の石が置かれていたとされている。ある時、盗賊がその高くなった板間を打ち破って敷石を押しよけ、埋まっていた「瓶」を掘り出し、中にあった副葬品を奪い取った。そして、盗掘のための明かりのためであろうか、「灯台」（燭台のことか）を四方に放置したまま退散したと思われる状況が後日発見された。人々は驚いて仕方なく元通りに「瓶」を埋め戻したが、移動された敷石は動かすことができず、そのままに打ち破られた板間を塞いだとのことで、話を聴いた野宮は哀れに思ったという内容である。

湯本はこの話を元禄元年（一六八八）より「数年前の事なるべし」としているが、老人の仕えた堯然法親王は寛文元年（一六六一）閏八月二十二日に亡くなっているから（『後陽成天皇実録』第二巻）、その頃までの話と思われる。かろうじて秀吉の廟所が残っていた当時の状況の証言として貴重だが、日野西の言ともあわせて考えると、おそらく「瓶」の収納された木棺に副葬品が収められていた。その木棺が破壊されて副葬品のみが奪われ、「瓶」は放置されていたが、盗掘を発見した人々が「瓶」を埋め戻したのであろう。その後、延享四年（一七四七）の秀吉の百五十回忌を経て、「瓶」（前述の「壺」）は明治三十年（一八九七）四月二十八日の夕方に再び地上に出現したのであった。

津田三郎は当初、秀吉が「瓶」に納められて埋葬されていたこと自体に疑義を呈したが、その「瓶」が「近年になって備前焼三石入り大甕《かめ》であることが判明した。箆先で刻された〈ひねりつち〉とは、甕の中でも最高級品のものだけに刻された文字であることも判明した」などとし、「当時は遺体を甕棺に納めて埋納することが慣わしであったようである。この時に発見された木棺の破片とは、甕棺を覆うための木箱の破片であったとも推測されるのである」と結論づけている［津田一九九七］。残念ながら、津田が参照した「近年」の研究成果が何であったのかは不明なのだが、確かに今福匡によって、上杉謙信も甕棺で埋葬されたことが指摘されている（但し、謙信は甲冑を身につけて甕棺に収納されたとされている）から［今福二〇一三］、「瓶」が秀吉の棺であった蓋然性は高いだろう。それが失われてしまったことは、痛恨の極みであった。

## 江戸幕府と豊国社・豊国大明神

このように、江戸時代に秀吉の廟所は盗掘され、しかも明治ともなると、もはや「神号」を与えられた秀吉が祀られていたはずの「豊国社」の所在さえも、狐や狸のすみかとなってしまい、不明とせざるを得ない程に荒廃してしまっていた。なぜ「豊国社」と廟所は、このような状況となってしまったのだろうか。この点について、神沢杜口《かんざわとこう》の『翁草』巻之三十五に所収される「豊国社の事」は、次のように説明している（『日本随筆大成〈第三期〉19』）。

抑《ソモ〳〵》洛東豊国社と申は、太閤秀吉公〔豊臣〕薨去の砌《ミギリ》、神号勅許有りて其の廟を被祭《マツラル》、社封一万石、社務は照高院御門跡なり。〔割註〕御本坊は、今の妙法院御門跡の地なり。」堂上萩原家へ、家領千石を賜ふ、爰に移て神職を勤られ、是に属する社士余多幷僧院三宇を被附《ツケラル》。此の僧院三宇の内、二院は豊国社破却の砌ともに退転し、右の内祥雲寺一院は、元和元年卯五月八日、二条御城へ院主日誉僧正を被召、先判の寺領二百石の上へ、采地三百石被加合、五百石を賜ひ、祥雲寺の寺号を投じて、紀州根来寺の旧号智積院に改られ、真言新義を被令修、今に於て和州小池坊と相並て、真言一宗の衆会所となる、又一説には其の頃迄大仏殿の鐘、三時を撞けるに、日誉僧正二条御城に於て被願けるは、右大鐘の音、三段に響わたり、論議の碍《サハリ》と成候儘《マヽ》、撞候事を停止仰付られ下され候様にと申上らる、神祖（徳川家康）聞召之て、元来彼のかねは兵乱の基たる凶鐘なれば、さ無くとも停止仰付らるべきに、幸ひの事なりと、早速御許容有りて、右の撞木は直ぐに智積院取入置候様にとの御事にて、今に撞木は彼の院に在と云ふ。是等の事思召に相叶しにや、寺領増地の事等被仰付しと云々、按るに彼の鐘は兵乱の濫觴にて供養も無之、始より廃《スタ》り有之鐘なれば、三時を撞候と云事信じがたし、又一旦撞候はゞ、仮令今鋳汚たりとも、撞木の趾も少は顕るべけれ共、更に見えず、其の上鐘の釣様外々と違ひ、逆に釣有しは旁子細有之鐘と見えたり。又当時妙門跡の院家日厳院路傍北在は、豊国社拝参の諸侯の装束所なりと。今は無住にて昔の膳具等残り有之由、右に記す社僧三院の内なるか可追考。

公武の崇敬は他社に過ぎ、都鄙の貴賤群集して是をぬかづく壮観の地也。然るに御当家（徳川将軍家）御治世に至り追日衰廃し、

或人曰、大坂御陣後、南光坊（天海）云、彼の廟社を其の儘立置なば、神霊爰に止て世の仇をなさん、神は人の敬に仍り威を増す、神威衰る時は害を成さず、須く破却有べしとの勧に任せ、御鞭にて華表を三度撃給ひ、御陣後早々社殿破却有しと云々。

今は旧地の跡もなく、郊野と成て、豊国の名をだに知人も稀なり。吁一瞬の間に、斯く迄栄枯を換る事、誰か嘆息せざらんや。

すなわち、神沢は大坂夏の陣の一因ともなったとされる大仏殿の鐘について、まだ存命だった家康が忌避していた話から説き起こし、江戸幕府が天海の進言を容れて「豊国社」を破却したという話を伝えるいっぽう、次のように、

其節霊社破却せらるゝには非ず、祭祀を停めて廃社とせられしなり、夫より以後、段々に豊国の宝前に在る諸侯の献灯数十基を、大仏殿の正面へ移し、秀吉の五輪塔を仏殿の横にあらはにし、社内の什器は妙門主へ御引取り、誠に社は狐狸の栖と荒果て、凡そ明暦年中迄は、其の形も僅に残り有之を、連々に、崩取られし様に承伝侍る、是とても浮たる事にや、分明の事は可追考。〔割註〕豊国の神体は吉田の斎場所へ収むと云。」

とも記し、実は幕府は「豊国社」を破却したのではなく、「祭祀を停めて廃社とせられ」たのだと補足することを忘れなかった。神沢は、幕府が徐々に「豊国社」の灯籠などを大仏殿に移動させ、社宝は妙法院門跡に移管させたことなどを記し、明暦《めいれき》年間までは社殿もわずか

に残っていたが、次第に崩れ去っていったのだと述べ、神体は唯一宗源神道《ゆいいつそうげんしんとう》の吉田家に回収されたらしいと追記している。

神沢が「豊国社」の社殿について、明暦年間まではわずかに残っていたと述べた点については、そのすぐ後の万治《まんじ》年間の景観を描いたとされる［小椋一九八六］、個人所蔵で京都国立博物館に寄託されている『洛外図』によって確認することができる［津田一九九七］。

また、巷間よくいわれる秀吉の「神号」が幕府によって剝奪されたとされる話についても、神沢は次のように論評している。

但中国にて先朝の宗廟を廃する拠例抔《など》を儒家より申上て爾なりや、さ有れば吾朝は皇主不易なれば、異国とは換り、秀吉公を先朝の例には引がたし、去ればこそ神号を称するも天子の勅に仍るなり。然るを一度勅許の神号を武家の御沙汰として被廃事は奈何、但其砌勅して神号を被削しにや、何れにも庸愚下賤の評するも憚なれば爰《ここ》に擱筆。

神沢は、まず中国大陸と異なり、日本では王朝交替がないから、大陸における「先朝の宗廟を廃する拠例抔を」考慮する必要がないとしたうえで、「吾朝は皇主不易」、すなわち日本では天皇が存在し続けているので、臣下の秀吉を大陸でいう「先朝」ということもできない。

洛外図（部分　個人蔵、京都国立博物館寄託）
画面下中央の大仏殿の奥が豊国社。参道は塀で閉ざされている。

そうであるからこそ「神号」は、その天皇の勅命で賜るのであり、勅許で賜る「神号」を「武家の御沙汰として」廃されることはできないとしつつ、勅命で「神号」を削られたのだろうかと思案もしながら、要らぬ詮索は憚《はばか》られるからよそうと述べて筆を擱《お》いている。

筆者は、江戸時代の朝廷が秀吉の「神号」である「豊国大明神」号を廃したという勅命の存在について、論証できる史料を管見の限り確認していない。そして、おそらく廃されなかったからこそ、明治天皇は再び、秀吉の祭祀を行うよう命じたのだろう。いまも存続する豊国神社の祭神は「豊国大明神」である。

それにしても、このように江戸時代に幕府から忘却されることを強いられ、のちに明治天皇が注目し、再評価することになった「豊国社」と「豊国大明神」とは、そもそもいかなる社であり、神であったのか。以下では、そのことに焦点をあて、叙述してみよう。

# 第二章　豊臣秀吉の遺言とその奏上

## さまざまな秀吉の遺言

秀吉の最期がどのようなものであったかについては、実は不明な点が多い。亡くなった年月日は慶長三年（一五九八）八月十八日とされているが、その最期を誰がどのように看取ったのかということなども含め、確実な史料から復元することが難しいのである。今のところ、当時の状況をうかがわせる史料としては、まず徳川家康に仕えた戸田氏鐵《とだうじかね》による『戸田左門覚書』（『成簣堂叢書　戸田左門覚書』）があり、そこには

> 十八日、午刻《うまのこく》、太閤《（豊臣秀吉）》薨去、　内府公《（徳川家康）》太閤の御機嫌うかゝひとして御登城の処、石田《（三成）》治部《じぶの》少《しょう》方ゟ使者八十嶋を以て太閤御他界の事告申、御登城可被差止の旨なり、

とあることから、秀吉は慶長三年（一五九八）八月十八日の正午頃に亡くなり、当日、伏見城に登城しようとしていた家康は、石田三成の使者から秀吉の死を知らされたことになっている。これと同じような状況は、『利家夜話』巻之下（『日本偉人言行資料』）にも次のように記されており、

> 太閤様《(豊臣秀吉)》御他界の儀、いつともなしに、知らせ申すまじき由上意にて、五奉行衆誓紙を書かれ申し候由に候、石田《(三成)》治部、其判を仕たる手にて、宿へ用所之ありとて、次の間へ出て、状箱を求め、書状認入れ、利家《(前田)》へ御知らせ申上げ候、御心得の為め、申進じ候由なり、大納言様《(前田利家)》いつもの通り、御使者上げられ、御機嫌伺ひ候処に、浅野《(長政)》弾正《だんじょう》殿御返事に、御他界なされ候て、昼の事なるに、今朝も割粥を召上られ候由、申し参り候、

秀吉は自らの死を知らせないようにと命じていたことから、その「上意」をうけて五奉行が起請文を書いて秘密厳守を貫くべきであったところ、石田が前田利家に内報したことになっている。利家は聞かぬふりをして、そのまま使者を通じて機嫌伺いをしたところ、浅野長政が秀吉の死とともに、それは昼のことで、秀吉は当日の朝食の粥も食していたと知らせてきたとある。どちらの史料も、この続きの部分では、起請文で秘密厳守を誓ったにもかかわらず、家康や利家から問われるよりも前に、率先して秀吉の死を漏洩《ろうえい》した石田と比べ、普段は家康や利家と親しい浅野が誓約を守り、家康・利家から問われるまで秀吉の死を明かさなかったことが特記されている。少なくとも、これらの史料を参考にするならば、秀吉の最期の場面に家康や利家はいなかったということであり、秀吉の死は慶長三年（一五九八）八月十

八日の昼頃のことであったと思われる。

　ところで、なぜ秀吉が自らの死を伏せるように命じていたかは、死後の政局を案じてのこととも考えられるし、またこれから本書でも確認していくように、秀吉の神格化の問題が関係しているのかもしれない。これらについて、まだ断定はできないが、秀吉が自らの死後の政権をどのように展望して維持しようとしていたか、そして遺された者たちはその秀吉の考えに対し、いかなる対応をとったのかについては、近年、谷徹也が研究を進めている。谷によると、秀吉が遺された者たちに何を期待していたのかを知るためには、「遺言」と「「遺言」の内容を補い、確認するために作成された「誓紙群」」を分けて丁寧に分析することが必要だと指摘している［谷二〇一四］。谷が「遺言」として挙げるものは二つあるが、そのうちの一つが「一〇七　豊臣秀吉遺言覚書」（『大日本古文書　家わけ第二　浅野家文書』）である［谷二〇一四］。

（原文）

（端裏書）「太閤《（豊臣秀吉）》様御覚書」

　太閤様被成御煩候内ニ被為　仰置候覚

一内府《（徳川家康）》久々りちきなる儀を御覧し被付、近年被成御懇候、其故　秀頼《（豊臣）》様を孫むこになさ

れ候之間、秀頼様を御取立候て給候へと、被成　御意候、大納言殿《（前田利家）》年寄衆五人居申所にて、度々被　仰出候事、

一大納言殿ハおさなともたちゟ、りちき被成御存知候故、秀頼様御もりに被為付候間、御取立候て給候へと、内府年寄五人居申所にて、度々被成　御意候事、

一江戸中納言《（徳川秀忠）》ハ　秀頼様御しうとになされ候条、内府御年もよられ、御煩気にも御成候者、内府のことく、　秀頼様之儀、被成御肝煎候へと、右之衆居申所にて被成　御意候事、

一羽柴肥前殿《（前田利長）》事ハ、大納言殿御年もよられ、御煩気にも候間、不相替　秀頼様御もりに被為付候条、外聞実儀忝と存知、御身ニ替り肝を煎可申と被　仰出、則中納言ニなされ、はしたての御つほ、吉光之御脇指被下、役儀をも十万石被成御許候事、

一備前中納言殿《（宇喜多秀家）》事ハ、幼少より御取立被成候之間、　秀頼様之儀ハ御遁有間敷候条、御奉行五人にも御成候へ、又おとな五人之内へも御入候て、諸職おとなしく、贔屓偏頗なしに御肝煎候へと、被成　御意候事、

一景勝《（上杉）》、輝元御事ハ、御りちきに候之間、　秀頼様之儀御取立候て給候へと、輝元《（毛利）》へハ直ニ被成　御意候、景勝ハ御国ニ御座候故、皆々ニ被為仰置候事、

一年寄共五人之者ハ、誰々成共背御法度申事を仕出し候ハヽ、さけさやの躰にて罷出、

双方へ令異見、入魂之様ニ可仕候、若不届仁有之而きり候ハヽ、おいはらとも可存候、
又ハ　上様（豊臣秀吉）へきられ候とも可存と、其外ハつらをはられ、さうりをなをし候共、　上
様へと存知、　秀頼（豊臣）様之儀大切ニ存知、肝を煎可申と、被成　御意候事、
一年寄為五人、御算用聞候共、相究候て、内府（徳川家康）、大納言（前田利家）殿へ懸御目、請取を取候而、秀
頼様被成御成人、御算用かた御尋之時、右御両人之請取を懸　御目候へと、被成　御
意候事、
一何たる儀も、内府、大納言殿へ得御意、其次第相究候へと、被成　御意候事、
一伏見ニハ内府御座候て、諸職被成御肝煎候へと　御意候、城々留守ハ徳善院（前田玄以）、長束（正家）大
蔵仕、何時も内府てんしゆまても、御上り候ハんと被仰候者、無気遣上可申由、被成
御意候事、
一大坂ハ　秀頼様被成御座候間、大納言殿御座候て、惣廻御肝煎候へと被成　御意候、
御城御番之儀ハ、為皆々相懃候へと被　仰出候、大納言殿てんしゆまても、御上り候
ハんと被仰候者、無気遣上可申由、被成　御意候事、
右一書之通、年寄衆、其外御そはに御座候御女房衆達御聞被成候、以上、

（読み下し）

（端裏書）
「太閤様御覚書」

太閤様御煩成され候内に仰せ置かせられ候覚

一、内府久々律義なる儀を御覧し付けられ、近年御懇に成られ候、其の故、秀頼様を孫むこになされ候の間、秀頼様を御取り立て候て給い候えと、御意成され候、大納言殿・年寄衆五人居り申す所にて、度々仰せ出され候事、

一、大納言殿は幼友達より、律義成され御存知候故、秀頼様御もりに付けさせられ候間、御取り立て候て給い候えと、内府・年寄五人居り申す所にて、度々御意成され候事、

一、江戸中納言は秀頼様御舅になされ候条、内府御年もよられ、御煩気にも御成り候は、内府のごとく、秀頼様の儀、御肝煎り成され候えと、右の衆居り申す所にて御意成され候事、

一、羽柴肥前殿事は、大納言殿御年もよられ、御煩気にも候間、相替わらず秀頼様御もりに付けさせられ候条、外聞実儀かたじけなしと存知、御身に替わり肝を煎り申すべしと仰せ出され、すなわち中納言になされ、橋立の御つぼ、吉光の御脇指下され、役儀をも十万石御許し成され候事、

一、備前中納言殿事は、幼少より御取り立て成され候の間、秀頼様の儀は御遁れ有るまじく候条、御奉行五人にも御成り候え、又おとな五人の内へも御入り候て、諸職お

となしく、贔屓偏頗なしに御肝煎り候えと、御意成され候事、
一、景勝、輝元御事は、御律義に候の間、秀頼様の儀御取り立て候て給い候えと、輝元へは直に御意成され候、景勝は御国に御座候故、皆々に仰せ置かせられ候事、
一、年寄ども五人の者は、誰々なりとも御法度に背き申す事を仕出し候わば、下げ鞘の躰にて罷り出で、双方へ異見せしめ、入魂の様に仕るべく候、もし不届きの仁これ有りて斬り候わば、追い腹とも存ずべく候、又は上様へ斬られ候とも存ずべしと、其のほかは面をはられ、草履をなおし候とも、上様へと存知、秀頼様の儀大切に存知、肝を煎り申すべしと、御意成され候事、
一、年寄五人として、御算用聞き候とも、相究め候て、内府、大納言殿へ御目に懸け、請取を取り候て、秀頼様御成人成され、御算用かた御尋ねの時、右御両人の請取を御目に懸け候えと、御意成され候事、
一、何たる儀も、内府、大納言殿へ御意を得、其の次第相究め候えと、御意成され候事、
一、伏見には内府御座候て、諸職御肝煎成され候えと、御意候、城々留守は徳善院、長束大蔵仕り、何時も内府天守までも、御上り候はんと仰せられ候は、気遣いなく上げ申すべき由、御意成され候事、
一、大坂は秀頼様御座成され候間、大納言殿御座候て、惣廻り御肝煎り候えと御意成さ

れ候、御城御番の儀は、皆々として相懃め候えと仰せ出され候、大納言殿天守までも、御上り候わんと仰せられ候は、気遣いなく上げ申すべき由、御意成され候事、

　右一書の通、年寄衆、其のほか御そばに御座候御女房衆達御聞き成され候、以上、

　ここでは、①家康には、彼の孫娘と秀頼との婚姻及び秀頼の取り立て、②利家には、秀頼の傅役《もりやく》への就任と秀頼の取り立て、③徳川秀忠には、家康同様の秀頼への肝煎《きもいり》、④前田利長には、利家と同様に秀頼の傅役への就任と秀頼への肝煎、さらに中納言任官と下賜品及び役料加増の申し渡し、⑤宇喜多秀家には、年寄衆・奉行衆として諸職を肝煎すること、⑥毛利輝元と在国中の上杉景勝《かげかつ》には、秀頼の取り立ての依頼、⑦年寄衆五名には、法度に違反する者が出た場合、実力行使に出ることなく当事者双方に異見をし、もし不届き者がいて実力行使に出る者がいた場合には、秀吉に殉死したか斬られたと思って手出しせず、さらにたとえ侮辱を加えられても秀吉にされたことと思い、行動を控えて秀頼のことを大切に考え仕えること、⑧年寄衆五人による算用の決裁方法を定め、秀頼成人後の算用に関する下問には、家康と利家の請取を示して答えること、⑨どのようなことも、家康と利家の指示を受けて決定すること、⑩伏見城には家康が入って諸職を統率し、留守は前田玄以と長《な》束《つか》正家が預かり、家康が天守に上がると述べた際には、気遣いなくそのようにすること、⑪大坂城には秀頼が

入るので、利家がすべて取り計らい、大坂城の番は皆で勤め、利家が天守に上がると述べた際には気遣いなくそのようにすること、といった十一項目が命じられたが、これらの内容を年寄衆と女房衆が聞いたことも確認されている。

次に、谷が二つめの「遺言」として示す史料は、「一〇九四　豊臣秀吉遺言覚書案」（『早稲田大学所蔵荻野研究室収集文書』下巻）である［谷二〇一四］。

覚

一内府（徳川家康）
利家（前田）
輝元（毛利）
景勝（上杉）
秀家（宇喜多）此五人江被仰出通、口上付縁辺之儀互可被申合事
一内府三年御在京事付用所有之時ハ中納言（徳川秀忠）殿御下候事
一奉行共五人之内徳善院（前田玄以）・長束（正家）大両人ハ一番ニして、残三人（浅野長政・増田長盛・石田三成）内一人宛伏見城留守居候事、
内府惣様御留守居候事、
一大坂城、右奉行共内二人宛留守居事、

一秀頼《（豊臣）》様大坂被成御入城候てより、諸侍妻子大坂へ可相越事、

以上

八月《（慶長三年）》五日

これは慶長三年（一五九八）八月五日に記された覚書の形式となっている。具体的には、①五人の年寄衆が「口上付縁辺之儀」を互いに申し合うこと、②家康は三年の間は在京すること、領国に用がある場合は秀忠が領国に赴くこと、③奉行衆の五人のうち、前田玄以と長束正家を伏見城の在番とし、残る三名（浅野長政・増田長盛・石田三成）のうちから一人ずつを伏見城の留守居とすること、家康は「惣様」の留守居であること、④大坂城は奉行衆の五人のうち、二名が留守居となること、⑤秀頼が大坂城に入ってから、諸大名らの妻子は大坂へ移ることが命じられ、確認されている。なお、谷は「遺言」として挙げていないが、同じく慶長三年（一五九八）八月五日に記されたとされる次の「九六〇　豊臣秀吉自筆書状写」（『大日本古文書　家わけ第八　毛利家文書之三』）も知られている。

返々、秀より《（豊臣秀頼）》事たのみ申候、五人のしゆたのみ申候〳〵、いさい五人の物ニ申わたし候、なこりおしく候、以上、

秀より事なりたち候やうに、此かきつけ候しゆとして、たのミ申候、なに事も此ほかに

わおもひのこす事なく候、かしく、

八月五日（慶長三年）　　秀吉（豊臣）御判

いへやす（徳川家康）
ちくせん（前田利家）
てるもと（毛利輝元）
かけかつ（上杉景勝）
秀いへ（宇喜多秀家）
　　まいる

御自筆御判御書うつし

これは、秀吉が家康ら五人の年寄衆に宛てた自筆書状の写しとされるもので、もし原本が伝存していれば、秀吉の花押が据えられていたと思われるものである。これまでの内容よりも感情的なもので、秀頼のことが成り立つように五人の年寄衆へ懇願する内容となっており、秀吉は秀頼のこと以外に思い残すことはないとまで記している。

また、福田千鶴が近著『豊臣秀頼』で注目した「閥閲録遺漏《ばつえつろくいろう》」五ノ一所収の「慶長三年八月十九日付内藤元家宛内藤隆春書状」（『萩藩閥閲録　遺漏』）の一部には、慶長三年（一五九八）八月九日に秀吉が諸大名に対面した時の模様が記されている。

（原文）

去十二（慶長三年八月十二日）水野と中人下着候、大閤（ママ、太閤）様御気分趣佐石（佐世元嘉）へ被仰下候条々

一去九日（慶長三年八月）大名衆被召寄御対面候、御身（豊臣秀吉）ハ上段ニ御座候て種々之かり物を被敷、けうそくニ被寄懸、青キこそて紅之うらニ付たるをめされ、そはに女しゆ五人露庵計《針カ》うち計祇候

一左座ハ家康（徳川）・前田（利家）殿・伊達（政宗）・宇喜多（秀家）・宰相（毛利秀元）様五人、右ハ殿（毛利輝元）様御一人計之由候

一御煩難有御快気との御物語、重々被仰候時之御声、いかにもかすかに被仰候て、御一期後之事共被仰候時ハ扇にて畳をたゝかせられ、いつもの御気色之様ニ御座候

一家康へ之御意にハ、毛利（輝元）と被仰合候子細ハ備中清水城被召詰候砌、信長（織田）を明智（光秀）任存分候故、御神文被執替候、終毛り（毛利輝元）表裏事本式者と被思召之由候、西国之儀被任置之由候、頃実子被成出来之由候間、御家之儀をハ松寿（毛利秀就）様へ被進候へ、相宰（宰相）様へハ出雲・石見両国ニ今銀山被副被進之由候、本銀山之儀ハ輝元（毛利）可被知召之由候、宇喜多娘之儀ハ御親類にて候間、一両年被召置候之条、松寿様へ被進之候、宇喜多事をハ輝元被懸目候へ、万一相違之事共候ハゝ、頸をねち切候へ、輝元本式者之事に而毎事可有用捨候、家康可

被申付候、無左ハ草陰ゟ大閤《（ママ、太閤）（豊臣秀吉）》頸を切すると宇喜多ニ被仰聞候

一家康《（徳川）》と被仰合候子細をハ殿様《（毛利輝元）》へ被成御物語之由候、両家無二ニ被仰談候へハおひろい《（豊臣秀頼）》事ハ無気遣候、人ニ被成候する事をも不被知召候へ共、おひろいを各めされ置候へハ王位すたらぬ事にて候、東西ハ家・輝《（徳川家康・毛利輝元）》両人、北国ハ前田《（利家）》、五畿内ハ五人《（前田玄以・浅野長政・増田長盛・石田三成・長束正家）》之奉行無異儀候ハヽ、一向不可有別儀候、高麗之儀被引取之由候、乍去おひろい御存分出来候ハヽ、弓矢ニめされ候するも可為御気分候無別条候とて御盃被召出候、今日計之御対面御残多之由候て各へ御酒被進之、内へ被入候つるか、又家・輝両人計被呼帰、立なから被仰事にハ、いつと被成御きゝたる事は弥不可有忘却候、頼そよ〳〵と被仰候て御手打被合たると被仰下候、佐石《（佐世元嘉）》被聞候て被申事ニも如此明白なる事前代未聞之事候、余きれはなれたる御気分にて候而ハ結句可被成御快気と之被申事候、日本初ゟ名将にて候よし、天下其沙汰候之由申候

（読み下し）

去る十二水野と申す人下着候、太閤様御気分の趣佐石へ仰せ下され候条々

一、去る九日大名衆召し寄せられ御対面候、御身は上段に御座候て種々のかり物を敷か

れ、脇息に寄り懸かられ、青き小袖紅の裏に付たるを召され、そばに女衆五人・露庵針うちばかり祗候

一、左座は家康・前田殿・伊達・宇喜多・宰相様五人、右は殿様御一人ばかりの由候、

一、御煩御快気有り難しとの御物語、重々仰せられ候時の御声、いかにもかすかに仰せられ候て、御一期後の事とも仰せられ候時は扇にて畳をたたかせられ、いつもの御気色の様に御座候

一、家康への御意には、毛利と仰せ合われ候子細は備中清水城召し詰められ候砌、信長を明智存分に任せ候故、御神文執り替えられ候、終《つい》に毛利表裏事本式者と思し召さるの由候、西国の儀任せ置かるの由候、このごろ実子出来成さるの由候間、御家の儀をば松寿様へ進められ候え、宰相様へは出雲・石見両国に今銀山副えられ進めらるの由候、本銀山の儀は輝元知ろし召さるべきの由候、宇喜多娘の儀は御親類にて候間、一両年召し置かれ候の条、松寿様へこれを進められ候、宇喜多事をば輝元目を懸けられ候え、万一相違の事ども候わば頸をねじ切り候へ、輝元本式者の事にて毎事用捨有るべく候、家康申し付けらるべく候、さなくば草陰より太閤頸を切すると宇喜多に仰せ聞かされ候

一、家康と仰せ合わされ候子細をば殿様へ御物語成さるの由候、両家無二に仰せ談ぜら

れ候えば、おひろい事は気遣い無く候、人に成され候する事をも知ろし召されず候えども、おひろいを各召され置き候えば王位廃らぬ事にて候、東西は家・輝両人、北国は前田、五畿内は五人の奉行異儀なく候わば一向別儀有るべからず候、高麗の儀引き取らるの由候、去りながらおひろい御存分出来候わば、弓矢にめされ候するも御気分たるべく候、別条なく候とて御盃召し出され候、今日ばかりの御対面御残り多しの由候て各へ御酒これを進めらる、内へ入られ候つるか、又家・輝両人ばかり呼び帰され、立ちながら仰せらる事には、いつと成され御ききたる事はいよいよ忘却有るべからず候、頼むぞよ頼むぞよと仰せられ候て御手打ち合わせられたると仰せ下され候、佐石聞かれ候て申さる事にも此の如く明白なる事前代未聞の事候、余きれはなれたる御気分にて候ては結句御快気成さるべしとの申され事候、日本初めより名将にて候よし、天下其の沙汰候の由申し候

この時、①秀吉は上段にさまざまな敷物を敷いて脇息に寄りかかり、裏地が紅色の青い小袖を着て座しており、側には女房衆五人と鍼師と思われる者がいたという。②左側には徳川家康、前田利家、伊達政宗、宇喜多秀家、毛利秀元の五人、右側には毛利輝元のみが座しており、③秀吉はもはや回復は難しいとかすかな声で述べたが、死後のことなどを述べる際は

扇で畳をたたきながら、いつもの様子で話したという。④そして、家康には、輝元と話し合った詳細として、秀吉は本能寺の変の際に輝元と和睦を結んだ時から、輝元のことを高く評価していたので、輝元に西国のことを任せてきたが、最近輝元に実子が生まれたので、毛利家をその実子（「松寿様」、のちの毛利秀就）に継がせ、秀元には出雲国・石見国に「今銀山」を副えて与え、「本銀山」は輝元に渡すこと、宇喜多秀家の娘は秀吉の親類なので、ここ一、二年ほど秀吉の手元に置いていたが、この娘を輝元の実子（「松寿様」）に嫁がせること、輝元は秀家のことを目にかけ、もし「相違之事」などがあった場合は、秀家の首をねじ切ること、だが、輝元は「本式者」なのでそうしないと思われるから、家康が秀家の首をはねるよう命じられるとよいだろうとし、もしそうしなければ、草葉の陰から秀吉が秀家の首を切るぞと述べたこと、⑤また、秀吉と家康が話し合ったことの詳細も、輝元へ話した模様であること（残念ながら、その内容は記されていない）、徳川家と毛利家が何事も相談すれば、秀頼（「おひろい」）のことは心配なく、秀吉は秀頼（「おひろい」）の成人を見届けることはできないが、各々が秀頼（「おひろい」）を定置されるならば「王位」が廃れることはないこと、東国と西国は家康と輝元、北国は前田利家、五畿内は五人の奉行衆が間違いなく扱うならば一向に大丈夫であり、朝鮮半島からは引き揚げるとのことであった。しかしながら、秀頼（「おひろい」）の考えが形成されてくるなら、再び戦《いくさ》をすることもあり得ると秀吉が述べたところで盃が出され、出座の大名へ酒が進められたという。そして、秀吉が退出する際、家康と輝元のみを呼び寄せ、秀吉は立ったまま「いつと被成御き丶たる事は弥不可有忘却候、頼そよ〳〵」と述べて手を合わせた、とある。この様子を佐世《させ》元嘉《もとよし》から聞いた内藤隆春は、結局秀吉は回復するのではないかと書き送ったが、事実はそうならなかった。

このように見てくると、自らの死期を悟った秀吉は、数日おきに五大老・五奉行とそれらに近い諸大名に政務の決裁方法や各家の相続、相互の婚姻、秀頼の養育と成人後の秀頼への政務移譲を繰り返し命じ、また要請していたことがわかる。とくに、朝鮮半島からの撤兵とともに、秀頼の判断次第での再戦をも示唆していたとされる点は注目される。また、慶長三年（一五九八）八月十八日には、前田玄以を通じて朝廷にも「きくてい《（菊亭晴季）》殿事、とくせん院《（前田玄以）》より大かう《（太閤、豊臣秀吉）》の御申とてせんせのことく御くもし仰つけられ候へのよし」が伝えられ、武家伝奏の勧修寺《かじゆうじ》晴豊《はれとよ》・中山慶親から後陽成天皇に披露されている（『御ゆとの丶うへの日記』東山御文庫蔵）。

## フランシスコ・パシオとジョアン・ロドゥリーゲスの証言

ところで、ここまで秀吉を追い詰めた病とは何であったのか。河内将芳は、秀吉が文禄四年（一五九五）頃から病を得ており、おもな症状は気分の悪さや尿漏れ、手足の痛みとし、慶長二年（一五九七）十月頃からさらに重くなったとしている〔河内二〇〇八〕。いっぽう、秀吉の病について、イエズス会宣教師のフランシスコ・パシオは「一五九八年十月三日付、長崎発信、フランシスコ・パシオ師のイエズス会総長宛、日本年報」（『イ日報』Ⅰ―三、家入敏光訳、以下の本章でことわらない引用は同年報）で次のように報告している。

国王（太閤様《豊臣秀吉》）は、伏見城に滞在していた（一五九八年）六月の終りに赤痢《せきり》を患い、よくあることだが、時ならず胃痛を訴えるようになった。当初は生命の危険などはまったく懸念されはしなかったが、上記のように八月五日に病状は悪化して生命は絶望とされるに至った。だが太閤様はこの時に及んでも、まるで健康体であるかのように、不屈の剛気と異常な賢明さで、〔従来、万事においてそうであったのだが〕身辺のことを処理し始めた。そして太閤様は、自分（亡き）後、六歳になる息子（豊臣《》秀頼）を王国の継承者として残す（方法）について考えを纏めあげた。太閤様は、関東の大名で八ヵ国を領有し、日本中でもっとも有力、かつ戦さにおいてはきわめて勇敢な武将であり、貴顕の生まれで、民衆にももっとも信頼されている（徳川）家康だけが、日本の政権を簒奪しようと思えば、それができる人物であることに思いを致し、この大名（家康）に非常な好意を示して、自分と固い契りを結ばせようと決心して、彼《（徳川家康）》が忠節を誓約せずにはおれぬようにした。

すなわち、秀吉の病は赤痢とされており、それが悪化したということのようであった。フランシスコ・パシオは、秀吉の最期の身辺整理の模様を詳細に記しているが、秀吉の目下の配慮の対象は家康であったことを記したうえで、次のように報告している（『イ日報』I―二）。

> 太閤様《（豊臣秀吉）》はその後、四奉行に五番目の奉行として浅野弾正《（長政）》を加え、一同の筆頭とした。次いで太閤様は、奉行一同が家康《（徳川）》を目上に仰ぐよう、また主君（秀頼《（豊臣）》）が時至れば日本の国王に就任できるよう配慮すべきこと、すべての大名や廷臣を現職に留め、自分が公布した法令を何ら変革することなきようにと命じた。また確固たる平和と融合―これなくしてはいかなる国家も永続きできぬ―が諸侯の間に保たれるようにと、一同に対し、旧来の憎悪や不和を忘却し、相互に友好を温めるようにと命じた。
>
> 　そして太閤様は、領主たちの不和がとりわけ国家にとって不都合を生じ得るに鑑みて、彼らがそれぞれ息子や娘たちを婚姻関係で結ぶことによっていっそう団結することを希望した。また某の娘に養子をとらせ、同様に他の諸侯とも縁を組み、諸侯が大いにその

婚姻を慶祝するようにした。それから国の統治者が亡くなると戦乱が勃発するのが常であったから、これを未然に防止しようとして、太閤様は（日本中で）もっとも堅固な大坂城に新たに城壁をめぐらして難攻不落のものとし、城内には主要な大名たちが妻子とともに住めるように屋敷を造営させた。太閤様は、諸大名をこうしてまるで檻に閉じ込めたように自領の外に置いておくならば、彼らは容易に謀叛を起こし得まいと考えたのであった。

太閤様は、これらすべての企てが効を奏するためには、上記（大坂城）の普請が完成し、かつ朝鮮、日本両国間に善かれ悪しかれ和平が締結されて、全諸侯が朝鮮から帰国するまでは自分の死が長らく秘されるがよい。かくて自分の息子の将来は、いっそう安泰になるであろうと考えたのであった。

前引の三つの遺言や「慶長三年八月十九日付内藤元家宛内藤隆春書状」と重なる内容だが、注目すべき点は、秀吉が自らの死を伏せる期間として、大坂城の工事終了までの期間と「全諸侯が朝鮮から帰国するまで」と述べたとしている点であろう。このように、フランシスコ・パシオが、秀吉の病状と最期の身辺整理の模様を詳報できた理由は、イエズス会に入信したカトリック教徒からの情報があったからと思われるが、事実、同じくイエズス会宣教師のジョアン・ロドゥリーゲスが末期の秀吉に謁見できていたことも大きかったものと思われる。すなわち、当時の政権中枢に、彼らの伏見城への登城を取りなす者がいたということであり、彼ら（あるいは彼女ら）からの情報が下敷きとされている可能性はあろう。フランシスコ・パシオは、ジョアン・ロドゥリーゲスが秀吉に謁見した時の模様を次のように記している（『イ日報』Ⅰ―三）。

こうしたことが進行していた折、ジョアン・ロドゥリーゲス師と数名のポルトガル人は、最近（長崎に）入港した（ポルトガル船の）司令官の名をもって、国王（太閤様《（豊臣秀吉）》）に贈物を献上するために、伏見を訪問した。（ポルトガル）船が日本の港に着くと、早い機会にいつもそうする習わしなのである。太閤様は彼らが来訪したことを聞くと、奉行の一人に命じて、一行の航海が無事であったことに祝意を表させるとともに、ロドゥリーゲス師に対してのみ謁見を許し、他の人々は引見したくないと伝えさせた。司祭は国王に見《まみ》えるまでに非常に多くの庭や広場、住居や部屋を通過せねばならなかったので、帰りには案内者なしに出口を見つけることは困難（だと思われ）た。ロドゥリーゲス師がついに宮廷内の寝所に達したところ、太閤様は純絹の蒲団の間で、枕（に頭をのせて）横臥し、もはや人間とは思えぬばかり全身痩せ衰えていた。太閤様はロドゥリーゲス師に、もっと近寄るようにと命じた上、「予《（豊臣秀吉）》は貴師《（ジョアン・ロドウリーゲス）》に接して少なからず心がなごむ。余命幾ばくもなく、ふたたび見えることはあるまい」と語った。そして太閤様は、司祭《（ジョアン・ロド》が今回の《ウリーゲス）》みならず、過ぐる年（幾度も）来訪した労苦に対して感謝した。それから太閤様は、ロドゥリーゲス師に米二百俵、日本の衣服一重ね、ならびに（九州へ帰るのに）適当な乗船一隻を与え、司祭に伴って来たポルトガル人たちにも幾重ねかの衣服を、そして上記の司令官の二組の帆船に米二百俵を、さらに同数の（米）を（司令官の定航）船に与えた。太閤様はまた、国王（秀頼《（豊臣）》）が（ロドゥリーゲス）師の訪問を受けることを望み、これより先、家臣を通じて、（秀頼に対して）司祭ならびにその同僚のポルトガル人らは異国人ゆえ、彼らを鄭重にもてなすようにと命じていた。かくて息子（秀頼）は、そのように実行し、父王《（豊臣秀吉）》が行なったようにおのおのに対して絹衣を授けた。

　その翌日、既述の五奉行《（前田玄以・浅野長政・増田長盛・石田三成・長束正家）》の息子や娘たちの間で婚姻が行なわれることになっていたので、太閤様はその荘厳な結婚式に、ロドゥリーゲス師が列席することを望んだ。最後にロドゥリーゲス師は太閤様に対して、（今後）ポルトガル人たちを厚遇してもらいたいと大いに彼らのことを推挙したところ、太閤様は司祭に対して多くを語り、大いに好意を示した上、司祭を退出させた。（ロドゥリーゲス）師は非常に心苦しい思いで、太閤様のもとを辞去した。それというのも、司祭には太閤様が不憫に思えたからで、太閤様は、他のすべての点では大いに先見の明があり聡明でもあったのに、己が霊魂の救いという重大事についてはひどく頑固に目を閉じて、司祭がしきりに救霊のことについて話そうと望んでも、それについては一言も耳をかそうとはしなかったからであった。

ロドゥリーゲスは、長崎に入港したポルトガル船の乗組員たちの表敬訪問団の一員だったが、秀吉はロドゥリーゲスのみに謁見を許したようである。伏見城内の複雑な迷路を案内されたロドゥリーゲスは、秀吉の寝所へと通されたが、そこには絹製の蒲団に横たわる痩せ衰えた秀吉の姿があった。秀吉はロドゥリーゲスと知己だったようで、親しく言葉を交わし、最期の別れをしたかったようである。秀吉はロドゥリーゲスに下賜品のことなどを沙汰し、待機しているポルトガル船の乗組員たちにもそれぞれ賜物の沙汰をした。そして、秀頼にも挨拶をしていくようにと話し、すでに秀吉から秀頼に話が通されているほどの念の入れようであった。ロドゥリーゲスは秀吉から、五奉行相互の婚姻の儀式に列席を求められ、ロドゥリーゲスも秀吉に、ポルトガル人への厚遇を依頼し、彼は全体として和やかに秀吉との謁見を終えたようである。だが、ロドゥリーゲスは末期の秀吉にカトリックの教えを説こうとしたものの、その話題だけは、秀吉は拒み続けたようである。

パシオは、そのような「霊魂の救い」の話を拒んだ秀吉による、これまでに見た内容とはまったく異なった、ある遺言のことを記している（『イ日報』I―三）。

最後に太閤様《豊臣秀吉》は、自らの名を後世に伝えることを望み、まるでデウスのように崇められることを希望して、〔日本全土で（通常）行なわれるように〕遺体を焼却することなく、入念にしつらえた棺に収め、それを城内の庭園に安置するようにと命じた。こうして太閤様は、以後は神〔この名は存命中に徳操と戦さにおいて優れていた偉大な君侯たちの特性であり、死後はデウスたちの仲間に加えられると考えられている〕の列に加えられ、シンハチマン、すなわち、新しい八幡と称されることを望んだ。なぜなら八幡は、往昔のローマ人のもとでの（軍神）マルスのように、日本人の間では軍神と崇められていたからである。

すなわち、秀吉は自らの遺体を火葬せずに納棺し、その棺を伏見城内の庭園に安置するよう命じ、「シンハチマン、すなわち、新しい八幡」として神に祀られることを希望したというのである。この遺言は、これまでに見た五大老・五奉行らに宛てた遺言には記されておらず、果たして紙に記されたものであったのか、または、秀吉が口頭で述べたものであったのかは判然としない。だが、それまでのイエズス会宣教師の記録を通覧すると、すでに村井早苗も指摘しているように、秀吉は早くから自らの神格化を企図していたことが、イエズス会総長に報告されている［村井二〇〇〇］。例えば、次の「一五八九年二月二十四日付、日本副管区長ガスパル・コエリュのイエズス会総長宛、一五八八年度・日本年報」（『イ日報』I―一、日埜博司訳）には、

第三に彼《（豊臣秀吉）》が行なったことは大仏《ダイブツ》の再建である。大仏とは偶像の一種であり、仏僧たちの僧院が一つそれに付随している。（中略）ただしその場所は奈良でなく、自らが新たに造った都の市においてである。この建造物は日本では古今未曽有のものであった。（中略）多くの者が気付いているのだが、彼がその四として企てているらしいことは、この建造物を造り終えた後、自らに似せた彫像をそのあたりに造ることであった。これによって民衆が自らを神として奉り崇めるようにしようとしたのである。

とあり、天正十六年（一五八八）から開始された京都東山の大仏と大仏殿の建造［河内二〇〇八］に際し、秀吉はその大仏殿の近くに自身の「彫像」をおき、「自らを神として奉り崇めるようにしようとした」とある。魚澄惣五郎と河内将芳は、秀吉のいう「新八幡」には、奈良東大寺大仏殿とその鎮守である手向山《たむけやま》八幡宮との関係をふまえ、秀吉の造営した京都東

山大仏の鎮守としての役割が想定されていたと思われることを指摘するが［魚澄一九七二］［河内二〇〇八］、その構想は大仏と大仏殿の建造当初からあったものということであろうか。

## 秀吉にとって神とは何か

いっぽう、秀吉は死の前日の慶長三年（一五九八）八月十七日、「せんくわう寺《（善光寺）》の女らい《（如来）》大かう《（太閤、豊臣秀吉）》よりもとのことくに志なの《（信濃）》へけふ《（今日）》かへしまいらせ候のよし也」（『御ゆとのゝうへの日記』東山御文庫蔵）といわれるように、当時、東山の大仏殿に安置されていた善光寺如来を信濃国の善光寺へ返還している。これは河内が指摘するように、文禄五年（一五九六）の大地震で破壊された大仏（大仏殿は残存）を見て「仏の力の弱さ」を実感し、大仏の再造を諦めた秀吉が、慶長二年（一五九七）の夢告に従って運んできた善光寺如来のことであり、その返還の理由はさまざまに観測されたようだが、いずれにしても、慶長三年（一五九八）八月十六日の夕方に決定された急な返還だったとのことである［河内二〇〇八］。ここで確認しておきたいことは、早くから企図していたとはいえ、末期の秀吉が実際に「シンハチマン、すなわち、新しい八幡」になろうとしたその時には、東山の大仏殿は空の状態になることが確定していたということである。すなわち、奈良におけるような大仏と八幡神との関係を京都にも再現するという秀吉の構想は未完となることが、末期の秀吉本人によって覚悟され、決定されていたとしたら、秀吉にとっての優先事項は、大仏との関係よりも、神になるということそのものだったことになる。

だとすると、最晩年に仏の力への懐疑の念を有したといわれる秀吉にとっての神とは、いかなるものであったのか。それは、秀吉がロドゥリーゲスによる「霊魂の救い」の話を拒んでいたことから推せば、カトリックの説く創造神ではないはずである。この点について、ガスパル・コエリュは前引の一五八八年度の年報において、次のような秀吉の発言を記録している（『イ日報』I―一）。

> 関白殿《（豊臣秀吉）》は司祭たちに対して幾分和らいだ表情を示し、次のように言った。「彼《（アレシャンドゥロ・ヴァリニャーノ）》は常に我らの友であった。しかし貴殿ら《（イエズス会）》が弘めていた教法があまりにも日本の神々《カミス》に反するものであったので、予《（豊臣秀吉）》は貴殿らを追放した次第だ。貴殿らの教法はすなわち日本の諸侯の栄誉と存在を危うくするものだ。神々とはわが国では諸侯以外のなにものでもなく、彼らはその偉大さと勝利のゆえに神として崇められるようになった。今や日本の諸侯はかつて他の諸侯がそうしたように、できる限りの力を尽くして神になろうとしている。それゆえ伴天連たちの弘める教えが神に反するものである以上、それはすなわち日本の諸侯

とも相容れぬものだといってよい。その教えはなるほど他のところでは結構なものであろうが、日本ではそうではない。予が伴天連たちを追放した所以である」と。

なかなか意味のとりにくい発言だが、秀吉はいわゆるバテレン追放令の理由を説明する中で、神とはすなわち諸侯のことであり、諸侯は常に神になろうとしているが、カトリックの教えはその諸侯の考えと相容れないというのである。この考えをふまえると、キリシタン大名が洗礼を受けた理由はどのように説明されるのだろうか。少なくともここからは、秀吉がキリシタン大名を除く従来の日本の諸侯が目指してきたことと同様に、自らも「偉大さと勝利のゆえに神として崇められる」ことを望んでいたことがうかがわれる。だが、この点こそは、まさにカトリックと日本の諸侯の信仰との決定的な相違点であった。例えば、当時の日本における信仰のありようを的確にまとめた「一五八五年八月二十七日付、長崎発信、ルイス・フロイスのイエズス会総長宛書簡」(『イ日報』Ⅲ―七、有水博訳、以下の本章でことわらない引用は同書簡)には次のようにある。

日本には二種類の偶像がある。一つは仏《ホトケ》と呼ばれ、仏僧らは彼らのやり方で、これに或る種の神性、または無限の力を付与し、その起源を死すべき性質のすべての人間から区別している。これらの仏の数は無限であると言うが、そのうちの二つ、一つは釈迦と呼ばれ、もう一つは阿弥陀と呼ばれるものを、その他の仏の起源として据えており、彼らの宗派は十三で、最初はシャムからシナに、シナから日本へは約七百数十年前に来たものである。日本人は、自分たちの罪のゆるしと、来世での救いを、これらのものに祈っている。二番目の種類の偶像は、神《カミ》と呼ばれ、ガンジス河の砂のように多数あり、先に述べた仏の宗派が日本に渡るようになる以前から日本において既に崇拝されていた。これらの神々は、日本で生まれた死すべきものだった人で、或る者は国主の子、別の者は公家や非常に身分の高い貴族で、そのうちの或る者は技術に秀で、他の者は武術に勝れて、その人生において英雄的な業、または珍しいことを成し遂げ、死後神としての神性と超越が付与されたものである。その信仰、神殿、仏僧ら、またその他すべての点で仏と全く異なっている。これらの神々に、すべての自然の恵み、健康、長寿、富、子宝、敵に対する勝利を、すぐ祈るのであるが、これらの無数の神の中の最高の神で、もっとも尊敬されているものが三つある。第一のものは天照大神《テンショウダイジン》と呼ばれ太陽に化身したといわれ、伊勢の国にその本拠地があるが、そこを信長が武力で取り、その本来の領主を排除し、そこに自分の次男、御本所（織田信雄）を入れた。日本全国から、巡礼として、主な神とされているここに集まる人々の数は、信じられない位、異常に多い。それは単に庶民、平民だけではなく、高貴な男女も多くおり、願をかけて置いて、そこに行かない者は、人間の数の中に入らないと思っているようである。第二番目の神は、春日大明神で、大和の国におり、第一の神より大きな収入源となる農地を持ち、より豪華で、きらびやかであるが、既述のように、息の根がとまりつつあると思われる。というのは、所領の代行をしていたその国主《（筒井順慶）》が今度死んだので、筑前殿《（羽柴秀吉）》が、その所領を召し上げて、家臣に分配することが期待されているからである。第三番目の神は八幡大菩薩と称し、戦の神である。その神殿は、高槻から三里、都から四里の（摂）津の国《ツノクニ》の八幡《ヤワタ》にある。

日本における神と仏の相違を説明しているのだが、とくに傍線部分に注目してほしい。ルイス・フロイスによれば、日本の神はもともと人間であり、身分の高い者やその子弟、また特技や武術に秀でた者が死後に「神性と超越が付与され」て神になると説明している。現代の日本人からはわかりにくい感覚かもしれないが、フロイスから見れば、天照大神も春日大明神も八幡神も、もとは人間であり、崇拝の対象とはならない。なぜなら、前引のフロイス書簡で紹介されているベルショール・デ・フィゲイレドと曲直瀬道三《まなせどうさん》の会話では、道三の「ところで人間の中に、肉体の生命より長く続くようなものがあるか」という問いに対して、フィゲイレドが「「そうだ在る」と答え」た後、「全宇宙の上に、不滅の一原理と栄光があり、これが創造主で、天と地の絶対の主であり、その恩恵によって霊魂もまた永遠に生き、その恵みで救われる。そしてこの原理は、最高、無限の知恵と善意を持ち、全宇宙および特にその各々の被造物に存在と生命、および各々が持つ技能を与える」と答えているように（『イ日報』Ⅲ—七）、フロイスやフィゲイレドにとって崇拝すべきものは「創造主」であり、決して「被造物」である人間ではなかったからである。

のちに洗礼を受けた道三は、そのことを正親町《おおぎまち》天皇から非難された際に「私はキリシタンになってから日が浅いため、デウスの掟の中で、神が悪魔であると言うのを未だ聞いたことはない。司祭《パテレン》たちも神々が日本の君侯の昔の世代の人々や王子であったことを知っているに相違ない。むしろ私は徳と公平の教義を聞きました」と応じているが（『イ日報』Ⅲ—七）、それは当時、自らの信仰する神が人間であるかそうでないかが、極めて重要な論点であったからである。だから道三は、イエズス会に対して、今後「ただ神々を死すべき人間として語り、その力も功徳も霊魂の救済には役に立たないし、現世のことにも役立たない、しかしこれを異教徒たちを驚かせないような隠やか（ママ、穏やか）な言葉でいうべきである」と忠告したのである（『イ日報』Ⅲ—七）。

このような観点の持ち主である宣教師たちからは、秀吉の自己神格化の計画についても当初から「この男（豊臣秀吉）と言えば新しい天照の君となることで偶像崇拝の頭目になろうとしているのです。さらに誇示している権力と富、また日本では前代未聞の絢爛豪華な建物から見て、おそらく天照よりも上位に立とうとしているのでしょう」(「第4章　オルガンティーノ司祭が記した他の書簡」、一五八八年五月六日、服部英雄解説・曽田菜穂美訳と解説「翻訳・フロイス『日本史』3部1～4章」)と見なされ、また決して救済されない道を歩む、理解しがたい行為として認識されたのである。

## 秀吉の最期

その後の秀吉の闘病について、「一五九八年十月三日付、長崎発信、フランシスコ・パシオ師のイエズス会総長宛、日本年報」(『イ日報』I―三、家入敏光訳、以下の本章でことわらない引用は同年報)は、次のように伝えている。

太閤様《(豊臣秀吉)》は日本の諸事について、このように処理したが、病状が日々悪化したので、城中のもっとも高い奥まった座敷へ移させた。太閤様はすべての訪問客と騒音を遠ざけるよう命じたが、これはもし(病状が)治まる望みがあるならば、より安静に療養するためか、あるいは人に煩わされることなく、息を引きとるため(と思われる)。そこで、訣別の許しを申し出た国王（秀頼《（豊臣）》）に対して、太閤様は、「今後、予《（豊臣秀吉）》を父と言わず、家康《（徳川）》を父と呼ぶがよい」と言った。その際太閤様は、国王（秀頼）を家康に託し、一座の諸大名とも最後の訣別をし、また自分のもとに留まる者や、寝所への出入りを許される者の人数を限った。さらに太閤様《（豊臣秀吉）》は、医者たちに常詰めするように命じた上、先に定められた場所へ移った。太閤様がこのように奥まったところへ籠ってしまったことが、息子《（豊臣秀頼）》や近臣たちの胸をいかに深い悲しみで閉ざしたかは、誰しも容易に推察できることであった。〔彼らは、太閤様との家族的な交わりから、いっそう大いなる栄誉が授けられることを期待していたのであった〕。（太閤様の寝所から）非常な嘆声が起こった時には、書状も持ち出せぬほど、どこもかしこも出口や扉は厳重に閉め切ってあった。それにもかかわらず、太閤様の寝所近くでの哀悼の声は、外部にも漏れ聞こえ、国王（太閤様）が亡くなられたという噂が、さっそく広がってしまった。

秀吉は寝所を伏見城のさらに奥へと移し、秀頼や諸大名とも最期の別れを告げ、側近くに仕える者を限定したようである。だから、家康も利家も秀吉の最期を看取ることはできなかったのだと思われる。さらに、秀吉の容態の推移についてパシオは、西洋暦であるから和暦とずれているものの（『イ日報』Ⅰ―三）、太閤様《豊臣秀吉》の容態は九月三、四日までやや持ち直し、奉行とごく近親の者以外は近づくことができず、その間というのは、もっぱら、数組の（諸侯の）婚姻に関する配慮とか、国家が息子（秀頼《豊臣》）のために、いっそう固められるために、誓詞を（諸侯に）要求するといったことで過ぎていった。だが九月四日には、（太閤様の）容態は悪化し、（伏見城では）すべての門で厳しい警備態勢が続き、同月十四日には太閤様は息を引き取ったかと思われるほどになった。しかもなお十五日には太閤様は意識を回復し、狂乱状態となって、その間、種々様々の愚かしいことを口走った。だが息子（秀頼）のことに関しては、息子《豊臣秀頼》を日本の国王に推挙するようにと、最期の息を引き取るまで、賢明に、かつ念を押して語っていた。こうして、太閤様はついに、その翌朝未明に薨去した。

（注、この報告書によると、洋暦九月十六日、すなわち邦暦八月十六日の未明となるが、日本側の権威ある記録では慶長三年八月十八日［一五九八年九月十八日］、丑の刻［午前二時］である。）

と記し、和暦になおせば慶長三年（一五九八）八月三日、四日まで秀吉は小康状態となり、その間に数々の指示を出し、それ以後は容態が悪化したと報告している。国内史料に見られる前引の遺言などは八月五日と八月九日になされたから、この報告の情報には数日のずれがあると思われ、また亡くなった日時も国内史料と二日ずれているが、亡くなる直前の状況はこのようなものだったのかもしれない。

## 新八幡としての神格化計画と遺言奏上

これまで見てきたように、イエズス会宣教師の報告書や書簡は、細かな日時などで国内史料とのずれが見受けられるものの、国内史料では確認できないさまざまな情報を提供してくれている。だが、パシオが述べていた秀吉の遺言、すなわち秀吉が自らの遺体を火葬せずに納棺し、その棺を伏見城内の庭園に安置するよう命じ、「シンハチマン、すなわち、新しい八幡」として神に祀られることを希望したとの情報の真偽は、どのように考えればよいであろうか。この遺言については少なくとも、慶長三年（一五九八）八月五日付の遺言のような形では、国内において確認できないのである。

この点について、河内将芳は山科言経《やましなときつね》の日記である『言経卿記』の慶長三年十二月二十五日条（『大日古　言経』九）に、次のような記述があることに注目している［河内二〇〇六］。

一、備前守(比定者不明)呼之、東山新八幡社神職事相望之間、昨日吉田二位(兼見)弟神龍院(梵舜)ニ談合之間、備前守召寄了、談合了

すなわち、あのパシオが述べていた「シンハチマン、すなわち、新しい八幡」を祀る社と思われる「東山新八幡社」の神職について、吉田兼見の弟の梵舜《ぼんしゅん》と談合したことを述べた記事だが、河内によれば、これが国内史料で「新八幡社」の語を用いた初見であるという［河内二〇〇六］。しかも、醍醐寺三宝院門跡の義演《ぎえん》の日記である『義演准后日記』の慶長四年正月五日条（『史纂義』第二）には、

伝聞、五人(前田玄以・浅野長政・増田長盛・石田三成・長束正家)御奉行衆本結ヲ払云々、大閤(ママ、太閤、豊臣秀吉)御所御遠行、旧冬(慶長三年十二月)迄ハ隠密之故ニ無其儀、高麗国群兵引取之間披露ノ躰也、大仏ニ鎮守建立、神ニ奉祝云々、今日ノ風聞、御葬礼モ可有之歟云々、于今伏見ノ御城御座云々

とあって、慶長三年（一五九八）冬までは秀吉の死が伏せられていたが、朝鮮半島からの撤兵が完了したので披露され、五奉行も元結《もとゆい》を切って弔意を示したらしいとあり、あわせて東山の大仏に鎮守が建立され、そこに秀吉を神として祝うらしいが、秀吉の遺体はまだ伏見城

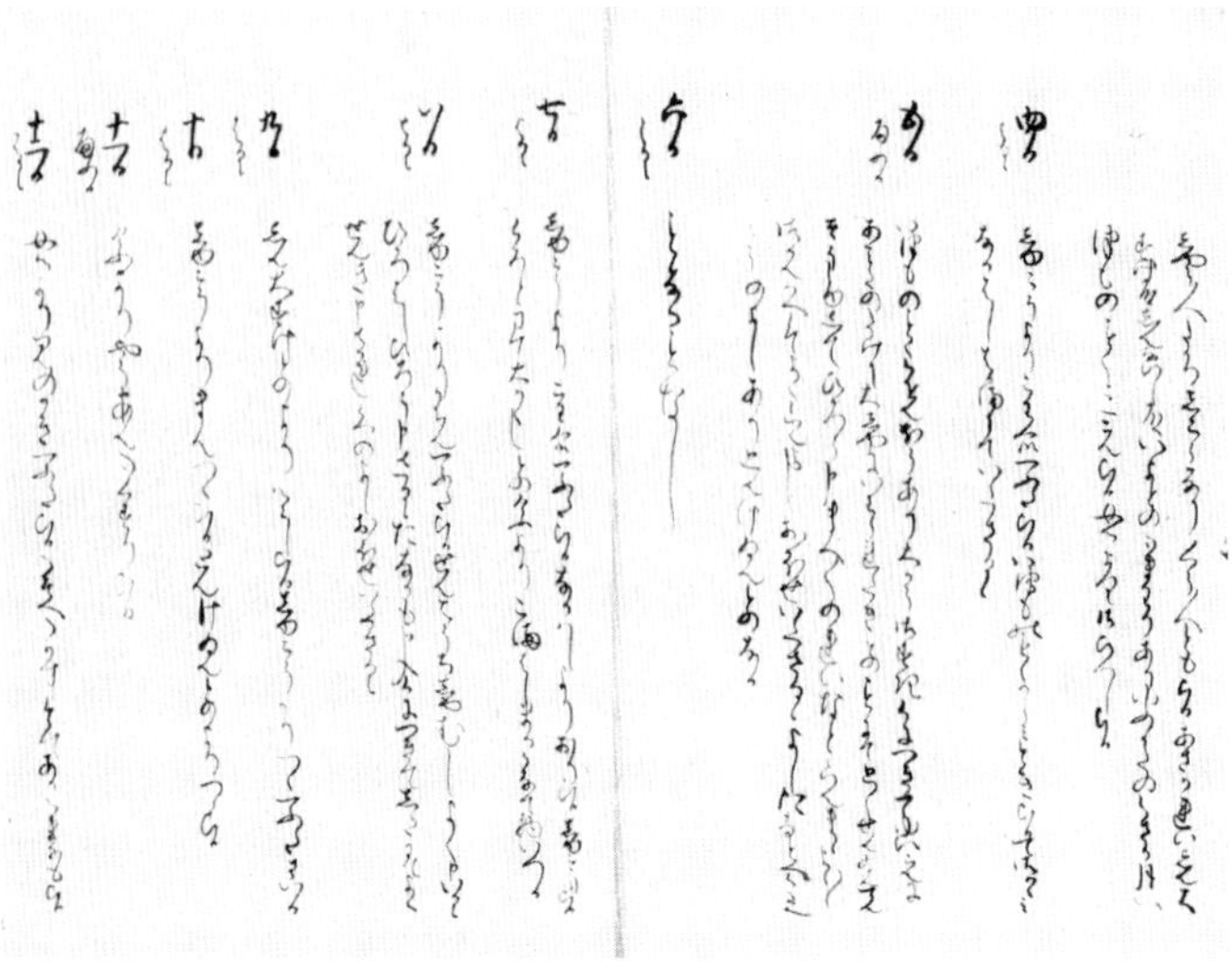

『お湯殿の上の日記』慶長4年3月5日条（東京大学史料編纂所蔵）

にあるとも記されている。これらの内容は、パシオの記した情報がほぼ正しかったことを示しており、河内も述べるように、『義演准后日記』の慶長四年二月二十五日条が「新八幡宮見物、上人《木食応其》引導、驚目了、尽善尽美、社頭凡出来、楼門過半出来了」と記していることからも（『史纂義』第二）、義演の見聞きした美しくほぼ完成した「新八幡宮」の社殿と「大仏ニ鎮守」は、言経のいう「東山新八幡社」とも同義であろう〔河内二〇〇六〕。

このように、パシオの記した秀吉の遺言は、実際にあったらしいことが状況証拠的に裏づけられたのだが、『お湯殿の上の日記』の慶長四年三月五日条によると、この日、秀吉の遺言が奏上されており、その意味からも遺言の存在自体は動かないようである（『お湯殿の上の日記』二十六、東京大学史料編纂所架蔵写真帳、旧高松宮家旧蔵、現在原本は東京大学史料編纂所蔵）。

> 五日　雨ふる
> いつものことく御せんほうあり、大かう（豊臣秀吉）御すき候につきて、ゆいこんに、あミたのたけ之大しやにいわゝれたきとのことにて、とくせんゐん（前田玄以）てんそうしゆしてひろう申、まへ〳〵のれいなと候ハんまゝ、よく〳〵御かんかへ候てよく候ハんよしおほせいたさるゝ、よした（吉田兼見）なとへ御たんかうのよしあり、とんけゐんとのなる

しかし、この記事からは、大きく三つの問題点を指摘できる。一つは、確かに秀吉の遺言のことは奏上されたが、その内容について「あミたのたけ之大しやにいわゝれたきとのこと」のみが記されていることである。これまでに見たような「新八幡」や「大仏」などの文言はないのである。そして、いま一つは、なぜ慶長四年（一五九九）三月五日という時期での奏上なのかという点である。秀吉の死が慶長三年（一五九八）冬まで伏せられていたとしても、前引の『言経卿記』や『義演准后日記』に見られるように、「東山新八幡社」や「大仏ニ鎮守」のことは、慶長三年（一五九八）十二月から慶長四年（一五九九）正月にかけて

周囲に認識され始め、「新八幡宮」の社殿は慶長四年（一五九九）二月中にはほぼ完成の域に達していた。もし遺言のことを奏上するならば、同様の時期でもよかったのではないかと思われるのだが、奏上に時間を要した背景とはいかなるものであったのか。そして、三つめは、奏上された際の後陽成天皇の反応である。天皇は、前々の例などをよく考えるほうがよいのではないかと仰せ出されたとあり、吉田兼見と談合せよと指示したのである。

これらは、秀吉の自己神格化に関する遺言について、何らかの問題が発生していたことを予感させるものではなかろうか。次章で詳しく検討しよう。

# 第三章　秀吉の遺言変更と豊国大明神

## 遺言奏上の時期をめぐる政治的意味

まず、秀吉の遺言のことを奏上した時期についてであるが、その意味を考えるために〈表〉を作成してみた。すると、確かに「大仏山寺」「大仏鎮守」「大仏之地社」「大仏之社」をめぐる動きは秀吉の病没直後から確認でき、しかも善光寺如来が信濃国へ返還されて、秀吉の病没時には空となっていた東山大仏殿では、大仏造営の動きも始まっている。そのような中、秀吉の遺言の奏上は、秀吉没後の権力闘争を経た、徳川家康と前田利家との会談の直後に行われたことが判明する。

すなわち、秀吉の病没直後から東山での建築工事は始まっていたが、徳川家康の政治的立場はまだ、石田三成らとの関係から盤石ではなかった。そのような中、慶長三年（一五九八）十月には体調の思わしくない後陽成天皇による譲位の意向が表明され、五大老・五奉行らはそれへの対応に奔走していた。その過程では、五大老・五奉行の側から慶長の年号を改めようという動きさえあった。それらが一段落した後、同年十二月に家康は、吉田兼見の弟の梵舜へ「大仏之社」のことを尋ねるなど関心を示していた。しかし、翌慶長四年（一五九九）正月から二月にかけては五大老・五奉行による政争の最中であり、前田利家と徳川家康との

〈表〉豊臣秀吉病没直後の政治的主要事件と神格化をめぐる諸動向

| 和暦 | 西暦 | 月日 | 事項 | 典拠 |
|---|---|---|---|---|
| 慶長３年 | 1598年 | 8月18日 | 伏見城で豊臣秀吉が病没。 | 『史料綜覧』巻13、170頁。 |
| | | 8月19日 | 石田三成が徳川家康殺害を企てる。 | 『史料綜覧』巻13、170頁～171頁。 |
| | | 9月2日 | 奉行衆が大仏本尊造立之儀に遣わされる。 | 『義演准后日記』第1、297頁。 |
| | | 9月7日 | 前田玄以が東山で八棟作社頭の縄張りを行う。 | 『義演准后日記』第1、299頁。 |
| | | 9月15日 | 大仏山寺の地鎮が行われる。 | 『義演准后日記』第1、303頁～304頁。 |
| | | 10月17日 | 後陽成天皇退位の風聞がある。 | 『義演准后日記』第1、312頁。 |
| | | 10月18日 | 後陽成天皇が譲位の意思を表明。 | 『御ゆとの丶うへの日記』 |
| | | 11月10日 | 五大老・五奉行の申し入れとして、改元の由が伝奏より披露される。 | 『御ゆとの丶うへの日記』 |
| | | 11月18日 | 徳川家康が後陽成天皇の譲位無用の由を色々申す。 | 『御ゆとの丶うへの日記』 |
| | | 12月18日 | 徳川家康らが大仏鎮守へ参詣。 | 『義演准后日記』第1、324頁。 |
| | | 12月19日 | 前田玄以が大仏之地社につき吉田兼見と協議。 | 『舜旧記』第1、161頁。 |
| | | 12月24日 | 徳川家康が梵舜に大仏之社のことを尋ねる。 | 『舜旧記』第1、161頁。 |
| 慶長４年 | 1599年 | 正月3日 | 島津義久が徳川家康との往来を石田三成より詰問される。 | 『史料綜覧』巻13、183頁。 |
| | | 正月5日 | 豊臣秀吉が大仏鎮守に神として祝われる旨、秀吉の遺体が伏見城にある旨の風聞がある。 | 『義演准后日記』第2、8頁。 |

| 慶長4年 | | |
| --- | --- | --- |
| 1599年 | | |
| 正月10日 | 豊臣秀頼が伏見城より大坂城へ移る。 | 『史料綜覧』巻13、184頁。 |
| | 藤堂高虎が石田三成の陰謀を徳川家康へ報じる。 | 『史料綜覧』巻13、185頁。 |
| 正月19日 | 四大老が徳川家康・伊達政宗らを秀吉遺命違反の廉で責める。 | 『史料綜覧』巻13、185頁。 |
| 2月5日 | 徳川家康が前田利家らと和して誓書を交換する。 | 『史料綜覧』巻13、186頁。 |
| 2月25日 | 義演が新八幡宮を見物し、社頭の大半と楼門が完成していること、尽善尽美の様を日記に記す。 | 『義演准后日記』第2、26頁。 |
| 2月29日 | 前田利家が伏見の徳川家康を訪ね、向島への移動を勧める。 | 『史料綜覧』巻13、188頁。 |
| 3月5日 | 前田玄以が秀吉を遺言により阿弥陀峯の大社に祝いたい旨を奏請する。 | 『お湯殿の上の日記』26 |
| 3月11日 | 徳川家康が大坂の前田利家を訪問する。 | 『史料綜覧』巻13、189頁。 |
| 3月26日 | 徳川家康が伏見の向島に移る。 | 『史料綜覧』巻13、190頁。 |
| 閏3月3日 | 前田利家が病没する。 | 『史料綜覧』巻13、191頁。 |
| 閏3月4日 | 加藤清正らに狙われた石田三成が徳川家康を頼り、近江佐和山に退く。 | 『史料綜覧』巻13、191頁。 |
| 閏3月10日 | 八条宮智仁親王が日記に「伏見一段しつまる」と記す。 | 『智仁親王御記』 |
| 閏3月13日 | 徳川家康が伏見城の西ノ丸に移り、「天下殿」と目される。 | 『史料綜覧』巻13、192頁。<br>『多聞院日記』5、83頁。 |
| 閏3月21日 | 徳川家康が毛利輝元に異心なき旨を誓う。 | 『史料綜覧』巻13、193頁。 |
| 4月12日 | 吉田兼見と梵舜が大仏之社で内儀式を行う。 | 『舜旧記』第1、181頁。 |

| | | |
|---|---|---|
| 4月13日 | 秀吉の遺体が隠密に伏見城から阿弥陀峯へ移る。 | 『義演准后日記』第2、42頁。 |
| 4月16日 | 大仏鎮守仮殿遷宮が行われる。 | 『舜旧記』第1、181頁。 |
| 4月17日 | 勅使が阿弥陀峯へ派遣され、豊国大明神の神号が宣下される。 | 『史料綜覧』巻13、195頁。 |
| 4月18日 | 豊国社正遷宮が行われる。 | 『舜旧記』第1、181頁。 |
| 4月19日 | 豊国大明神へ正一位の神階が宣下される。 | 『史料綜覧』巻13、195頁。 |
| | 豊臣秀頼の名代として徳川家康が豊国社へ参詣する。 | 『舜旧記』第1、182頁。 |
| 4月29日 | 豊臣秀頼が秀吉への神号下賜を謝して宮中へ白銀等を献ずる。 | 『史料綜覧』巻13、195頁。 |

（註）東京大学史料編纂所編『史料綜覧』巻13（東京大学出版会、一九六五年覆刻）、弥永貞三他校訂『史料纂集　義演准后日記』第1（続群書類従完成会、一九七六年）、『御ゆとの、うへの日記』（東山御文庫蔵）、鎌田純一校訂『史料纂集　舜旧記』第1（続群書類従完成会、一九七〇年）、酒井信彦校訂『史料纂集　義演准后日記』第2（続群書類従完成会、一九八四年）、『お湯殿の上の日記』26（東京大学史料編纂所架蔵写真帳、旧高松宮家旧蔵、現在原本は東京大学史料編纂所蔵）、『智仁親王御記』（宮内庁書陵部蔵）、竹内理三編『増補続史料大成　多聞院日記』5（臨川書店、一九七八年）をもとに作成。

間で政争の鎮静化が図られた時期が、慶長四年（一五九九）三月頃であった。これはまさに、前述の遺言の奏上時期に他ならず、秀吉の神格化をめぐる遺言について、奏上が同年三月五日となった背景には、少なくとも当時、後陽成天皇自身と五大老・五奉行間のこのような不穏な政治状況もあっただろう。

谷徹也によれば、当時の五大老・五奉行が依拠した政治的原則は、秀吉が繰り返し確認・遵守を求めていた「遺言」と、それをふまえて五大老・五奉行間において相互に交わされた「誓紙群」であったが、それらの中でもとりわけ次の「十人連判誓紙」とされるものが重視されていたという［谷二〇一四］。谷によると、その「十人連判誓紙」は、毛利家文書と浅野家文書に写しがあるようだが［谷二〇一四］、本書では浅野家文書にある「一〇六　豊臣氏五大老五奉行霊社上巻起請文写」（東京帝国大学編『大日本古文書　家わけ第二　浅野家文書』）を見てみよう。

（原文）

（端裏書）「秀吉（豊臣）様御他界之以後拾人連判誓帋之写」

敬白霊社《レイシャ》上巻起請文前書之事

一秀頼（豊臣）様御為存候上者、諸傍輩ニ対し、私之遺恨《ワタクシノイコン》を企《クハタテ》、不可及存分ニ事、一此連判衆中ニ対し、誰々讒言《サンケン》之子細在之共、同心不可申候、何時も直ニ申理、可随《シタカウ》其ニ候、自然不相届儀承付候者、無隔心《キャクシン》可令異見《イツケン》候、事ニより同心無之候共、遺恨《イコン》ニ者存間敷候事、

一傍輩中不可立其徒党《トタウヲ》候、公事篇《ヘン》喧嘩口論之儀雖有之、親子兄弟縁者《ヘンシヤ》親類知音奏者《ソウシヤ》たり共、依怙《ヘコ》贔屓《ヒイキ》不存、如御法度可致覚悟事、

一此衆中之うわさあしさまニ被申聞仁於有之者、則其申主をあらハし、互可申届候、左様ニ無之候て、十人之外別人を近付、此衆中之うしろ事あしさまニ取沙汰申間敷事、

一諸事御仕置等之儀、其軽重《キヤウシウ》をけつし、十人之衆中多分ニ付而可相究事、

一十人之衆中と、諸傍輩之間ニをいて、大小名ニよらす、何事ニ付ても一切誓帋取かはすへからす、如此相定上、若誓紙取あつかい仕候衆ニ至てハ、其徒党《トタウ》を立逆意《キャクイ》之基《モトイ》眼前候条、各相談仕、曲事ニ可被仰付事、

一対　秀頼様、誰々悪逆《アクギャク》之子細雖有之、出しぬきの生害《カイ》不可有之、其罪科《サイクハ》之通申届、理之上を以可有御成敗、縦其身にけのひ候共、其在所へをしよせ可被加御成敗事、

以上

右条々若私曲偽《シキヨクイツハリ》於有之者、忝も此霊社《レイシヤ》上巻起請文之御罰、各深厚ニ可罷蒙者也、仍前書如件

慶長三年九月三日

(毛利)輝元
(上杉)景勝
(宇喜多)秀家
(前田)利家
(徳川)家康

(正家)長束大蔵太輔
(三成)石田治部少輔
(長盛)増田右衛門尉
(長政)浅野弾正少弼
(前田玄以)徳善院

(読み下し)

(端裏書)「秀吉様御他界の以後拾人連判誓帋の写」

敬白霊社上巻起請文前書きの事

一、秀頼様御為存候上は、諸傍輩に対し、私の遺恨を企て、存分に及ぶべからざる事、

一、此連判衆中に対し、誰々讒言の子細これ在るとも、同心申すべからず候、何時も直に申しことわり、其れに随うべく候、自然相届かざる儀承り付き候は、隔心なく異見せしむべく候、事により同心これなく候とも、遺恨には存じまじく候事、

一、傍輩中其の徒党を立つべからず候、公事篇喧嘩口論の儀これ有るといえども、親子

兄弟縁者親類知音奏者たりとも、依怙贔屓存ぜず、御法度の如く覚悟致すべき事、
一、此衆中のうわさあしざまに申し聞かさるる仁これ有るに於いては、すなわち其の申し主をあらわし、互いに申し届くべく候、左様にこれなく候て、十人のほか別人を近付け、此衆中のうしろ事あしざまに取沙汰申すまじき事、
一、諸事御仕置等の儀、其の軽重を決し、十人の衆中多分に付いて相究むべき事、
一、十人の衆中と、諸傍輩の間において、大小名によらず、何事に付いても一切誓帋取かわすべからず、かくの如く相定むる上、もし誓紙取り扱い仕り候衆に至りては、其の徒党を立て、逆意の基眼前候条、各相談仕り、曲事に仰せ付けらるべき事、
一、秀頼様に対し、誰々悪逆の子細これ有るといえども、出しぬきの生害これ有るべからず、其の罪科の通り申し届け、ことわりの上を以て御成敗有るべし、たとい其の身にけのび候とも、其の在所へおしよせ御成敗を加えらるべき事、
以上
右条々もし私曲いつわりこれ有るに於いては、かたじけなくも此の霊社上巻起請文の御罰、各深厚に罷り蒙むるべきものなり、仍って前書くだんの如し
慶長三年九月三日　　長束大蔵太輔
輝元　　石田治部少輔

景勝　　増田右衛門尉
秀家　　浅野弾正少弼
利家　　徳善院
家康

内容としては、互いの「遺恨」と「讒言」による混乱の発生を戒めるとともに、縁者の依怙贔屓を禁じ、五大老・五奉行の十名以外の外部を利用したさまざまな政治的介入・詮索をせぬよう取り決めている。さらに、五大老・五奉行が外部と「一切誓帋取かはすへからす」とし、たとえ何者かによる秀頼への反逆が明らかとなった場合であっても、十人のうちの誰かが勝手に処罰するのではなく、罪状を届け出て糾明したうえ、逃亡した場合にはその逃亡者の領地に軍勢を派遣して「御成敗」になることが十名の名前で起請文（神への誓約書とでもいうべきもの）として誓われている。

いわば、〈表〉に見られる五大老・五奉行間の権力闘争は、谷のいう前引の「十人連判誓紙」における取り決めに違反する形で家康が独自の動きを見せたから発生したのだが、当時の状況をイエズス会宣教師のパシオは、「一五九八年十月三日付、長崎発信、フランシスコ・パシオ師のイエズス会総長宛、日本年報」（『イ日報』Ⅰ―三、家入敏光訳、以下の本章でことわらない引用は同年報）で、次のように報告している。

日本の奉行たちは太閤様《豊臣秀吉》が亡くなると、伏見にいる工匠ならびに住民に対して、国王（太閤様）が存命であるか薨去されたか、病状が良いか悪いかについては、第一に、いっさい口外せぬと誓うように、第二に、この点、正直に約束を履行せぬ者は、何びとも家の中に入れぬと誓うようにと命じた。そしてたまたま或る大名の下僕がこの命令に従わず〔太閤様の薨去について語った〕ところ、彼はただちに磔刑に処せられてしまった。この見せしめは、日本人たちを非常に恐れしめるところとなって、それ以後はこの事件についてあえて口を開く者すら誰もいなくなった。（このような次第で）今に至るまで国内はしごく平穏であり、大坂で始まった普請は進捗しており、諸大名に当てられた用地では数ヵ所の丘が平地に変えられている。

朝鮮国へも家康《徳川》と奉行たちから二名の使者が派遣された。使者は〔日本では何びとに対しても、自分たちが出発する理由を打ち明けない旨誓約をした後に〕朝鮮にいる諸侯全員に対し、或る人々が主張していたように、朝鮮およびシナと（日本）の間の講和（条約）が締結されているといないとにかかわらず日本へ帰るよう伝達するために出発した。かくて前後七ヵ年にわたった朝鮮の戦役には、ついに終止符が打たれることになった。この戦役は、キリシタンたちの大いなる労苦と出費のうちに継続してきたのであるが、キリシタンの諸侯にとっては、自領を安全に保持できるに至ったという有利な面もあった。というのは、もしもこの戦役が介入していなかったら、（それらの）領地はキリスト教会の計り知れぬ損失のもとに、太閤様《（豊臣秀吉）》によって他（の領主）の手に渡っていたことは疑う余地がないからである。

まず、秀吉の死については、厳重な箝口令《かんこう》が敷かれ、それによって治安は維持されているが、大坂城の工事は継続されていること、前章で見た秀吉の遺言にもあったように、朝鮮半島で継続されていた戦争の終結がはかられ、撤兵が開始されたことが報じられている。興味深いことは、イエズス会の立場から見た場合、朝鮮半島で展開されていた文禄・慶長の役は、キリシタンにとっての重要問題でもあり、もしこの戦争がなかったら、キリシタン大名の領地は他大名の手に渡っていただろうと観測していたことである。すなわち、戦争の労苦は大変なものであったが、もし戦争がなかったら、バテレン追放令をふまえ、キリシタン大名らの立場は悪化の一途を辿ったと予測され、戦争のあったおかげで、キリシタン大名の領地は維持されたという観測である。このパシオの記述は、日本史上のさまざまな歴史的出来事を多面的に理解すべきことを教えてくれるが、パシオの指摘の鋭さは次のような文章にも表れている（『イ日報』Ⅰ―三）。

諸事情の大きな交替はまったく目まぐるしくなっている。なぜなら共同で統治している（十名の）人々の間での固い一致というのは滅多にないからである。そのため（石田）治部少輔（三成）と浅野弾正（長政）は〔彼らはこの時にあたって互いに外見上の友情を温めていた〕、ついに心に隠していた憎悪を爆発させた。同様に朝鮮で戦役を指揮していた重立った武将たちの間でも、朝鮮軍と和平を締結することについて、および軍勢を日本国へ引き揚げることについて、皆が同意見ではなかったために不和が生じた。そのため国外で疎外と心の離反が起こったことは国内では驚くばかり増大した。

パシオは五大老・五奉行の十人による共同統治の脆《もろ》さを見抜いており、その脆さによる政治的混乱を的確に描いている。現代の日本史学による叙述とほとんど齟齬《そご》のないこともわかるが、いっぽうイエズス会の巡察師であったアレシャンドゥロ・ヴァリニャーノは、「一五九九年十月十日付、日本発信、巡察師アレシャンドゥロ・ヴァリニャーノ師のイエズス会総長宛、日本年報」（『イ日報』Ⅰ―三、家入敏光訳、以下の本章でことわらない引用は同年報）において、その政治的混乱を収拾していく人物は家康であろうと観測し、事に臨む家康の基本姿勢を次のように報じていた。

さらに家康《（徳川）》は、これらの混乱期に際して、日本国全土を流血を見ることなしに、非常な不安動揺からもっとも平和な状態へ導く人物として、男を見せるだろうことは否定できない。確かに彼《（徳川家康）》は敵たちを制圧するのに非常な賢明さをもってしており、刀を抜くことなしに彼らを道理の渦の中へ導き、言葉に耳を傾けさせ、日本国全土の大いなる善のために駆り立てるだろうからである。彼はいっしょに（用務に）携わっていた同僚たちから、彼らが以前得ていた国家の政務を取り上げることは決してせず、何事も彼らによる命令なしには行なわれることを許さなかった。このことでは彼は明白にこう宣言していた。自分は太閤様《（豊臣秀吉）》に従っている、と。なぜなら彼は、（太閤様）から国家の統治のことで定められた秩序と国王（秀頼）の威光を保持するために、特に有益なものは忠実に留めておくべきであると判断していたからである。

近年の跡部信や谷徹也による研究によれば、この段階の家康は五大老・五奉行の枠組みを壊したのではなく、むしろ維持し、その枠組みの中で行動しようとしていたことが明らかとなっているが［跡部二〇一六］、ヴァリニャーノの分析はそれらの成果と一致するし、またなぜそうなのかということについても考察している。同時代を生きた人物の証言としては貴重であろう。

話をもとに戻すと、〈表〉にもあるように、このような政治状況の中にあっても、秀吉の神格化をめぐる事業は少しずつ進行しており、秀吉没後の政治的混乱が一時的に終息したタイミングで遺言の奏上が行われたものと思われる。ところが、前田玄以が秀吉の遺言を奏上した時、後陽成天皇は先例の勘案と吉田家との談合の必要性を述べ、事実上、秀吉の遺言の再検討を指示していた。この天皇の行動と意図について、藤井讓治は秀吉の神格化を秀吉没後の後陽成天皇による譲位の動きと関連させて捉え、秀吉の遺言通りの神格化（新八幡化）に抵抗する天皇の姿を描いている［藤井二〇一一］。だが、藤井のように秀吉の神格化を専《もっぱ》ら天皇と故秀吉との対抗関係のみから説明すると、神格化の過程全体を故秀吉に対する後陽成天皇の対抗意識（この意識の存在自体も検討する必要がある）のみから解釈することになり、秀吉の神格化は専ら天皇にとっての問題ということになってしまう。これでは、広く慶長期初頭の政治過程に秀吉の神格化を位置づけることが、却って困難になるのではなかろうか。天皇の行動の意味についても、当時の政治状況に落とし込んで考察してみることが必要と思われるのであり、これについては後述しよう。

## アレシャンドゥロ・ヴァリニャーノによる新八幡批判

ここまでの検討からは、後陽成天皇の譲位問題の解決がなされ、五大老・五奉行間の権力闘争が推移する中、少なくとも義演が木食応其《もくじきおうご》の案内で「新八幡宮」を見物した慶長四年（一五九九）二月二十五日から、秀吉の遺言が奏上された同年三月五日までは、おそらくまだ秀吉の新八幡化が企図されていたことがうかがわれる。そして、次の『舜旧記《しゅんきゅうき》』慶長四年四月十二日条にあるように（『史纂舜』第一）、

大仏之社、二位《（吉田兼見）》社参、予《（梵舜）》同道也、於徳善院《（前田玄以）》伝奏幷勅使宣命使被下御祝出仕申、内儀式在之、

吉田兼見の弟である梵舜もまだ、慶長四年（一五九九）四月十二日段階では「大仏之社」と呼称していたが、この日、梵舜は吉田兼見とともにその「大仏之社」に赴いた後、前田玄以邸で武家《ぶけ》伝奏《てんそう》と勅使を迎えて「内儀式」を挙行している。この動きは新たな動きであり、いよいよ秀吉を神に祝うための儀式が開始されたことを示唆していよう。事実、義演は『義演

准后日記』慶長四年四月十三日条で、次のように記している（『史纂義』第二）。

今夕大閤《（ママ、太閤、豊臣秀吉）》御所、伏見御城ヨリ大仏阿弥陀ヵ峯仁奉移之、隠密也、上人《（木食応其）》御迎ニ参云々、社頭ノ辺ヵ重而可尋之

慶長四年（一五九九）四月十三日の夕刻、伏見城に安置されていた秀吉の遺体が、東山の阿弥陀峯に「隠密」の形で移されたとある。遺体を迎えに出かけた人物は木食応其であった。義演は、移送先が「社頭ノ辺」なのか、あとで（おそらく木食に）尋ねてみようと述べている。この動きはヴァリニャーノも把握しており、前引の年報中でイエズス会総長に宛てて、次のように報告している（『イ日報』I―三）。

日本国の情勢に関して言えば、多くの人が希望している堅固さを、すべての者が保持しているわけではないが、当分は何ら著しく事情が変化する恐れはないであろう。なぜなら日本国のすべての諸侯は太閤様《（豊臣秀吉）》に非常な恩義を受け、そしてまた現在七歳の彼の嗣子（秀頼）《（豊臣）》のために、国家を保持するため驚くほど心配しているので、家康《（徳川）》が太閤様の遺命によってすべてを統治している限りは、彼らは家康に快く服従するだろうからであ

る。しかしもし彼《(徳川家康)》が専主の地位を獲得しようと努め、皆が彼一人に抵抗したとしたら、このために日本国全土は非常に苛酷な戦さによって燃え上がるであろう。しかし家康《(徳川)》は賢明な人物であり、また齢いを重ねている〔すなわち六十歳になっている〕ので、不確かで危険に溢れたことを己が栄誉と評判を大いに犠牲にまでして追求しようとする冒険に容易に身を曝すようなことはあるまい。なぜなら彼はその誠実さによって、また太閤様への信頼の点で、日本人たちが吹き込んだ最良の意見を無視することはないだろうからである。

ここで私《(アレシヤンドウロ・ヴアリニヤーノ)》が黙過してはならぬと考えたことがある。それは〔昨年報告したように〕、太閤様《(豊臣秀吉)》が自分の死後に、希望として命じた他の諸々の中で、己れに対する主要なことは次のことであった。(己れの)死亡が民衆の中に伝わった時、神《カミ》となり、そして新八幡《シンハチマン》と名づけられるようにせよ、と。これは新しい八幡のことであり、日本人のもとでは戦争のデウスのことである。彼《(豊臣秀吉)》は贅沢な廟の形を模して、その中に自分《(豊臣秀吉)》の遺骸が葬られることを望み、また日本人の神神の栄誉を与えていた己《(豊臣秀吉)》が姿に似た像が安置されることを望んだ。

こうして私が先に述べた騒動が終って後、廟が日本国家の統治者たちの命令によって建立されたが、それは〔それを見た人たちの語るところでは〕、太閤様が命じた姿に似た形をした、日本国にあるすべての中でもっとも荘麗《ママ》なものであった。そして彼は迷信的な不敬をもって、神々の数に入れられ、そしてすべての神々の中の第一の神と呼ばれた後に、安置され腐敗した遺骸は埋葬地にあった場所からこの新しい廟へ移された。そしてそこに像が置かれ、一同はそれをデウスとして礼拝し崇敬せねばならなかった。しかし非常に憐れな人間（太閤様）の不幸な魂は、己が身に適した地獄の諸々の苦しみの座へ移り住み、そこで悪魔どもといっしょに永劫の炎によって苦しめられており、己が大いなる悪にとっては虚偽のものを経験しているのである。なぜなら不敬虔な人間（太閤様）は、存命中は必死になって、いとも確かな真理のように、こう弁明していたからである。人間の魂は当然、死によって肉体とともに消滅してしまう、と。だがこの意見は明らかに不条理であり、また人類にとっても有害なものである。

この（悲惨な太閤様の）光景は、特に日本の神々に対する我らが擁護する真理の激しくてもっとも大きな説教であり、またゆるぎない確証であった。なぜなら日本人の間で、明らかに無感覚になっていない人々は、貪欲で汚らわしく傲慢な人間であり多くの破廉恥と悪行に覆われて神々の数に加えられた太閤様は、存命中に多くのことを企画しながらそれを成就することができずに、ついには他の人間たちと同様に命を失ったことに気づいた時、彼ら自身、日本人の迷信がデウスたちと言っている他の神々は、我らと似た人間たちであった、と結論することになる。それゆえ日本国においては、各地で次のような声が聞かれている。「伴天連《バテレン》たちが我らの神々について言っていることは真実ではあるまいか。〔神々〕は我らと同じ人間だったのではあるまいか」と。この論議が民衆の間で交わされた、これらの言葉や他のこれに類する言葉によって、キリシタンたちは受け入れた信仰で強められ、これに反して偶像崇拝者たちは〔どうか有益になってほしいものだが〕、自分の愚かさを恥ずかしく思っている。

のちの歴史的展開を知っている後世のわれわれから見ると、「日本国の情勢に関して言えば、多くの人が希望している堅固さを、すべての者が保持しているわけではないが、当分は何ら著しく事情が変化する恐れはないであろう」という文章以下に示された、第一段落におけるヴァリニャーノの見込みの甘さを指摘せざるを得ないが、ここで注目したい箇所は第二段落以下である。

ヴァリニャーノは一連の動きについて、新八幡として秀吉を祀る動きと理解しており、その模様を詳報しているが、彼は生前の秀吉が「人間の魂は当然、死によって肉体とともに消滅してしまう」と述べていたことを批難するとともに、秀吉について「存命中に多くのことを企画しながらそれを成就することができずに、ついには他の人間たちと同様に命を失った」にもかかわらず、神として崇められることを選んだ行動は不遜であり、矛盾しているとし、「各地」の「民衆」も、そのような秀吉の神格化に疑問を抱き始め、カトリックの教えのほうが、真理を体現しているのではないかと気づき始めていると述べている。

ここで注意を要することは、仮に生前の秀吉が死とともに霊魂は滅びると述べていて、ヴァリニャーノがそれを批難し、秀吉の命は失われたにもかかわらず、神となることはおかしいと連呼したとしても、当の秀吉は肉体を残したまま、死を経由しない神格化を遺言したということである。肉体は滅びるが霊魂は不滅であるとし、その霊魂の救済を重視するカトリックの教えからすれば、確かに秀吉の神格化は異端であるし、理解できないかもしれない。しかし、かつて秀吉が述べていたように、実態は不明ながら日本の諸侯とはそのように神となることを望む者だったとするならば、少なくとも秀吉は従来の諸侯の望みの延長線上に自らの定めを見据え、位置づけていたのだと思われる。その意味では、高野信治のいうように、まだ中世武士の神格化との連続性を確認できるのかもしれない［高野二〇一八］。

ヴァリニャーノには、日本における神格化の論理を理解することができなかった。日本の諸侯による死の取り扱いが、独特のものであることに気づかなかったのである。だから、秀吉の霊魂に関する考えは「人類にとっても有害なもの」だとまでいわれ、霊魂の消滅に対する秀吉なりの対応策であった自己神格化への取り組みも、徹底的に批難されたのである。

## 豊国大明神の誕生

ところが、慶長四年(一五九九)四月十三日に阿弥陀峯へ秀吉の遺体が移送されて以後、実際に四月十六日から阿弥陀峯において、神格化のための祭祀が行われ始めると、秀吉が遺言していたはずの新八幡としての自己神格化の様相に変化が生じ始める。

そのことに、ヴァリニャーノは気づいていないけれども(死んだ人間の神格化を否定する彼にとっては大きな差ではなかったのかもしれない)、『舜旧記』によると、慶長四年四月十六日条に「豊国社帰殿遷宮」とあり、それまで「大仏之社」あるいは「東山新八幡社」「新八幡宮」と呼称されていた社が「豊国社」とされ、四月十七日に「同神社江宣命」を立てた後、四月十八日の亥刻(午後十時)から「遷宮」が行われた(『史纂舜』第二)。四月十七日の宣命案によると、その「豊国社」に祀られ、後陽成天皇が御画日(日付の数字を宸筆《しんぴつ》で書き入れること)を行って「故博陸大相国豊臣朝臣(秀吉)」に勅命として伝えたとされる神格とは、次のようなものであった(『押小路文書』七十七、国立公文書館蔵)。

振兵威於異域之外比施恩沢於率土之間須行善敦而徳顕留身既没而名存勢利崇其霊氏城乃東

南尓大宮柱広敷立氏吉日良辰乎択定氏豊国乃大明神止上給比治賜布

すなわち、「兵威を異域の外に振《ふる》ひ、恩沢を率土《そつと》の間に施す、善を行うこと敦《あつ》くして徳顕《あらわ》る、身既に没して名存せり、其の霊を崇めて城の東南に大宮柱広敷《ひろしき》立て、吉日良辰《きちじつりょうしん》を択《えら》び定めて豊国の大明神と上せ給ひ治め賜ふ」と読むのだが、意味としては秀吉のことを異国に武力を示して恩恵を地の果てまで施し、敦い善行によって徳が現れた人物と評価したうえで、すでに没しているが名は残っており、その霊を崇めて京都の東南に社殿を造営し、よき日を選んで「豊国乃大明神」という神号をたてまつったということになろう。新八幡として祝われることを望んだ秀吉は、京都東山の大仏の鎮守として新八幡社に鎮座するはずであったが、その秀吉の神格も、鎮座する社も、当初の遺言とはまったく変わってしまったのである。いっぽう、「振兵威於異域之外比」の箇所に注目し、同じ軍神だとして新八幡との共通点を重視する説もあるが［河内二〇〇八］、秀吉の遺言があったにもかかわらず、それを敢えて変えたことの意味が重要だろう。

なお、宣命に「身既没而名存勢利崇其霊氏」とある箇所については、まさに死後も秀吉の名は残り、その霊が信仰の対象になっているということを意味している。そして、宣命では言及されていないが、秀吉の遺体は保存されているから、遺体も崇拝の対象であり、身体は滅んでいないことになる。すなわち、ここでカトリックとの相違に目を向ければ、死後も遺体を保存して霊そのものを神として信仰するか、死後の霊が創造神によって救済されるかの相違ということになろう。

だが、そもそも豊国大明神という神号はいかなる意味を有するものなのか。当初は、秀吉の豊臣姓などと関係があるのではないかといわれたこともあったが［宮地一九二六］［魚澄一九七二］、おそらくそうではなく、次の『豊国大明神臨時御祭礼記録』（『神道大系　神社編四宮中・京中・山城国』）の記述を考慮する必要があろう［河内二〇〇八］［三鬼二〇一一a］。

（原文）

同年慶長三年戊戌八月十八日、太閤大相国豊臣朝臣秀吉公、悲哉、時至リ無常之風来《テ》御歳六十二ト申《ニ》陰《レ》二有為之雲《ニ》一給《フ》。（中略）任二御遺言之旨一、東山阿弥陀峯《ガ》、地形《ヲ》平《ラケ》、建《シ》二立社壇《ヲ》一、鏤二金銀《ヲ》一、甍《ヲ》並、継レ軒《ヲ》、巍々堂々《トシテ》、奉レ移二御身体於宮内《ニ》一。吉田神主二位兼見奉《ウケタマツテ》而、号《ス》二豊国大明神《ト》一。言《ロハ》日本之惣名《ヲ》豊葦原中津国《ト》云ヘル故也。太閤大相国（豊臣）秀吉公者、依レ為二和朝之主《アルジ》一、奉レ号二豊国大明神《ト》一。（後略）

（読み下し）

同年慶長三年戊戌八月十八日、太閤大相国豊臣朝臣秀吉公、悲しきかな、時至り無常の風来て御歳六十二と申すに有為の雲に陰れ給う。（中略）御遺言の旨に任せ、東山阿弥陀が峯、地形を平らげ、社壇を建立し、金銀をちりばめ、甍を並べ、軒を継ぎ、巍々堂々として、御身体を宮内に移し奉る。吉田神主二位兼見うけたてまつって、豊国大明神と号す。言ろ《ママ》は日本の惣名を豊葦原中津国と云える故なり。太閤大相国秀吉公は、和朝の主たるに依り、豊国大明神と号し奉る。

すなわち、豊国とは「豊葦原中津国」から文字をとったようであり、言い換えるならば日本大明神とでもいうべき神号なのだが、その趣旨は「太閤大相国秀吉公は和朝の主なので豊国大明神と号し申し上げるのだ」と説明されている。ここからは、日本の国号を強調することに狙いがあるようであり、秀吉を「和朝之主」と捉えることに意味を見出したらしいことがうかがわれる。また、東山の阿弥陀峯に身体を移して祀ること自体は「御遺言之旨」に相違なかったが、神格のほうはまったく変わってしまったのであり、神格の変更に当時の人々がどのような意味を込めたのかという点が論点となるだろう。

この点については、まず慶長四年（一五九九）三月五日に奏上された秀吉の「ゆいこん」が「あミたのたけ之大しやにいわゝれたき」旨のみであったことの意味を考える必要があろう。そこには、前述のように「新八幡」や「大仏」などの文言はなかった。柳田國男は「元は所謂新八幡の実例が幾らでも諸国にあつて、それには殆と皆容易ならぬ由来談を伴うて居る」が「人を新に祀つて之を八幡と謂ふことに、或は此時代頃から段々と、反対が多くなつて来たことを意味するのでは無からうかと思ふ」としている［柳田一九六二］。この柳田の指摘をふまえるならば、すでに新八幡として人を祀ることには多くの例があったから、当初は勅許を求める奏上を要さないものと捉えられ、それが奏上の遅れにつながったとも考えられるし、またそのような新八幡化への反感・疑義をふまえ、いわば白紙の状態で神格化の実現方法のみをうかがうために、本来の遺言の一部しか奏上しなかったとも考えられる。

それに対して、後陽成天皇が先例の勘案と吉田兼見との談合を指示したことは前述したが、確かに『豊国大明神臨時御祭礼記録』にも「吉田神主二位兼見奉って、豊国大明神と号す」とあるから、やはり慶長四年（一五九九）三月五日の奏上の結果、秀吉の神格の変更は検討され始めたと見て間違いないであろう。それは秀吉の遺言どおりの神格化ではなかった以上、もはや当初の秀吉の意図していた自己神格化ではなく、別の目的を有した他者による神格化であった（［河内二〇〇八］も、秀吉の神格化を自己神格化と捉えることに「やや懐疑的」とする）。

だとすると、豊国大明神という神号はいつ考案されたのであろうか。先ほど梵舜は、まだ慶長四年（一五九九）四月十二日の段階で「大仏之社」と記していたけれども、天理大学附

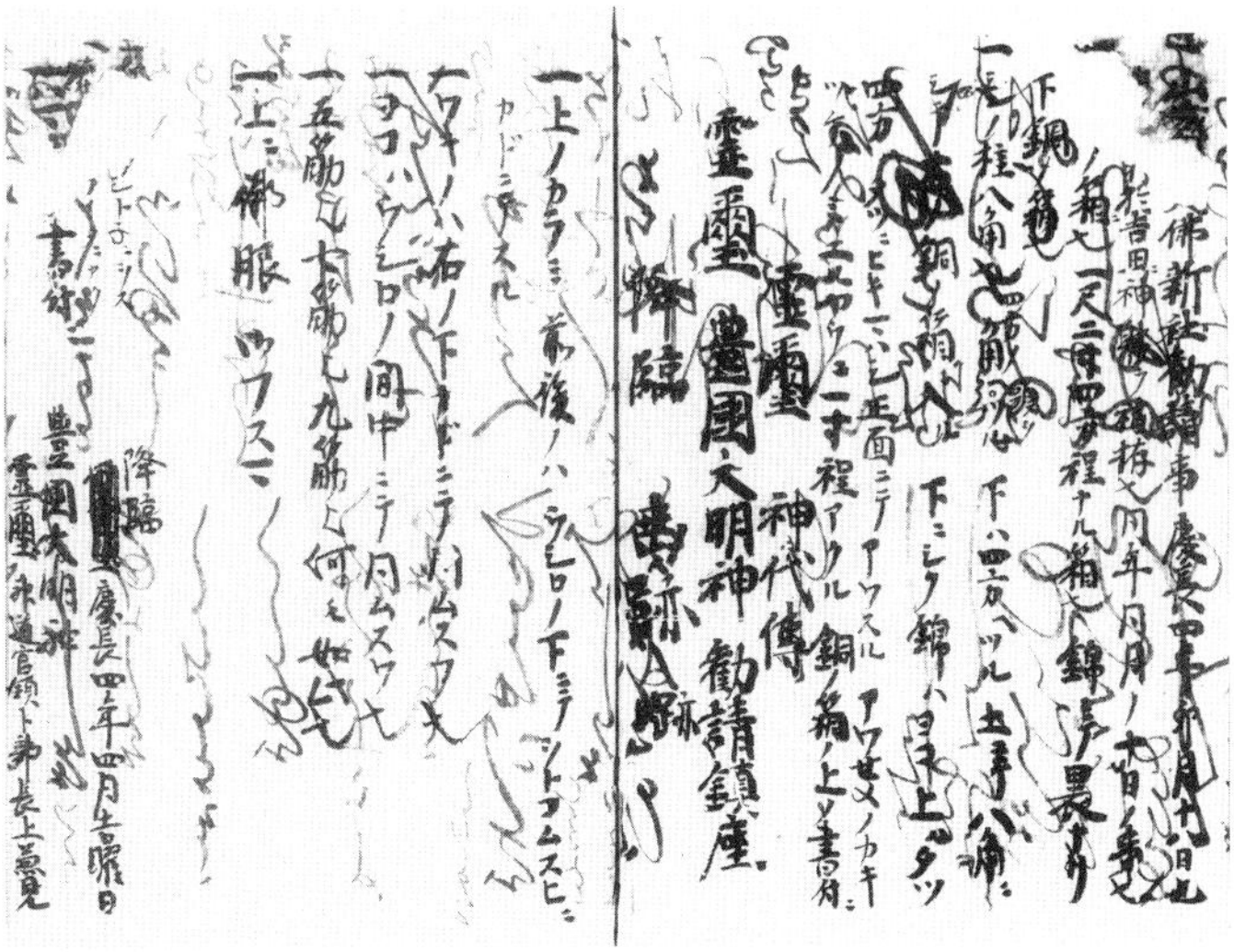

山城国大仏新社勧請事等雑記（天理大学附属天理図書館蔵）

属天理図書館の吉田文庫に所蔵され、吉田兼見筆（天理図書館編『吉田文庫神道書目録』）とされる『山城国大仏新社勧請事等雑記』には、その豊国大明神の神璽《しんじ》に関する記述がある。これによると、慶長四年（一五九九）四月十日には神璽の調製が行われているから、その日までには豊国大明神の神号が決定されていたものと思われる。

なお、この神璽と豊国大明神の鏡については、京都東山の妙法院門跡が別当であった新日吉《いまひえ》社（現在の新日吉神宮）で安永四年（一七七五）と天明五年（一七八五）に確認され、天明五年の調査時に詳細な記録が作成された［藤島一九七二］。久世奈欧によると、すでに明和二年（一

新日吉神宮境内豊国神社鳥居・社殿（著者撮影、手前が豊国神社）

七六五）には発見されていた模様だが［久世二〇一五］、一一三頁に掲載した天明五年（一七八五）の記録と照合すると、まさに新日吉社で発見されたものは慶長四年（一五九九）四月十日に作成された神璽と同じものであったことがわかる。この天明五年の調査をふまえ、新日吉社境内には樹《この》下社《もとのやしろ》（現在の新日吉神宮境内の豊国神社）が創建された。

ここで確認しておきたいことは、かつて津田三郎は豊国社の退転後、梵舜が豊国社の神体を神龍院へ移動させたと述べたけれども［津田一九八九］［津田一九九七］、それはおそらく誤りだろうということである。

なぜなら、後述のように豊国社は豊臣家の滅亡後、妙法院門跡の所管とされ、『舜

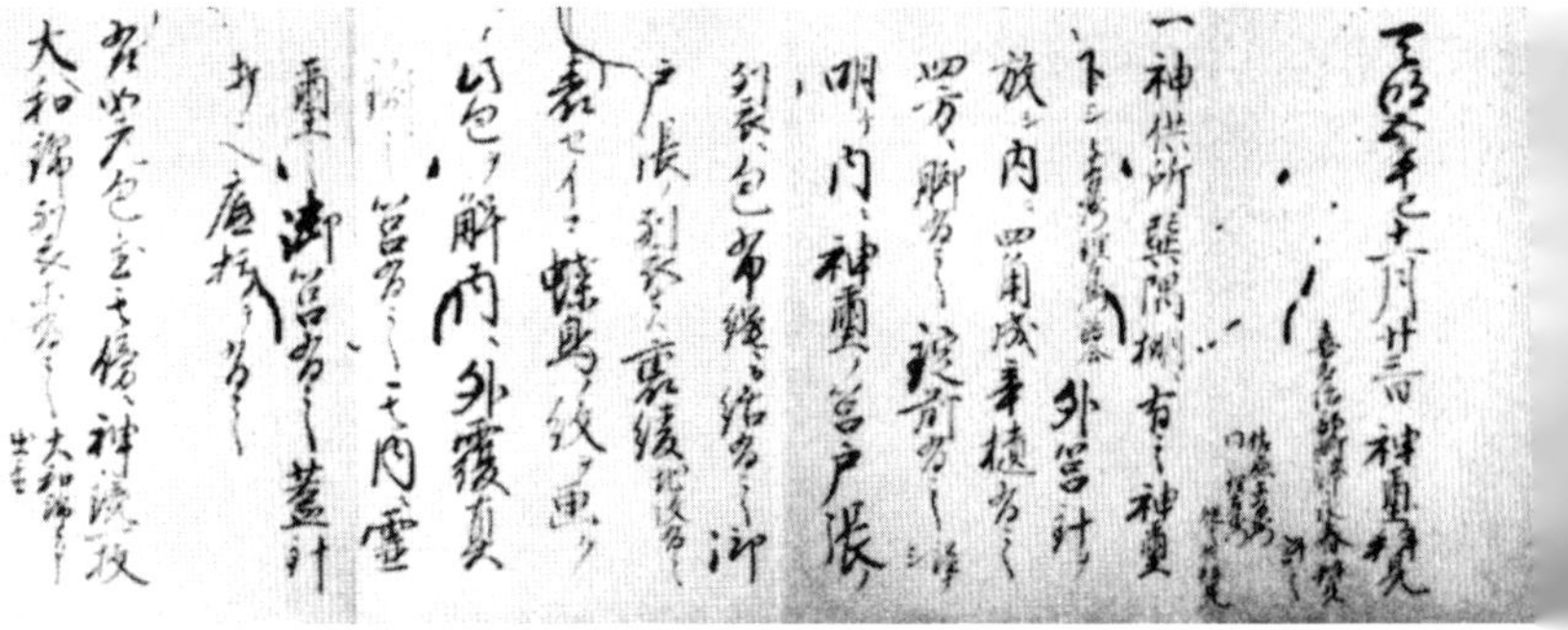

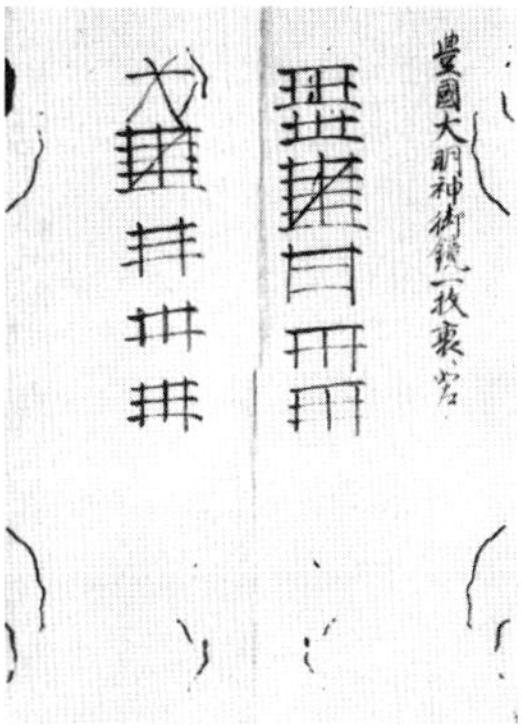

上：折紙ノ一　豊国大明神神璽拝見ノ記録
左：折紙ノ二　御鏡裏面ノ浮彫
下：折紙ノ三　豊国大明神神璽
（いずれも藤島益雄『新日吉神宮と豊国社頽廃後その神躰の行方と樹下社の創建』より転載）

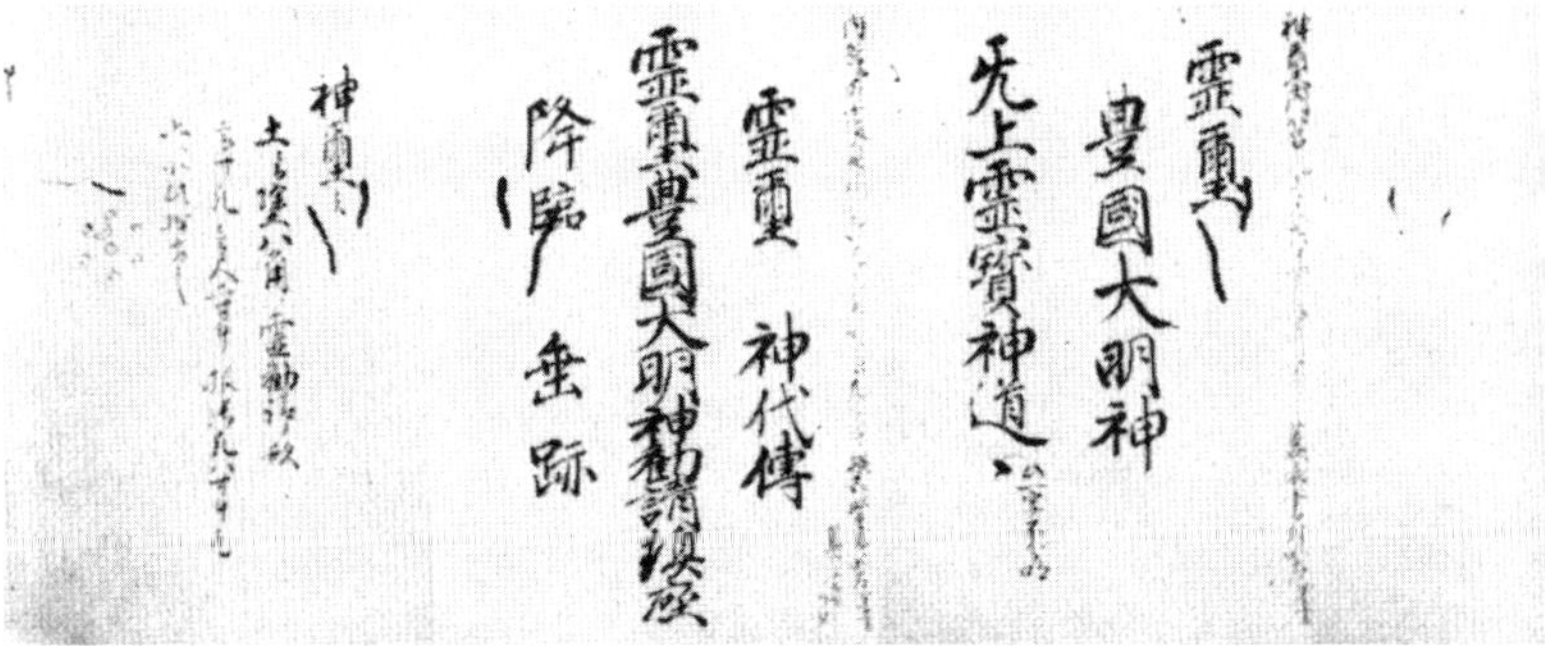

旧記』によると、梵舜は元和五年（一六一九）九月五日に「豊国神宮寺之屋敷者、妙法院殿へ可相渡之御状」を京都所司代板倉勝重《いたくらかつしげ》から受け取っているが、元和五年（一六一九）九月十二日の妙法院門跡からの「屋敷・社已下可相渡之使」に対して梵舜は「御返事ニ社之義者、予《（梵舜）》分別難成」と返答し、自らの神宮寺屋敷のことではない豊国社のことはわからないと返答しているからである（『史纂舜』第五）。すなわち、もともと豊国社は萩原兼従《はぎわらかねより》の所管だったものであり、妙法院門跡への豊国社の引き渡しは、『舜旧記』の元和五年九月十二日条に「萩原兼従豊国社門跡《（常胤法親王）》へ相渡治定也」とあるように、萩原が決めるべきことだった（『史纂舜』第五）。梵舜といえども、豊国社の神体に触れて動かすことはできなかった。だから梵舜は、『舜旧記』によると元和五年（一六一九）九月十五日に「豊国社参詣、則御暇乞」をしたうえで、秀吉の祥月《しょうつき》命日である元和五年九月十八日に「今日豊国社御神供不備、妙法院殿相渡也、有浅間敷体也」と記し（『史纂舜』第五）、神前への供物と今後の参詣を諦めざるを得なかったのである。津田の根拠であった『舜旧記』の元和五年十一月二十五日条の「神宮寺鎮守社当院へ奉移也」や元和五年十二月十一日条の「当院内豊国鎮守遷宮、璽箱先年予《（梵舜）》調之、今度御社へ奉移也」という記述は（『史纂舜』第五）、あくまでも豊国社の神宮寺境内の鎮守社に勧請されていたと思われる豊国大明神を神龍院へ遷したという意味以外にはないと思われる。第一章で神沢杜口が「豊国の神体は吉田の斎場所へ収むと云」と記していたことも

（『日本随筆大成〈第三期〉19』）、このような梵舜の行動を伝聞したうえでの解釈であったと考えられる。江戸時代に新日吉社で見出された神璽・鏡は、豊国社の退転後、社殿が朽ちていった段階で、妙法院門跡が豊国大明神の神璽・鏡を回収し、自らが別当をつとめる新日吉社へ託したものと推定される。

## 豊国社の景観

さて、このように豊国大明神という新たな神の鎮座した豊国社とは、どのような社殿群だったのだろうか。いまは失われて見ることはできないが、幸いリチャード・コックスが豊臣家滅亡後の元和二年（一六一六）十一月二日（和暦で十月四日）に周辺の寺院の見物後、豊国社へ立ち寄った時の印象を記録してくれているので、その内容を見てみよう（『イギリス商館長日記』一六一六年十一月二日条、『日本関係海外史料　イギリス商館長日記』訳文編之上）。

私《（リチャード・コックス）》は町の記念建造物を見に出かけた。すなわち、〔先ず〕ダイボッツのある聖堂〇天台宗方広寺。天正十四（一五八六）年豊臣秀吉の発願により同十七年完成し、大仏は当初六丈三尺の木像であった。慶長十七（一六一二）年家康の薦めで秀頼が再興、金銅仏としたが、寛永二（一六二五）年鋳潰される。で、そこには巨像すなわち黄銅の像（というよりは寧ろ偶像）があるが、これは驚くばかりの大きさで、像主は足を組んで坐っているにも拘わらず、その頭は聖堂の天頂に届いており、全身に亘り黄金を以て鍍金してあり、その背後にあって、その表面に日輪の絵を彫附けた大きな壁もしくは板がやはり同様に〔鍍金〕してある。聖堂それ自体が、私が嘗て見た建物の内、最大のもので、その内陣にはその偶像以外の何物もなく、それはそのちょうど中央の一画すなわち礼拝場にあり、そこには聖堂の一方の端から他方の端へとそれぞれの側に二列ずつ、四列の木の柱が並ぶが、柱はそれぞれ聖堂の天頂に達しており、各々の柱の周囲は三尋もあって、総べてが、聖堂の内陣全部と同様丹色〇レッド・オーカーは代赭の顔料。で表面を塗りこめてある。そして聖堂の北端から少し離れたところには、塔〇鐘楼。があり、鐘がひとつその中に吊してあるが、これも私が嘗て見た最大のものである。また聖堂の東側の扉からは二列の石の柱が、各々の列に約十二本ほどずつ、互に程よい間隔を置いて立ち、非常に大きな楼門のところまで続いて行くが、その楼門の内部には両側にそれぞれ一頭の巨大な金箔を押した獅子の像が、また、その楼門の外側にも両側にそれぞれ（玄関番として）勇猛な姿に造られた巨人の像〇仁王像。が一体ずつ立っている。実に、その総べてが賞讃に値するのである。

また、この聖堂からさほど遠くない、すなわち距離で一〇スコア・ヤード、すなわち二〇〇ヤードの至って近いところにもう一つの聖堂○蓮華王院、その本堂を俗に三十三間堂といい、文永三（一二六六）年再建。があるが、しかしこちらは幅が狭い。（中略）

またこれら二つの聖堂《（方広寺大仏殿・三十三間堂）》から西の方に少し離れて、タイクス様《（豊臣秀吉）》、別名クヮムベコン殿○関白殿。の廟○豊国廟。が立っているが、これが驚嘆すべきもので、私《（リチャード・コックス）》としてはどちらかというとただ感嘆させられてしまうばかりで言葉では言い表せないのである。それはまことに巨大な建物で、内部も外部も嘆賞すべき見事な細工で、他の聖堂の孰れよりも遥かに優れていて、その内部には象嵌し黄金で鍍金した黄銅で表面を覆った多くの柱があり、しかも板敷の床はとても黒くて黒檀のように光っていた。しかし我々は堂内に立入ることを許されず、僅かにいくつかの窓すなわち格子から内部を覗くことを許されただけであった。また遺体（或いは灰○遺骨。）が安置されている場所へ行くには、読者は一部は金鍍金した黄銅で、一部は黒い木すなわち黒檀でできた非常に大きな階段を八ないし九歩すなわち八、九段登らなくてはならない。また、遺体の傍には常灯明がひとつ灯っており、ボズすなわち異教の聖職者がひとりこれを見守っている。そして、この場所のあたりの細工の見事さについてはそれを記述することは私の記憶の範囲を超えており、私に言えることはただ、これこそかくも著名な皇帝の入るに相応しかろうということだけである。また私は書き留めるのを忘れていたが、ダイボツの聖堂の東門の前にはさほど

洛中洛外図屏風 池田本（右隻部分　林原美術館蔵）
左手に大仏殿、右手に三十三間堂、それらの奥に豊国社が見える。豊国社の後方の山腹に見える建物が秀吉の廟所である。

目立たない大きさの円い丘〇耳塚。があり、その頂上にはカトリック教徒の教会境内墓地にある十字架のような石柱がひとつ立っているが、その丘は、私が教えられたところによると、約二四ないし二五年以上前タイクス（豊臣秀吉）様がその国を征伐したとき殺された朝鮮人の耳や鼻でできているとの由である。（後略）

この時、コックスは大仏

殿と大仏や三十三間堂を見物後、豊国社と秀吉の廟所を見ているが、それらは大仏殿や三十三間堂よりも印象的だったようである。その巨大さとともに、社殿の内部と外部に施された細工の見事さに驚嘆している。社殿の内部には入ることができず、格子からのぞき見たのみだったようだが、床の黒さと輝きを特記している。廟所では、一人の僧侶が灯明を守っていたとのことで、神仏習合の祭祀形態であったことを今に伝えている。さらにコックスは耳塚《みみづか》のことも追記しているが、豊国社は大仏殿と大仏、三十三間堂、耳塚を周囲に配置しながらも、存在感の際立つ社殿であった。

このように、壮麗な社殿の造営は秀吉の没後まもなく開始されていたが、新八幡として神に祀るようにとの秀吉の遺言は、少なくとも遺言の奏上された慶長四年（一五九九）三月五日から、吉田家において豊国大明神の神璽が調製された同年四月十日までの約一ヶ月余の間に変更された。秀吉は豊国大明神として崇められ、豊国大明神は「東山新八幡社」「新八幡宮」「大仏之社」のいずれでもない、「豊国社」に鎮座することになった。

# 第四章　秀吉の遺言を改変した者たちのねらい

## 誰が秀吉の遺言を改変したのか

前章までにおいては、秀吉が自らを新八幡として祀るよう遺言していたこと、その遺言は一部が奏上されたが、何らかの理由で秀吉は、自らの遺言した新八幡ではない別の神格に変更されて神格化されたことなどを順に見てきた。次に問題となることは、この遺言の変更を、慶長四年（一五九九）三月五日から四月十日までの間に、誰が、なぜ行ったのかという点である。例えば、変更を企図した中心人物として明らかな者は、遺言の奏上時に先例の勘案と吉田兼見との談合を指示した後陽成天皇である。事実『伊達日記』下には、次のようにある（『群書類従』第二十一輯）。

> 秀吉（豊臣）公新八幡ト祝可申由御遺言ニ候ヘドモ。勅許ナキニヨツテ豊国ノ明神ト祝申候。東山ニ宮被相立候。

すなわち、秀吉は自らを新八幡として祝うよう遺言したけれども、後陽成天皇による勅許がなかったため、「豊国ノ明神」として祝われることになったという説明だが、まず遺言は全部が奏上されたわけではなかったらしいことは、前述のとおりである。少なくとも、史料上、奏上された遺言に新八幡の語はなかった。そして、天皇の関与は間違いないとしても、それは前引の藤井譲治が説明していたような動機と考えてよいのだろうか。藤井は「八幡が天皇家の祖先神でもあって後陽成天皇が嫌ったのか」とも推定するが、「結果は秀吉の思い通りとはならず」という点を重視し、「ここにも秀吉に抗う後陽成天皇の姿を垣間見ることができるだろう」とする［藤井二〇一一］。

後陽成天皇の関与は間違いないとしても、当時、天皇の意思のみで秀吉の遺言を変更できるような政治体制ではなかったことは前述の譲位問題の推移からも明らかであり、少なくとも今回の奏上は、五奉行の一人でもある前田玄以が行っていた。もし玄以が奏上の段階で、新八幡の件を伏せて神格化の奏上を行ったのならば、それは五大老・五奉行の集団指導体制が判断したことでもあったことになる。この想定の論証は難しいとしても、仮に天皇が秀吉への対抗意識に燃えていたとして、その対抗意識を深刻化・具体化させるような動きを、秀吉没後の集団指導体制が容認するだろうか。後陽成天皇の対抗意識を育んでも、集団指導体制にとって何ら利益はないはずである。

いっぽう、五大老・五奉行による集団指導体制の立場に立つと、慶長四年（一五九九）三月五日から四月十日までの間には、大変重要な動きを確認できる。前掲の〈表〉が示すように、秀吉から後事を託され、前田利家とともに五大老・五奉行による集団指導体制を主導していた徳川家康の政治的立場は、同年閏三月三日の利家の病没によって一挙に浮上し、「天下殿」と称されるまでになる。この「天下殿」の語の理解については、谷徹也によって「当時の世評を反映したものに過ぎない」という注意が喚起されているが［谷二〇一四］、少なくとも利家の病没後にあっては、秀吉の神格化事業を家康の意向抜きに進めることは困難であったろう。そのように考える理由は、家康の政治的立場をめぐる前述のような状況証拠のほか、戸田氏鐵の『戸田左門覚書』（『成簣堂叢書　戸田左門覚書』）が、次のように記述しているからである。

此《本ノマヽ》年《前年ニアルヘシ》山城国東山阿弥陀峯の下に太閤《豊臣秀吉》御廟所を被建、内府公《徳川家康》万事御差引被仰付、事調て、翌慶長四年八月十八日　内府公を始天下の大名参詣、豊国大明神と勅額下され、正一位太政大臣の贈号を給り、将軍塚のならひ阿弥陀峯に彼死骸を壺に入、朱ニてつめ、棺槨ニ納ム

すなわち、秀吉の廟所の建造については、すべて家康が指図したとあり、秀吉の鎮座する社にも参詣したこととともに、秀吉の遺体は壺に入れて朱が詰められ、さらに「棺槨」に納

められたとある。これは、明治三十年（一八九七）に発掘された時の状況と一致しており、戸田の証言は信憑性が高いものと思われる。しかも、豊国社への家康の参詣は、『舜旧記』によると慶長四年（一五九九）四月十九日であり、「秀頼公御名代、家康社参」とあって（『史纂舜』第二）、家康は豊臣秀頼の名代として参詣したのであった。したがって、なおさら家康が豊国社と豊国大明神の誕生に無関係であるとはいえず、秀吉の遺言を変更してまで行われた豊国社造営と豊国大明神の創出は、秀頼の了承の下で家康により実行された可能性が高いということになろう。だとするならば、後陽成天皇にとってのみならず、そのように秀吉の遺言と神格を変更することの家康にとっての利点、さらに秀頼と豊臣家にとっての利点もまた、検討される必要があるのではなかろうか。

しかし、そのような検討を可能にする史料が果たしてあるだろうか。慶長期初頭の史料の残存状況はよろしくなく、前述のような検討が可能ならば、すでに行われているだろうとさえ思われる。

この点について、筆者は、従来まったく検討されてこなかったある史料に注目し、これまで分析を進めてきた。それは、天理大学附属天理図書館の吉田文庫（旧公家・子爵で唯一宗源神道を率いた吉田家旧蔵の史料群）において確認された、次の「豊国大明神縁起稿断簡」である（天理大学附属天理図書館蔵、天理大学附属天理図書館本翻刻第一二三六号）。

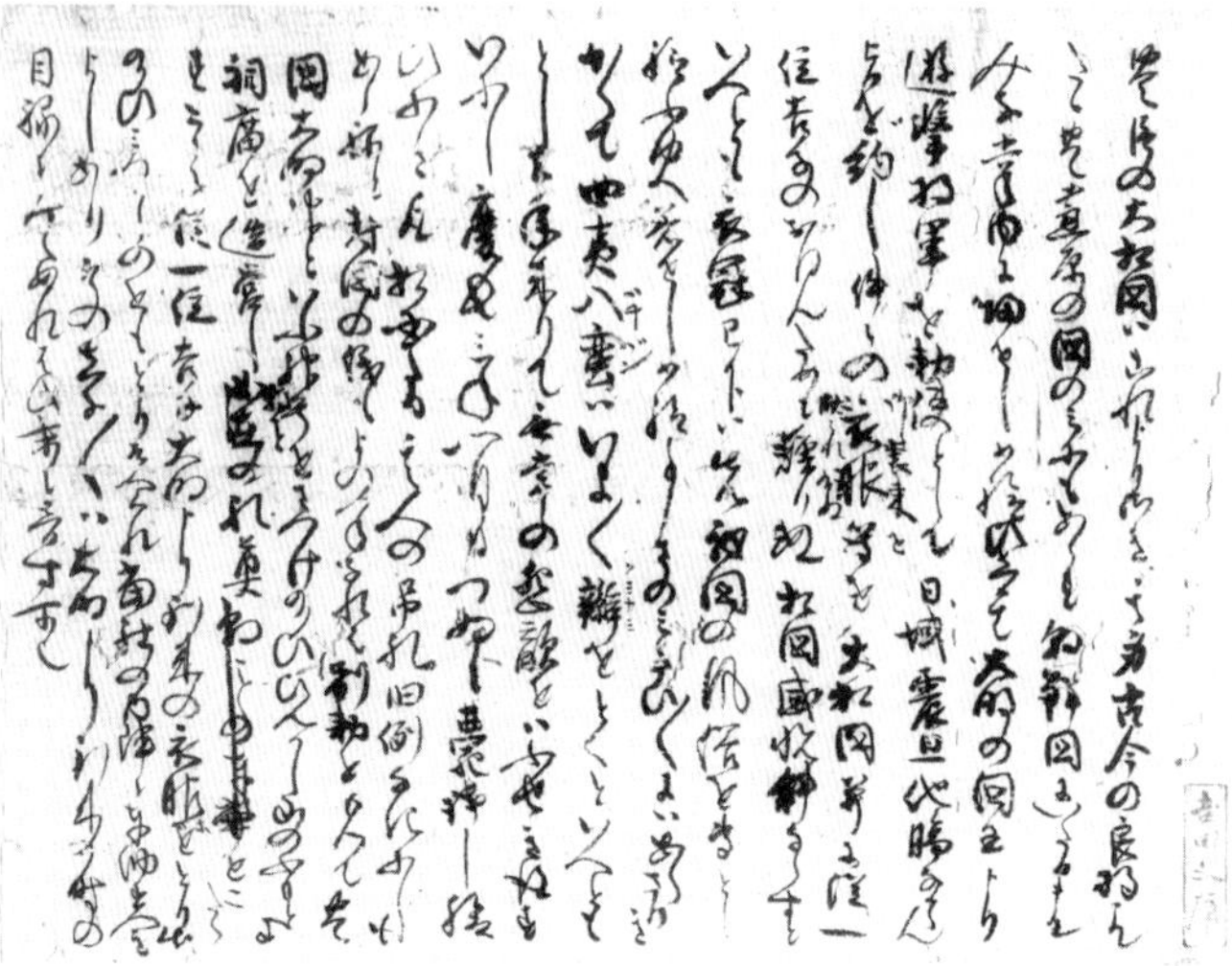

豊国大明神縁起稿断簡（天理大学附属天理図書館蔵）

（原文）

豊臣の大相国《（豊臣秀吉）》ハ、これよりさき其身古今の良将にて、たゝ豊蘆原の国のミにもあらす、朝鮮国にいたるまて、みな掌内に帰せしめ給ひしかは、大明の国王《（万暦帝）》より遊撃将軍《（沈惟敬）》を勅使として、日域震旦他腸なからん旨を約し、件々の衣服等を《御装束を》大相国《（豊臣秀吉）》并に従一位吉子《（北政所〈高台院〉）》のおほんために贈りぬ《献られ給ぬ》、相国《（豊臣秀吉）》感悦斜ならすといへとも、衣冠已下ハ先我国の風俗を専とし給ふゆへ、着せしめ給事さのミたひ〳〵にハあらさりき、かくて四夷八蛮《ハチバン》ハいよ〳〵辮《クミカミ》をとくといへとも、とし去、年来りて無常の怨敵をハふせき得す、いにし慶長三年八月日つゐに薨御し給ひにき、凡相国たる其人の吊礼、旧例なきにしもあらねと、封国の儀もよのつねなれは、別勅をもつて豊国大明神といふ神号をさつけ給ひ、ひんかし山のふもとに祠廟を造営し、如在《朝こと》の礼奠、朝ことの奉幣をこたらす、こゝに従一位吉子大明より到来の衣服等をとり出給ひ、ミな〳〵のをもとりそへられ、当社の内陣に奉納すへきよしあり、そのしな〳〵ハ大明より到来の時の目録にみえぬれは、此末にしるす所也

（現代語訳）

豊臣の太政大臣は、これからも今も昔も良将であって、ただ日本国のみならず、朝鮮国にいたるまで、すべてを掌中に収められましたから、大明の国王より遊撃将軍沈惟敬を勅使として、日本国と中国に腹蔵のないことを約束し、さまざまな衣服を太政大臣と従一位吉子に献上された。太政大臣はお喜びではあったけれども、まず我が国の風俗を専らにされていたので、明国の衣服をそれほどたびたびは身に着けられなかった。このようにして野蛮な者どもがことごとく束ねた髪を解いたけれども、年が去り、年が来たって無常の怨敵を防ぐことはできず、古く慶長三年八月日ついに薨御された。およそ太政大臣たるべき人の弔い方に旧例がなかったわけではなかったけれども、領地を与えることも世の常なので、後陽成天皇は別勅により豊国大明神という神号をお授けになり、東

山の麓に祠廟を造営し、毎朝の礼奠を怠らず、ここに従一位吉子は大明より到来の衣服等を取り出され、皆々の衣服をも取り添えられ、豊国社の内陣に奉納しようと述べた。その品々は大明から到来した時の目録に見えていたので、この文末に記す所である。

これは、おそらく未完成の『豊国大明神縁起』の草稿の一部であり、天理大学附属天理図書館蔵の吉田文庫において梵舜筆とされる別の史料の筆跡と比較すると、神龍院梵舜の手になるものと見える。縁起の草稿という性格上、豊国社の立場から豊国大明神の神格と豊国社の内陣の様子が記されている。

そこでは、文禄の役の講和交渉の過程で、文禄五年（一五九六）九月一日に行われた明国の万暦帝《ばんれきてい》による秀吉の日本国王冊封の事実について、明国から使者が遣わされて日本と中国との間には邪心のないことが約定されたとしている。そのうえで、万暦帝を皇帝ではなく「国王」と記して降格させ、冊封時に秀吉と諸大名へもたらされた明国の冠服も、同国から秀吉に「献」じられたものとするなど、冊封の矮小化が図られている。そして、生前の秀吉が明国の冠服を普段あまり身につけず、衣冠については日本国の風俗を尊重していたとして、日本国の存在を強調している。

その後、病没した秀吉へ豊国大明神号を宣下した後陽成天皇の別勅が定置され、そのような別勅が下された理由としては、太政大臣の弔い方（秀吉の病没時の官位は前関白太政大臣従一位であった）に旧例がないわけではないが、領地を与えたりすることは世の常なので、敢えて別勅によって豊国大明神の神号を授け、祭祀を営む「祠廟」を造営したのだという。その「祠廟」では、毎朝の祭祀が滞りなく続けられ、北政所《きたのまんどころ》（高台院）によって豊国社内陣に明国の冠服（秀吉のみならず他の者のそれも含めて）が奉納されたと特記されている。

この「豊国大明神縁起稿断簡」は、明国と万暦帝の地位を降格させて、日本国と天皇の存在を強調する意図の下に記述されており、北政所（高台院）が秀吉と他の者の明国冠服を豊国社内陣へ奉納したとの記述は、日本国の明国への従属の証となる冊封と冠服を、天皇の生み出した神の名の下に封印したとも読める内容になっている。また、この史料は、当時なぜ秀吉の遺言どおりの新八幡ではなく、日本国の別名をふまえた新たな神号が生み出されたのかという点について、冊封による明国への従属という、文禄五年（一五九六）から慶長期初頭にかけて、日本国が置かれていた状況との関連性をも考慮する必要性を提起している。

さらに重要なことは、「豊国大明神縁起稿断簡」によると、豊国大明神号の創出と豊国社の意味づけについては、後陽成天皇のみならず北政所（高台院）の関与も明記されていることである。豊国大明神の神号は、吉田家が実務を担いつつ、後陽成天皇と北政所、さらに前述の分析もふまえるならば、豊臣秀頼と徳川家康も加えた、天皇・豊臣家の遺族・徳川家康の三者の意図によって生み出された神格の可能性があるということである。

この観点に立てば、〈表〉にあるように、慶長四年（一五九九）四月二十九日、豊臣秀頼が神号の宣下を謝して、宮中の関係各位に白銀などを献上したことにも納得がいく。秀吉の遺言と異なるにもかかわらず、豊臣家にとっても、豊国大明神の神号は受容可能なものだったのである。

それでは、そのような神格の創出を受容した三者それぞれの立場とは、いかなるものであろうか。

## 北政所（高台院）の行動の意味

まず、「豊国大明神縁起稿断簡」で、秀吉と後陽成天皇以外に唯一登場している北政所（高台院）について、彼女が「大明より到来の衣服等」を豊国社の「内陣に奉納」したという行為を手がかりに考えてみたい。

北政所（高台院）による豊国社への衣服などの奉納を、他の史料で確認できるかどうかだが、津田三郎による検討も参考にすると［津田一九九四］、梵舜の日記である『舜旧記』の慶長五年九月十八日条に、次の記述がある（『史纂舜』第一）。

次政所（北政所〈高台院〉）ヨリ奉納神剣太刀内々陣納之畢、次御装束唐櫃一口南内陣納之、

これによると、北政所（高台院）は「神剣太刀」とともに「御装束唐櫃一口」を奉納しており、「神剣太刀」は豊国社の「内々陣」、「御装束唐櫃一口」は同社の「南内陣」に納められている。慶長五年（一六〇〇）九月十八日は、同年九月十五日の関ヶ原合戦から三日後のことである。彼女の心中に期すものがあったからなのか、それはのちに検討したいが、まず確認しなければならないことは、これら奉納物のうち、「御装束唐櫃一口」が「豊国大明神縁起稿断簡」のいう「大明より到来の衣服等」のことなのか、という点である。それらの共通点としては、いずれも「内陣」に納められた点だが、この記述のみでは判断しがたい。

また、同じく『舜旧記』の慶長五年十月十一日条によると、北政所（高台院）はさらなる奉納物を豊国社に届けており（『史纂舜』第二）、

宝殿へ政所ヨリ琴二挺・唐団扇一ッ・装束、其外諸具、御奉納、内陣扉開予納之、

この時の奉納物の中にも「装束」が含まれている。このように北政所（高台院）から豊国社

に奉納され、秀吉の衣服を収納した唐櫃《からびつ》が複数あったらしいことは、豊国社が退転し、妙法院門跡に宝物が引き渡された際の「注文」によっても明らかとなる［津田一九八九］［津田一九九四］［津田一九九七］。例えば、元和元年（一六一五）九月二日付の「一七七　妙法院坊官豊国社奉納神物注文（己一四九）」（『妙法院史料』第五巻）には、次のような記述がある。

大閤（ママ、太閤、豊臣秀吉）様御装束塗長櫃ニ入日記

一、なつの御はう　一ツ
一、しろき御なふし　一ツ
一、くろき御はう　一ツ
一、上のはかま　一ツ
一、あかきはかま　一ツ
一、御きよ　一ツ
一、御袖ひとへのかさね　一ツ御もんひし
一、しろき夏の御なふし　一ツ
一、あかき御そくたいの御ひとへ　一ツ

一、したうす　　一ツ
一、石のおひ　　一ツ
一、御ひあふき　　一ほん
一、しろき御なふし　　一ツ
一、ふじの丸のうきおりむらさきの御指ぬき
一、御こしおひ
一、御するひろかり　　二ほん
一、御かふり　　一ツはこに入
一、なんはんの王ヨリノ文則大キ箱ニ入テアリ
以上

ここには、必ずしも衣類ばかりではないが、生前の秀吉が身につけた袍《ほう》や直衣《のうし》、袴《はかま》、指貫《さしぬき》などの品が記されており、衣類の名から推して日本の束帯や直衣、それらに関わる下着類や小物類、冠であったことがわかる。これらはあるいは、寺嶋一根が明らかにした、生前の秀吉が後陽成天皇から勅許されて身につけたといわれる引直衣《ひきのうし》と紫の指貫、唐冠《とうかむり》［寺嶋二〇一五］などであった可能性があろう。

いっぽう、同じく「一七七　妙法院坊官豊国社奉納神物注文（己一四九）」（『妙法院史料第五巻）には、次のような長櫃のことも記されている。

桐ニ鳳凰ノ御長櫃ニ入注文

一、御てぬくいかけ　一ツ
一、御かたなかけ　一ツ
一、石のおひ　一ツ此内ニ石ニテふたのやうなるものあり
一、御たううちわ　一ツ御金物あり
一、御かゝみ　一めん
一、御硯箱　一ツ此内、水一ツ　筆三対　すミ一ちやう　ふうし刀壱ツ　さうしきり一ツ　水引一わ　同かけこにほう書二おりあり
一、御装束　上唐おり　御もんれう　但地こひし　色あかし
一、御装束　上唐おり　御もんれう　但地からくさ　色あかし
一、御装束　上きんたん御もんからわう　地あかし
一、御装束　上唐錦　御もんかたんからくさ　地あかし
一、御装束　上ぬめのこうはい

以上五ツ上ノふん

一、下のはかま　御もんほうわう　地もゑき

一、下のはかま　地もゑきのきんたん

一、下のはかま　地もゑきほたんからくさ

一、下のはかま　地もゑき　御もんこひし

以上四ツ下のふん

一、御長櫃のおほひ　一ツ

以上

この長櫃は、必ずしも装束に限定したものではなかったようだが、長櫃には、さまざまな調度品や小物類、文房具と並んで、赤色の「唐おり」で龍の文様のついた装束など五点と四点の袴が含まれている。この元和元年（一六一五）九月二日に妙法院門跡へ引き渡された品々の一部が、京都国立博物館に寄託されており、河上繁樹による調査では、赤色の装束に相当するものが六点確認され、この「注文」と数は合わないが、秀吉らが明国から与えられた冠服であることは間違いないようである［河上一九九八］［河上一九九九］。

これら二つの長櫃のうち、どれが慶長五年（一六〇〇）九月十八日の奉納物で、いずれが

同年十月十一日の奉納物であるのかは判然としない。しかし、慶長五年（一六〇〇）九月と十月の奉納物の中に、「唐装束」の含まれていたことは、次の『舜旧記』元和元年八月十四日条で明らかである（『史纂舜』第四）。

次政所様（北政所〈高台院〉）へ祇候、豊国奉納唐装束之長櫃之事仰也、兼ヨリ御倉へ相被籠之由候間、能々伊州（板倉勝重）へ御届可然之由申入也、

豊臣家の滅亡後であるから、北政所（高台院）は自らの豊国社への奉納物について、安全を確保するために京都所司代の板倉勝重とよく話し合うよう、梵舜に指示している。この約二十日後の元和元年（一六一五）九月二日に、奉納物は妙法院門跡へ引き渡されるから、前引の「注文」に記された品々は、慶長五年（一六〇〇）九月と十月に北政所（高台院）が豊国社へ奉納した品々と考えてよいだろう。慶長五年（一六〇〇）九月と十月のどちらに「唐装束」すなわち「唐おり」などを奉納したのかは不明だが、いずれにせよ、関ヶ原合戦の直後に北政所（高台院）が「豊国大明神縁起稿断簡」のいう「大明より到来の衣服等」を奉納した蓋然性は高いといえよう。また同時に、北政所（高台院）が袍や直衣なども奉納していたことは、「豊国大明神縁起稿断簡」が生前の秀吉について、「衣冠已下ハ先我国の風俗を専

とし給ふ」と記していたことに対応していよう。

## 豊国大明神という神格の二面性

以上のことから、「豊国大明神縁起稿断簡」は、慶長五年（一六〇〇）九月と十月に、北政所（高台院）が豊国社へ秀吉の遺品などを奉納した後、作成されたものである可能性が高い。したがって、豊国大明神という神格を理解するためには、「豊国大明神縁起稿断簡」のいう二つの話をめぐる理解が不可欠となる。すなわち、一つは文禄の役における講和交渉の過程で「豊臣の大相国（豊臣秀吉）ハ、これよりさき其身古今の良将にて、たゝ豊蘆原の国のミにもあらす、朝鮮国にいたるまて、みな掌内に帰せしめ給ひしかは、大明（万暦帝）の国王より遊撃将軍を勅使として、日域震旦他腸なからん旨を約し」て冠服が贈られたという話である。いま一つは、生前の秀吉は明国の冠服を好まず、日本の装束を専ら身につけていたが、亡くなってからは後陽成天皇の勅命により豊国大明神とされ、社殿も造営されて祭祀が続けられており、そこへ北政所（高台院）が「大明より到来の衣服等をとり出給ひ、ミな〱のをもとりそへられ、当社の内陣に奉納」したという話である。これら二つの話をふまえる必要があるということである。

一つめの話は、慶長四年（一五九九）四月十七日に豊国大明神号を宣下した宣命と同義の話であり、二つめの話は、慶長五年（一六〇〇）九月十五日の関ヶ原合戦を経た政治状況の変化をふまえ、北政所（高台院）が豊国社と豊国大明神に新たな意味を付与し、これまでとは異なる新たな祈願を行ったものと理解できよう。

以上のことから、豊国大明神の神格は、その誕生直後における文禄・慶長の役を総括する役割としての段階と、関ヶ原合戦を経て日本国と豊臣家の行く末に変化が訪れる予感を体現した段階という二段階の変貌を遂げたものと推測されるのである。その第一段階の神格の意味をよく示す出来事が、姜沆《カンハン》の『看羊録』（朴鐘鳴訳注『看羊録　朝鮮儒者の日本抑留記』）に記されている。

賊魁の秀吉（豊臣）が死んだので北郊に埋め、その上に黄金殿を作った。倭僧の南化《なんげ》（玄興）が、その門に大きな字で銘を書いた。

「大明の日本、一世に豪を振《ふる》い、太平の路を開くこと、海よりも濶く、山よりも高し」

ある時、〔私が〕そのあたりに行ったおり、筆で〔その銘を〕塗りつぶし、その傍らに次のように題し〔て書い〕たものであった。

半世経営土一抔　　半世の経営　土一抔

十層金殿謾崔嵬　十層の金殿 謾《いたずら》に崔嵬《さいい》たり
弾丸亦落他人手　弾丸も亦《また》 他人の手に落つ
何事青丘捲土来　何事ぞ　青丘に捲土《けんど》して来るは

倭僧の、妙寿院舜首座《しゅんしゅそ》（藤原惺窩《せいか》）が、のちに私のもとにやって来て、こう言った。
「少し前に、大（太）太閤塚殿《ちょうでん》に書かれているものを見ましたが、あなたの筆〔跡〕ではありませんか。どうして自愛なさらんのですか」

李氏朝鮮から日本に連行されていた姜沆は、豊国社の門前を通りがかった時、臨済宗の僧侶の南化玄興《なんげげんこう》の筆で門に大書された「大明の日本、一世に豪を振《ふる》い、太平の路を開くこと、海よりも濶く、山よりも高し」という文章を見た。「大明の日本」とは複雑な物言いだが、この文章の意味は、慶長四年（一五九九）四月十七日の豊国大明神号宣下の宣命における故秀吉への賛辞としての「振兵威於異域之外比施恩沢於率土之間須行善敦而徳顕留」とほぼ同義だろう。これを見た姜沆は怒って、豊国社の門の大書に重ね塗りして、そのうえに反論の七言絶句を書いた。のちにそこを通りがかった藤原惺窩が筆跡から姜沆の所行と見て、自重するようたしなめたという話である。

当初の豊国大明神は、まさに大陸に日本の武力を示し、太平をもたらしたという一方的な主張を誇示するための神であった。あるいは、そう主張しなければならない政治状況下で生み出された神であった。このような主張をしなければならない文禄・慶長の役とは、いったいどのような戦争だったのだろうか。

### 秀吉による中国大陸・朝鮮半島出兵計画の告白

もともと中国大陸への出兵という計画は、秀吉の創案によるというよりは、織田信長の段階で計画されていたらしいことが、次の「一五八二年十一月五日付、口之津発信、ルイス・フロイスのイエズス会総長宛、一五八二年度・日本年報追信」（『イ日報』Ⅲ―六、東光博英訳）に見えている。

ところが信長《（織田）》は、現に都へ来たように（自ら）出陣することに決め、同所から堺まで行くこととし、毛利（氏）を征服し終えて日本の全六十六ヵ国の絶対領主となったならば、シナに渡って武力でこれを奪うため一大艦隊を準備させること、および彼の息子たちに諸国を分け与えることに意を決していた。

これによると、信長は最晩年に日本を支配下においた後は、中国大陸へ出兵するために船団を用意させる計画であったといい、日本の諸国を自身の息子たちに分与する予定であったとされているから、あるいは息子たちを除いた武将たちと信長が大陸に乗り込む計画であったことを示唆しているのかもしれない。この後を承《う》けた秀吉が、信長の計画を知っていたのかどうかは定かではないけれども、いつから中国大陸と朝鮮半島への出兵を考えていたのかについては、かつて岩沢愿彦が「大陸出兵に関する豊臣秀吉の意図は、天正十三年九月既に譜代の重臣に対して公表されている」と指摘したように〔岩沢一九六二〕、天正十三年（一五八五）九月が最も遡ることのできる時期のようである。

そして、その翌年の天正十四年（一五八六）には、ルイス・フロイスがアレシャンドゥロ・ヴァリニャーノに、次のような話を伝えている（「一五八六年十月十七日付、下関発信、ルイス・フロイス師のインド管区長アレシャンドゥロ・ヴァリニャーノ師宛の書簡」、『イ日報』Ⅲ―七、有水博訳）。

関白殿《(豊臣秀吉)》は今までいた所から出て、司祭の極く近く、畳半分も離れていない所に座って話し始め、彼《(豊臣秀吉)》の胸中を語ったことは皆の者を驚かせた。彼はルイス・フロイス師〔通訳をしていた〕を知っており、彼と五畿内の昔のことを語り、司祭たちが日本に来た意図を大いに賞賛した。というのは、それが自分たちの教えを示し弘める以外の何ものでもないからである。このことを数回繰り返して述べ、彼も日本全土を征服し、その地位についたのは、領地も金も銀も十分に持っているので、それを目指したものではなく、ただ単に死んだ時その名と権力の名声を残し、日本のことを安定させるようただすことを決心したためであり、それが完成すれば、国を弟の（羽柴）美濃守（秀長）殿に渡すことであると言った。また、自分は朝鮮とシナを征服することを決心し、そのため材木を切らせて彼の軍勢を運ぶ二千の船を造るよう命じた。彼が司祭たちの助力を頼みたいのは、彼のために、装備の整った二隻の大型帆船《ナウ》を調達するよう交渉してもらうことで、これを無料で欲しいといっているのではなく、代価を支払う。また帆船に必要なすべてのもの、また士官として有能な者たちを望み、彼らには銀で給与を支払うことにする。そして、もし、この事業の最中に死ぬことがあっても、何ら悔いるところはない。というのは前に述べたとおり、彼（豊臣秀吉）は名を残す以外のことをしようとしているのではなく、今まで日本のいかなる領主も試みたことのないことを敢て（ママ）しようとしているのである。そしてもしこれが成功し、シナ人が彼に恭順の意を表するようになれば、それ以上のことは望まず、領土を占領したり、土地を取り上げたりはせず、唯彼の帝国に服従させるだけである。また、そうなれば、すべての地方に教会が建ち、皆の者がその教えに帰依するよう命じよう。そして彼は日本に帰るであろう、と。さらに彼は、日本の半分又は過半数をキリシタンにするつもりであると言い、通訳であったルイス・フロイス師を通じて副管区長《ガスパル・コエリュ》が答えるのを、最大の注意をもって聴いていた。このような親密さと、彼の通常の応対とは違った扱いをしたので、その席にいた人々も少なからず驚いていた。

これによると、秀吉はフロイスらを謁見した際、「死んだ時その名と権力の名声を残し、日本のことを安定させるようただすことを決心したため」に「日本全土を征服し」たのであり、次は「朝鮮とシナを征服することを決心し」たと述べ、やはり信長と同様に船の建造を指示している。そして、秀吉はガスパル・コエリュとフロイスらに対して、軍艦を用意して協力するよう依頼したのであった。そこまでして、秀吉が中国大陸と朝鮮半島への出兵にこだわった意味は「名を残す以外のことをしようとしているのではなく、今まで日本のいかなる領主も試みたことのないことを敢《マ》て《マ》しようとしている」ということであった。それへの協力と引き換えに秀吉は、コエリュらにカトリックの布教への支援を申し出たのである。

この話について、高瀬弘一郎は「一五九〇年十月十四日長崎発、ヴァリニャーノのイエズス会総長宛て書簡」によって、逆にコエリュが秀吉に「二艘のポルトガル船を提供しよう」と申し出たことを紹介しているが［高瀬一九七七］、今度は秀吉の九州攻めの際に深刻な問題を伴う形で、さらに話が展開していった。「一五八八年二月二十日付、有馬発信、ルイス・フロイスのイエズス会総長宛の書簡（一五八七年度日本年報）」（『イ日報』Ⅲ―七、有水博訳、以下の本章でことわらない引用は同年報）には、次のようにある。

この間、副管区長師《ガスパル・コエリュ》は、関白殿《豊臣秀吉》から命じられていた通り彼《豊臣秀吉》に会いに博多に出向いた。訪問して勝利の祝いを述べると、彼は人々が驚くような歓待をし、大いな愛と栄誉をもって司祭を迎えた。副管区長師が、閣下《豊臣秀吉》が再建を命じられた博多の市には司祭たちが一修道院と教会と大きな土地を持っていた〔同市が破壊された時まで〕ので、ここに教会と修道院を作るための土地を下付されたいと願った。関白殿《豊臣秀吉》はこの願いに気を良くし、司祭《ガスパル・コエリュ》が願い出たものをすべて与えよと命じた。また、茶（室）に招いた〔日本での習慣である〕外、多くの恩恵と特別の栄誉を与え、非常な親しみを示し、今度の戦役でしたこと、これから為そうとしていることを司祭に語った。日本のことが片付けば、シナを占領するため彼《豊臣秀吉》自身が大軍を率いて渡るつもりだと言った。某日海上に出て、副管区長《ガスパル・コエリュ》師の乗っていたフスタ船を見ると、自分《豊臣秀吉》の船を横付けにさせ、フスタ船に乗り移って司祭に大いに好意を示した。その船の全体を非常な好奇心をもって見〔日本の船と非常に違っていたので〕、その造作を褒めそやし、台の上に座って若干の干し果物を食べたが、これは司祭が日本の習慣に従って勧めたものである。司祭たちと長い間親しく話し、干し果物とポルトガルの葡萄酒を称賛した。そして所望したいとして、葡萄酒と干し果物を少し家に届けてもらいたい。ただし司祭たちしか信用していないので、密封して送ってもらいたいと言った。最後に色々な話をした後、もとの船に戻り、司祭たちやキリシタンたちを大いに満足させ、異教徒らを感嘆させて家に帰って行った。

秀吉の中国大陸・朝鮮半島へのこだわりはすさまじく、秀吉は、コエリュらに再度「日本のことが片付けば、シナを占領するため彼自身が大軍を率いて渡るつもりだと言った」という。そして、秀吉はコエリュらの乗っていた船に興味を示し、自ら乗船して船内と装備をくまなく見て回った。高瀬弘一郎によると、軍事力を用いてキリシタン大名を支援する動きを見せていたコエリュが、秀吉に軍事力を見せつける振る舞いをしたことで、バテレン追放令へとつながったという［高瀬一九七七］。案の定、コエリュの行動は、いま最も新たな軍事力を欲している秀吉をさらに刺激してしまい、秀吉に次のような行動をとらせてしまう結果となった。フロイスは同年報で、次のように述べている（『イ日報』Ⅲ―七）。

副管区長師《ガスパル・コエリユ》は博多にいる際、日々関白殿《豊臣秀吉》から大いなる栄誉と好意を受けていたところ

〔すでに述べたとおり〕、関白殿《豊臣秀吉》は平戸にいたポルトガル船が大いに話題になっているのを聞き、また同類船舶を今まで見たことがないことから、これを見たいと思った。彼はこの希望を副管区長師に話し、彼の望むことはすべて容易に実現すると思っていたので、司祭《ガスパル・コエリュ》がポルトガル人と交渉し、その船を彼のいた博多迄来させるよう書簡を出すよう要求した。しかしこれは或る意味では実現が難しく危険でもある旨司祭は答え、船が大きな危険を冒すことになるので実現は難しいと思うが、ポルトガル人たちの司令官に書簡を書くことにすると言った。関白殿が、このことに力を入れるので、司祭は司令官に対してこの希望を伝え、関白殿は大きな権力をもっており、また彼の知る所では頑固なので、彼《豊臣秀吉》の希望をしかるべき方法で満足させるようにと書き送った。ポルトガル人たちは、大きな危険なしには船がそこに行くことはできないし、また関白殿《豊臣秀吉》の伝言を軽視したように見えては、彼の怒りを招く恐れがあったので、司令官自身が彼に会いに行き、そのことにより彼に尽くす意志があることを知ってもらい、船は明白な危険があるので回航して来なかったことを納得してもらおうとした。関白殿はその弁解を受入れて、司令官やポルトガル人たちの訪問に満足し、彼らに多くの栄誉や恩恵を与え、同行した司祭たちには、会えた満足を示した。というのはポルトガル人たちを見たのは初めてなので大いなる愛情を示し、彼ら、および司祭たちと様々なことについて話し合い、その後、彼らが来たことと、多数の立派な贈物に対して礼を述べ、その船に帰るようサンティアゴの祝日の前日に暇を与えた。ポルトガル人たちも司祭たちもそのような栄誉と好意に満足していたが、正にその夜、関白殿の心が逆転して変心し、司祭たちや日本のキリシタン宗団に対し、今まで様々な時に受けてきたどの迫害よりも大きく全般的な迫害が発動された。

秀吉は、平戸に停泊しているというポルトガル船を博多へ回航させるように命じたが、「ポルトガル人たちの司令官」はそれに応じることができない旨を秀吉に伝えた。しかし、それが災いして、いわゆるバテレン追放令へと急展開していった。早くから秀吉による中国大陸・朝鮮半島への出兵計画の存在を知りながら、秀吉の軍事的関心を刺激し続けてしまった結果であった。高瀬弘一郎によれば、キリシタン大名の小西行長らはコエリュに対して、船を秀吉に与えてしまうほうがよいと助言していたという［高瀬一九七七］。だが、ここでもし船を与えてしまっていたら、文禄・慶長の役は、さらに凄惨な戦争になっていたかもしれない。

## 日本勢の朝鮮半島上陸と漢城陥落

ついに秀吉は、李氏朝鮮が秀吉の計画に協力しないと見るや、天正十九年(一五九一)十二月から天正二十年(一五九二)三月にかけて、出兵の準備を本格化させ、出陣する[中野二〇〇八]。この戦争についても多くの先行研究があるが、前章で少し見たように、イエズス会もこの戦争について、本格的な分析を行っていた。なぜ彼らが文禄・慶長の役に関心を持っていたのかをより詳しく知るためにも、「一五九二年十月一日付、長崎発信、ルイス・フロイスのイエズス会総長宛、一五九一、九二年度・日本年報」(『イ日報』I―一、家入敏光訳、以下の本章でことわらない引用は同年報)の内容を見てみよう。

この頃、関白殿《(豊臣秀吉)》はシナ征服の企画を立て、諸侯、諸武将を召集して、彼らに己が意向を伝えた。反対意見をもった者もいたかも判らぬが、一同は異議なしにその決議に賛成した。なぜなら(関白殿)はこう言ったからである。「予の息子《(豊臣秀吉)》(鶴松)が甦って(シナ)征服を阻止しようとも、予はそれを中止しようとは思わぬ。もしこれについて異議を唱える者があれば、予はたちどころにその者を殺してやる」と。そこで数ヵ月間は、いたるところで兵船、武器、築城その他軍需物資の準備以外には見られなかった。関白殿は己れと出陣することを望んだ全諸侯とその家臣の名を一人残らず名簿に記入させ、各自が率いる軍兵の数を定めた。（関白殿）は非常に信頼を厚くしていた諸侯四名を指名し〔彼らよりも有力な諸侯がいたにかかわらず〕彼らを新王国の主君にすることを望んだので、皆の者は大いに驚いた。その中の二名は、デウスの配慮によって、キリシタンであった。（中略）関白殿は下《シモ》の全キリシタン武将が、キリシタンの大将たちに服従するよう命令した。

中野等も指摘するように、実は天正十九年（一五九一）には、正月に秀吉の弟の秀長が亡くなり、さらに八月には息子の鶴松が相次いで亡くなっていた〔中野二〇〇八〕。また同年十二月になると、秀吉は甥の秀次に関白職を譲った〔中野二〇〇八〕。これらのことが戦争への突入に拍車をかけたのだが、フロイスによれば、秀吉は反対意見を許さない姿勢を示す中で、鶴松の死を引き、鶴松でさえこの戦争を止められないと表明したという。そして、フロイスはその戦争にキリシタン大名が動員されることに注目している。他ならぬそのことが、バテレン追放令後のイエズス会によるこの戦争への注目理由であり、またキリシタン大名が参戦するからこそ、戦争に関する情報がイエズス会宣教師の下に刻々と寄せられるのであった。

したがって、宣教師による戦争の叙述は、極めて具体的である。フロイスは同年報で次のように述べている（『イ日報』Ⅰ―一）。

ここで（関白殿《豊臣秀吉》）は（シナへの）順路は朝鮮国を通って進軍するよう命令した。この朝鮮国は島の形をしていて、その一方がシナに隣接し、独立国ではあってもシナの配下にあって朝貢していた。この朝鮮国は日本とは一衣帯水の彼方にあったので、関白殿はまず天産物の豊かな朝鮮を征服した後、そこからシナへは容易に侵攻できようと考えたのであった。

朝鮮半島が戦場となった理由は、中国大陸への経路として考えられていたこと、そして大陸へ進軍する際の兵站基地として、半島を利用するためであった。朝鮮半島での戦闘は、当初日本勢が優勢であり、フロイスは戦況を次のように詳報している（『イ日報』Ⅰ―一）。

彼らは朝鮮国に侵入すると、力を尽くして二つの城塞（釜山浦城と東莱）を陥落させた。この城塞は高い城壁と屈強の兵で固められ、城壁には小型弩を備え付け、朝鮮人たちが大いなる拠点にしていた所であった。この小型弩は、弾丸の代りに両刃の鉄で先を尖らせた、二パルモ半の長さの矢を用いる非常に驚異的な兵器であったが、射程が短かったので、発射されても届かなかった。これに対して日本軍は、朝鮮人たちの知らぬ火縄銃を使用し、ただちに城壁を囲むと竹梯子をすばやく城壁に立てかけて攀じ登り城内へ突入して旗幟を打ち立てた。

李氏朝鮮と日本勢との間での武器の差を指摘するとともに、とくに火器の使用は、李氏朝鮮の軍勢を圧倒したようであった。フロイスは日本勢の戦闘の模様を、まるで現地で見てきたかのように叙述するが、戦況は戦国時代を経験した日本勢に有利な展開となっていた。しかも、フロイスはよほど正確な情報を現地から得ていたようであり、日本勢のおかれていた状況について、かなり冷静に分析してもいる（『イ日報』Ⅰ―一）。

彼らは弓術に長じているが、他の武器は種類が少なく、またそれらに熟練もしていない。それゆえ彼らは、本性が勇猛果敢で、そのうえ不断の戦争のため武器の訓練をして、鉄砲、槍、刀剣の技に熟練した日本人たちとは比較にならない。

しかし海軍力においては、彼らが使う船舶の巨大さと堅固さのゆえに、朝鮮人とシナ人に譲らざるをえない。それゆえもし艦隊と艦隊の海戦を交えねばならぬとしたら、日本人たちが彼らより劣勢であることは疑う余地のないところである。しかし彼らは日本軍の襲来についてまったく知らなかったためか、あるいは海軍力では優勢になりうることを知らなかったためか、あるいはデウスが彼らを処罰しようとして、海軍力によるすべての支援を排除させることを許し給うたためか、（いずれにせよ）今や我が（日本）軍は何らの抵抗にも遭遇せずに、彼らの国に上陸したのであった。

先ほど、秀吉が船の準備にこだわっていたように、日本勢の生命線は船団の戦闘能力と輸送能力であった。のちの李氏朝鮮や明国の水軍の活躍は中野等の著書に詳しいが［中野二〇〇八］、フロイスは李氏朝鮮と明国にデウスが罰を与えて水軍の動きを止めたかのような叙述をしている。これはキリシタン大名の安全と活躍を期待しての解釈であり、このような叙述からも、イエズス会のこの戦争に対する立場の一端がうかがわれよう。デウスの加護によるかは別として、李氏朝鮮は日本勢の初戦の勢いを止めることはできず、ついに日本勢は李氏朝鮮の都である漢城《ハンソン》に迫り、フロイスが述べるように、朝鮮国王は都から逃亡せざるを得なくなった（『イ日報』Ｉ―一）。

朝鮮国王《（宣祖）》は敵（日本軍）に包囲され、国内各地には日本の諸将が陣列を配備しているのを見ると、麾下の兵たちがいる都を放棄して、もっとも親密なシナへ逃亡することを考えた。朝鮮国には多数の馬がいたので、国王は容易に逃亡できた。

中野等によると、日本勢の漢城への入城は天正二十年（一五九二）五月三日であった〔中野二〇〇八〕。この戦況を聞いた秀吉は、天正二十年（一五九二）五月十八日に豊臣秀次に宛てた朱印状で驚くべき計画を明らかにする。

## 後陽成天皇の北京行幸計画と戦争への関与

すなわち、先行研究も注目してきた、次の「三国処置大早計」（公益財団法人前田育徳会蔵）である。全部で二十五ヶ条あり、第十七条までは、秀次に出陣を命じるとともに、秀次に「大唐之関白職」を渡すと表明し、軍勢の輸送方法や軍費の調達方法、武器の数のみならず、武器の飾り立ての方法や留守居の人事などに至るまで事細かに指示している。そのうえで、第十八条から示される計画は、この戦争の異様さを物語るに充分な内容であった。

（原文）

覚

一、殿下（豊臣秀吉）陣用意不可有由断候、来年正・二月比可為進発事

一、高麗都去二日落去候、然間、弥急度被成御渡海、此度大明国迠茂不残被仰付、大唐之関白職可被成御渡候事

一、人数三万可召連候、兵庫より舩にて可被相越候、馬斗陸地可被差越事

一、三国中御敵対可申者雖無之、外聞実儀候間、武具之嗜専一候、下々迠も其通可被申聞事

一、召具候者共、人持之内へ三万石、馬廻之内へ二万石可借遣候、金子も似合〳〵可被借遣事

一、京都為御城米被褁（裹カ）置候八木者、不可有手付候、其外三十万石最前被進之候八木、陣用意ニ召遣、不足候者、大閤（ママ、太閤、豊臣秀吉）御蔵米入次第可被召仕事

一、のし付刀・脇指千腰可有用意候、余大ニ候へハ、さし候物、遠路令迷惑候間、刀七両、脇指三両あまりにて可申付事

一、のしつけの長刀三十えた、熨斗付の鑓二十本、此外ハ無用ニ候事

一、長柄鑓ハゑを金ニ可仕候、毛のなけさやハ無用ニ候、大坂ニ樫柄之枯候て置候可有之候間、用所候ハヽ、可召寄候事

一、金子手前在之分、払底候て事欠候者、聚楽ニ在之銀子一万枚、大坂へ遣之、大坂之金子千枚可召寄候、但五百枚用所候ハヽ、銀子五千枚替ニ可遣之候、いか程にても可為十分一候事

一、段子・金襴・唐織物類用所候ハヽ、以注文可被申候、いかほとも可被遣之事

一、具足のおい五・六丁可持之候、余多ハ無用候事

一、御馬とも只今高麗へ半分被曳候、名護屋ニ鞍道具共ニ被残置候間、自其方数多曳候儀無用候、広嶋にも十疋被置候条、従彼所可被引替候、能々可飼置之旨、可中聞由、西尾(光教)被仰遣候事

一、名護屋・高麗所々御兵粮沢山ニ有之事候間、不及用意候、路次中之覚悟斗可被仕事

一、小者・若党以下下々迠も可召連候、此方へ小者とも被為雇候之間、俄にハ不可有之候条、前廉其用意肝要候事

一、丹波中納言(豊臣秀俊)此方へ可召寄候条、令用意、一左右可相待候、八月以前たるへく候、借米等之儀、山口かたへ被仰遣候、八月以前ニ被召寄、高麗か名護屋之御留守可被仰付事

一、高麗為御留守居、宮部(継潤)中務卿法印可被召寄候、令用意、可相待旨被仰出候事

一、大唐都へ叡慮(後陽成天皇)うつし可申候、可有其御用意候、明後年可為行幸候、然者都廻之国十

ヶ国可進上之候、其内にて諸公家衆何も知行可被仰付候、下ノ衆可為十増陪候、其上之衆ハ可依仁躰事

一、大唐関白、右如被仰候、秀次（豊臣）江可被為譲候、然者都之廻百ヶ國可被成御渡候、日本関白ハ大和中納言（豊臣秀保）・備前宰相（宇喜多秀家）両人之内、覚悟次第可被仰出事

一、日本帝位之儀、若宮（良仁親王）・八条殿（八条宮智仁親王）何にても可被相究事

一、高麗之儀者、岐阜宰相（豊臣秀勝）欤、不然者、備前宰相可被置候、然者、丹波中納言ハ九州ニ可被置候事

一、晨旦国江叡慮被為成候路次例式、行幸之可為儀式候、御泊々、今度御出陣道路、御座所可然候、人足・伝馬ハ国限ニ可申付事

一、高麗国、大明までも御手間不入被仰付候、上下迷惑之儀、少も無之候間、下々逃走事も有ましく候条、諸国へ遣候奉行共召返、陣用意可申付事

一、平安城并聚楽御留守之儀、追而可被仰出事

一、民部卿法印（前田玄以）・小出播广守（秀政）・石川伊賀守（光重）以下令用意、御左右次第可致参陣旨、可被申聞事

右条々、被仰含西尾豊後守（光教）候之条、可被得其意候也

（天正二十）五月十八日　秀吉（豊臣）（朱印）

関白殿（豊臣秀次）

（読み下し）

覚

一、殿下陣用意由断有るべからず候、来年正・二月ごろ進発たるべき事

一、高麗都去る二月落ち去り候、しかる間、いよいよ急度御渡海成され、此の度大明国までも残らず仰せ付けられ、大唐の関白職御渡成さるべく候事

一、人数三万召し連れるべく候、兵庫より舩にて相越さるべく候、馬ばかり陸地差し越さるべき事

一、三国中御敵対申すべき者これなきといえども、外聞実儀に候間、武具の嗜み専一候、下々までも其の通り申し聞かさるべき事

一、召し具《つ》れ候者ども、人持ちの内へ三万石、馬廻りの内へ二万石借り遣わすべく候、金子も似合い似合い借り遣わさるべき事

一、京都御城米として褁《つつ》（裹カ）み置かれ候八木は、手付有るべからず候、其のほか三十万石最前進められ候八木、陣用意に召し遣わし、不足候は、太閤御蔵米入り次第召し仕《つかまつ》らるべき事

一、のし付刀・脇指千腰用意有るべく候、余り大に候へは、さし候物、遠路迷惑せしめ候間、刀七両、脇指三両あまりにて申し付くべき事

一、のしつけの長刀三十枝、熨斗付の鑓二十本、此のほかは無用に候事

一、長柄鑓は柄を金に仕るべく候、毛のなけさやは無用に候、大坂に樫柄の枯れ候て置き候これ有るべく候間、用いる所候わば召し寄すべく候事

一、金子手前これ在る分、払底候て事欠き候は、聚楽にこれ在る銀子一万枚、大坂へこれを遣わし、大坂の金子千枚召し寄すべく候、但し五百枚用いる所候わば、銀子五千枚替えにこれを遣わすべく候、いか程にても十分一たるべく候事

一、緞子・金襴・唐織物類用いる所候わば、注文を以て申さるべく候、いかほども遣わさるべきの事

一、具足の負い五・六丁これを持つべく候、余り多くは無用候事

一、御馬ども只今高麗へ半分曳かれ候、名護屋に鞍道具ともに残し置かれ候間、そなたよりあまた曳き候儀無用候、広嶋にも十疋置かれ候条、彼の所より引き替えらるべく候、よくよく飼い置くべきの旨、申し聞かすべき由、西尾仰せ遣わされ候事

一、名護屋・高麗所々御兵粮沢山にこれ有る事に候間、用意に及ばず候、路次中の覚悟ばかり仕らるべき事

一、小者・若党以下下々までも召し連れるべく候、こなたへ小者ども雇わせられ候の間、俄にはこれ有るべからず候条、前かど其の用意肝要候事
一、丹波中納言こなたへ召し寄すべく候条、用意せしめ、一左右相待つべく候、八月以前たるべく候、借米等の儀、山口かたへ仰せ遣わされ候、八月以前に召し寄せられ、高麗か名護屋の御留守仰せ付けらるべき事
一、高麗御留守居として宮部中務卿法印召し寄せらるべく候、用意せしめ、相待つべき旨仰せ出され候事
一、大唐都へ叡慮うつし申すべく候、其の御用意有るべく候、明後年行幸たるべく候、しからば都廻りの国十ケ国これを進上すべく候、其の内にて諸公家衆何れも知行仰せ付けらるべく候、下の衆十増陪たるべく候、其上の衆は仁躰に依るべき事
一、大唐関白、右仰せられ候如く、秀次へ譲らせらるべく候、しからば都の廻り百ケ国御渡し成さるべく候、日本関白は大和中納言・備前宰相両人の内、覚悟次第仰せ出さるべき事
一、日本帝位の儀、若宮・八条殿何にても相究めらるべき事
一、高麗の儀は、岐阜宰相か、しからざれば、備前宰相置かるべく候、しからば、丹波中納言は九州に置かるべく候事

一、晨旦国へ叡慮成らせられ候路次例式、行幸の儀式たるべく候、御泊々、今度御出陣道路、御座所しかるべく候、人足・伝馬は国限に申し付くべき事

一、高麗国、大明までも御手間入らず仰せ付けられ候、上下迷惑の儀、少しもこれなく候間、下々逃走事も有るまじく候条、諸国へ遣わし候奉行ども召し返し、陣用意申し付くべき事

一、平安城ならびに聚楽御留守の儀、追って仰せ出さるべき事

一、民部卿法印・小出播磨守・石川伊賀守以下用意せしめ、御左右次第参陣致すべき旨、申し聞かさるべき事

右条々、西尾豊後守へ仰せ含められ候の条、其の意を得らるべく候なり

天正二十
五月十八日　秀吉（朱印）

関白殿

第十八条によると、「叡慮」すなわち後陽成天皇を明国の都である北京へ移し、その用意をすべきことを説き、天皇が移動する形式は行幸であり、その時期は「明後年」であること、そして、天皇が北京に動座した暁には、北京の周囲に公家衆の領地を与えるとしている。第十九条では、「大唐関白」は前述のとおり秀次とし、北京の周辺で「百ケ国」を渡すとして

いる。すると、「日本関白」が空席となるが、それには豊臣秀保《ひでやす》か宇喜多秀家を想定していたようである。第二十条では、後陽成天皇が北京へ動座してしまうと、「日本帝位之儀」が問題となるが、これについては良仁親王か八条宮智仁親王《はちじょうのみやとしひと》の即位が考えられていた。第二十一条は朝鮮半島と九州の経営のことについてであり、朝鮮半島には豊臣秀勝《ひでかつ》か宇喜多秀家が置かれ、九州には豊臣秀俊《ひでとし》が置かれるべきことを述べている。第二十二条では、「叡慮」すなわち後陽成天皇が北京へ動座する道のりは行幸の形式であるから、その路次の準備を指示し、人足役・伝馬役は国役《くにやく》として賦課されることが述べられている。第二十三条では、これほどの大計画でありながら、「上下迷惑之儀、少も無之候」と断定し、準備に遺漏のないよう指示している。第二十四条では京都と聚楽第《じゅらくてい》の留守居については追って指示すること、第二十五条は、前田玄以・小出秀政・石川光重に出陣の用意を指示している。

この計画について、近年の研究では文禄・慶長の役に臨んだ秀吉の真の狙いをうかがわせるものとしての評価が主流であり［中野二〇〇八］［三鬼二〇一二a］、実現はしなかったものの、計画の存在そのものを研究から斥けることは行われていない。事実、次の『鹿苑日録』三十一の天正二十年六月十三日条によれば、秀吉の計画の対象者となっていた後陽成天皇本人が、北京に動座することを受け容れていたようである（『鹿苑日録』第三巻）。

十三日（天正二十年六月）。斎了侍鳳闕聯句。百韻了也。主聖（後陽成天皇）曰。自大閤（ママ、豊臣秀吉）御入唐云々。然者予（西笑承兌）可被召連之由。
聖帝（後陽成天皇）直仁勅言也。欽而抵頭諾矣。

すなわち、鹿苑寺の西笑承兌は、宮中で後陽成天皇から直接、秀吉のいう「御入唐」に西笑承兌を連れて行くと告げられているのである。西笑承兌は謹んで受諾するしかなかった。

このように、実は文禄・慶長の役という戦争には、後陽成天皇も深く関与していたことが実態であった。そのことを明確に指摘した山口和夫によれば、天正二十年（一五九二）三月二十六日の秀吉の出陣に際しては、後陽成天皇が軍勢を見送っており、その後も天皇は四月二十五日と五月二十八日には秀吉のための祈禱を命じ、毛利輝元の家臣は朝鮮半島に駐留中、毛利輝元が勅命を奉じている旨を明記した禁制を出しているという［山口二〇一七］。確かに太田牛一による『大かうさまくんきのうち』も秀吉の京都からの出陣に際して「みかと（後陽成天皇）、御ゑいらんあつて、おもしろくおほしめし、ゑいかん、なゝめならず。」の様子であったと記し（『斯道文庫古典叢刊之三　大かうさまくんきのうち』翻字篇、大沼晴暉解題・翻字）、毛利輝元が李氏朝鮮の人々に宛てた次の布告にも「勅命」の語があった（『江雲随筆』大中院蔵）。

（原文）

大日本国雲伯向備芸石防長隠九州太守羽柴氏安芸宰相輝元（毛利）、奉　勅命　告軍威之人民、
今茲　関白大閤（ママ、太閤、豊臣秀吉）殿殿下欲攻大明国、為其先鋒者日本公侯将相帥数万精兵仮道于此邦也、
於釜山・東莱以攻城戦野之功而教朝鮮皈掌握、既陥洛陽、曁撃義州江也、是以日本諸軍
輻湊八ケ道而無処不到也、雖然、県里人民曽不来服、因茲、今分諸将遣八ケ道、欲撫育
仁政、令世治也、来于此宰相輝元者、治慶尚之一道而已、汝等此兵乱成一朝一夕之思、
則無遠慮也、永行日本礼楽于此邦而要移風換俗也、各得此心、則速出山中、受降而業其
農者勤耕桑、致其商者成売買、各随分営日用、可療飢者可乎、縦在山中海外潜身、匿跡、
経百年亦終無益者也欤、今出山而受降者活之、亦可与恩賞也、不改旧悪、於不来服之輩
者、忽探求山、可殺之也、可憐生也、若復汝等居県邑之日、日本人或奪民之妻子珍宝、
或致濫妨狼藉者、即日縛其人、可加誅罰也、与广則有誰妨之哉、（ママ）　右条目
天道照鑑、莫敢嫌疑、猶予若逃民有可訴之旨、速録、以可輸、忽奏　宰相公而可達汝之
素望也、慮焉、不宣

日本天正廿年壬辰六月廿日　安芸宰相代

完戸　元次

三浦　元忠

（大意）

日本国の毛利輝元は勅命を奉じて李氏朝鮮の人民に告ぐ。今ここに太閤の豊臣秀吉は明国を攻めようと欲し、その先鋒の数万の将兵は李氏朝鮮に「仮道」を設けている。日本勢は都も陥落させており、到達していない地域はない。しかし、各地の人民は日本勢に服従していない。これに因み、日本勢は諸将を八道に遣わし、人民を撫育し、仁政を施して統治したいと欲している。輝元が統治する道は慶尚道のみである。李氏朝鮮の人民たちはこの兵乱が一朝一夕のものと思っているようだが、それは思慮の足りない考え方である。これからは永く李氏朝鮮に日本の礼楽を行い、風を移し、俗を換えることを要するのである。各々はこのことをよく心得て、速やかに山中を出て降伏し、農民は農業に従事し、商人は売買を成し、それぞれの分にしたがって日用を営み、飢え苦しむ者を治療すべきではないか。たとえ山中などに身を潜めていても、百年経てば無益であろう。いま山を出て降伏すれば、活かして恩賞を与えるであろう。旧悪を改めず、服従しない者は山中を探し出して殺すであろう。生を憐れむべきである。もし李氏朝鮮の人民に対して乱暴狼藉をなす日本人がいれば、その者を捕縛して誅罰を加えるであろう。この條目は天道に照らして疑うな。なお、逃げた人民に訴えがあるならば、速やかに知らせよ。直ちに毛利輝元に知らせ、その訴えの願いを達するであろう。よく考えよ。意を尽くすことができないが以上である。

日本天正二十年壬辰六月二十日　毛利輝元の代理

完戸　元次

三浦　元忠

李氏朝鮮の人々は、日本勢の攻撃を避けて山中などへ逃げ込んでいたが、輝元らは今後「永く日本礼楽を此の邦に行い、風を移し、俗を換えるを要す」るのだから、山中から出てきて協力するならば、恩賞を与えようと呼びかけたのであった。そのような呼びかけを行う者の資格・根拠として、「勅命」の語が用いられた。日本勢は形式上、後陽成天皇の命令によって朝鮮半島に進出していたことになっていたのである。

## 戦局の悪化に伴う講和への動きと後陽成天皇

中野等によると、漢城陥落からの約十ヶ月間は、戦局が一進一退の膠着《こうちゃく》状態へと陥り、李氏朝鮮の水軍による反撃は秀吉の渡海を延期させた［中野二〇〇八］。秀吉は朝鮮半島の統治と経営を委ねるために石田三成らを派遣するいっぽう、明国を目指しての前進を指示し、日本勢は朝鮮国王の逃亡先である平壌にまで入城したが、そのことはついに明国の介入を招き、日本勢は平壌から撤退して漢城まで後退し、漢城の維持さえも困難になっていった［中野二〇〇八］。

この戦争が継続する中、朝尾直弘によると、日本勢の諸将は「戦争が国内のそれとは質の異なる困難に直面していることを認識」するとともに、「拡大された天下のなかには、言語・文化を異にする諸国家が独自な風土のもとに存在した」が、「かれらはようやく実体として天下と国のあいだに国家のあることに気づかされた」という［朝尾二〇〇四］。戦況は確実に悪化していき、フロイスは前引の年報において、次のように報告している（『イ日報』I—一）。

> 朝鮮人たちは、自分たちの国王《宣祖》がその精兵とともに無事であることを知ると、多くの者は持てる限りの食糧を携えて山や森の奥地へ撤退した。彼らは日本人たちに対して激しい憎悪と怒りの念を抱き、彼の身の安全を約束しても、彼らは隠れ場所から出て来ることはなかった。そのため日本軍は城塞その他の砦を己が掌握下においても、土地を耕作したり、その他の生活必需物資を運んで来る人々がいなかったためにすべてに逆な境遇にならざるをえなかった。そのうえ公道には陥穽その他が仕掛けられていたので、日

本人たちは全員がいっしょに行軍しなければ、朝鮮人たちが不意に山や森から出没して襲撃するのであった。このことのほかに（朝鮮軍）付近の島嶼には多数の朝鮮人たちが住んでおり、彼らは多くの巨船で我らの弱体な小船に攻撃を加えて日本軍に大損害を与え、このため多数の船が沈没した。

このような次第で、朝鮮国にいた全指揮官は（老）関白殿《（豊臣秀吉）》に書状を送り、（日本の）軍勢はしばらく現在地に駐留すべきで、それ以上の前進は危険に陥る旨を通知した。

まさに、先ほど毛利輝元の呼びかけていた李氏朝鮮の人々が、反撃に転じたのであった。兵站の維持も困難となり、日本勢はこれ以上の戦闘の継続と前進は困難と判断せざるを得なかった。同年報でフロイスは、現地の軍勢に厭戦気分の蔓延し始めていく様子を「朝鮮にいる軍勢は、今やひどい飢餓に悩み、遠征の成功の希望ももはやもてなくなり、生命の危険を冒してこれ以上留まるよりは、祖国の土を踏みたいと望んだ」と記すとともに、日本国内において、三井寺の鐘が鳴らなくなったとの話にふれる中で（『イ日報』Ⅰ―一）、

人々が言うところでは、かつてある時にもその鐘に同様のことがあり、それは大いなる謀叛が起こる前兆だということであった。とりわけ朝鮮における悪い結果を見ることに

よって、関白殿《豊臣秀吉》の支配も終りを告げるのはほとんど確実であるとあまねく予想されていた。

という観測が流れ始めていたことをも報じている（『イ日報』I—一）。

中野等によれば、この間の戦闘における明国と李氏朝鮮側の消耗も激しく、日本勢は明国の沈惟敬による提案（明国からの講和使節団の派遣など）を容れて、漢城からの撤退を模索し始め、明国からの使節団派遣という形式によって、明国側の降伏を擬制するとともに、明国もまた自身が傷つかぬよう「偽りの使節」を派遣するという、手の込んだ外交交渉が開始されることになった［中野二〇〇八］。文禄二年（一五九三）四月十七日に明国の「偽りの使節」は漢城に入り、日本勢も漢城から撤退を開始し、同年五月二十三日に秀吉は名護屋城で明国の「偽りの使節」との謁見に臨んだが、その「使節の離日に際して提示され」［中野二〇〇八］、石田三成らに宛てた秀吉の朱印状の形式による日本側からの講和条件が、次の『南禅旧記』（国立公文書館蔵）所収の「大明日本和平条件」である。

（原文）

大明日本和平条件

一　和平誓約、無相違者、天地従（縦イ）雖尽、不可有改変也、然則迎
大明皇帝（万暦帝）之賢女、可備
日本之后妃事
一　両国年来依間隙、勘合近年断絶矣、此時改之、官船商舶、可有往来叓
一　大明日本通好、不可有変更旨、両国
朝権之大官、互可題誓詞叓
一　於朝鮮者、遣前駆、追伐之矣、至今弥為鎮国家安百姓、雖遣良将、此条目伴（件）々、於
領納者、不顧朝鮮之逆意、対
大明、割分八道、以四道并国城、可還朝鮮国王、且又前年従朝鮮三使、投本瓜（木イ）之好也、
余薀付与四人口実
一　四道者、既返投之、然則朝鮮王子并大臣一両員為質、可有渡海叓
一　去年朝鮮王子二人、前駆者生擒之、其人非凡間、不混和平、為四人（石田三成・増田長盛・大谷吉継・小谷行長）度与沈遊撃（沈惟敬）可皈
旧国叓
一　朝鮮国王之権臣、累世不可有違却之旨、誓詞可書之、此旨趣、四人向
大明勅使、縷々可陳説之者也
文禄二年癸巳六月廿八日

御朱印

（三成）石田治部少輔
（長盛）増田右衛門尉
（吉継）大谷刑部少輔
（行長）小西摂津守

（読み下し）

大明日本和平条件

一、和平誓約、相違なし、天地たとえ尽きるといえども、改変有るべからざるなり、しかればすなわち大明皇帝の賢女を迎え、日本の后妃に備うべきこと

一、両国年来間隙に依り、勘合近年断絶す、此の時これを改め、官船商船、往来有るべきこと

一、大明日本好《よしみ》を通じ、変更有るべからざる旨、両国朝権の大官、互いに誓詞を題すべきこと

一、朝鮮に於いては、前駆を遣わし、これを追伐す、今に至りいよいよ国家を鎮め百姓を安んぜんがため、良将を遣わすといえども、此の条目件々、領納に於いては、朝鮮の逆意を顧みず、大明に対し、八道を割分し、四道ならびに国城を以て朝鮮国王

に還すべし、且つまた前年朝鮮三使より木瓜の好を投ずるなり、余薀は四人の口実を付与す
一、四道は、既にこれを返投す、しかればすなわち朝鮮王子ならびに大臣一両員質と為し渡海有るべきこと
一、去年朝鮮王子二人、前駆の者これを生け擒《ど》る、其の人非凡の間、和平に混じらず、四人として沈遊撃に度与し旧国に皈《かえ》すべきこと
一、朝鮮国王の権臣、累世違却有るべからざるの旨、誓詞これを書くべし、此の旨趣、四人大明勅使に向かい、縷々これを陳説すべき者なり
文禄二年癸巳六月二十八日
御朱印
石田治部少輔
増田右衛門尉
大谷刑部少輔
小西摂津守

条件は七ヶ条あり、①和平の誓いと約定は間違いなく、たとえ天地が尽きようとも改変してはならない、そのため明国の万暦帝の女子を、日本の天皇または親王の后妃として迎える

こと、②明国と日本は久しく疎遠であり、勘合貿易も行われていないとし、この機会に船舶を往来させること、③大明と日本の「通交」を変更しないように、両国の高官が「誓詞」を交わすこと、④李氏朝鮮には軍勢を派遣し、征伐を行ったが、今や国は鎮定されて百姓も安らかであるので、この条件を受諾するのならば、これまでの李氏朝鮮の「逆意」を顧みることなく、李氏朝鮮の宗主国の明国に対する措置として、朝鮮半島を八道に分け、そのうちの四道と城郭を朝鮮国王に返還するだろう。これは天正十八年（一五九〇）に李氏朝鮮から「三使」が派遣されてきたことを考慮してのことでもあるが、詳しくは石田三成ら四名が申し述べる、⑤朝鮮半島の四道はすでに返還しており、李氏朝鮮側は王子と大臣を「一両員」人質として、日本へ赴かせるべきであること、⑥加藤清正が生け捕りにした李氏朝鮮の王子二名については、この条件にかかわらず、帰国させること、⑦朝鮮国王の臣下は今後「違却」のないよう「誓詞」を書くべきであること、最後に指示として、この条件を石田ら四名が「大明勅使」に縷々申し述べ、説明することが命じられている。

また、この「大明日本和平条件」と同時に、「対大明勅使可告報之条」と題する秀吉の朱印状も石田ら四名に対して交付されている。これも『南禅旧記』（国立公文書館蔵）に収められているので、次にその内容を見てみよう。

（原文）

対

大明勅使可告報之条

一　夫日本者神国也、神即
天帝、々々即神也、全無差、依之囲俗帯神代風度崇王法、体天則地、有言有令、雖然
風移俗易、軽
朝命、英雄争権、群国分崩矣、予（豊臣秀吉）懐胎之初、慈母（大政所）夢日輪入胎中、覚後驚愕、而召相
士筮之、曰、天無二日、徳輝弥綸、四海之嘉瑞也、故及壮年、夙夜憂世憂国、再欲
復
聖明於神代、遺威名於万代、思之不止、纔歴十有一年、族滅凶徒姦党、而攻城○無不
抜、図邑無不、字落有乖心者、自消亡矣、已而国富家娯、民得其豦、心之所欲、無不遂、
非予力、天之所授也

一　日本之賊船年来入
大明国、横行于処処、雖成冠、予曽依有日光照臨天下之先逃兆、欲匡正八極、既而遠島
辺陬海路平穏、通貫無障碍、制禁之
大明亦非所希乎、何故不伸謝詞、盖

吾朝小国也、軽之侮之乎、以故将兵、欲征
大明、然朝鮮見機、差遣三使、結隣盟、乞憐丁、前軍渡海之時、不可塞粮道遮兵路之
旨、約之而皈矣
一大明日本会同叓、従朝鮮至
大明啓達之、三年内、可及報答、約年之間者、可偃干戈旨諾之、年期已雖相過、無是
非之告報、朝鮮之妄言也、其罪可逃乎、咎自己出、怨之所攻也、此故去歳（天正二十年）春三月、
到朝鮮、遣前駆欲匡違約之旨、於是設備築城高畳（塁カ）防之矣、前○（駆）以寡多、々刎其首、
疲散之群卒、伏林樾、恃蟷臂、挙蟹戈、雖窺隙、交鋒則潰散、追北数千人討之、国
城亦一炬成焦土矣
一大明国救朝鮮急難、而失利、是亦朝鮮反間之故也
一　於此時
大明勅使両人、来于日本名護屋、而説
大明之
綸言、答之以七件、見于別幅、為四人（石田三成・増田長盛・大谷吉継・小西行長）可演説之、可有返章之間者、相追諸軍渡海可遅
延者也
文禄二年癸巳六月廿八日

御朱印

石田（三成）治部少輔
増田（長盛）右衛門尉
大谷（吉継）刑部少輔
小西（行長）摂津守

（読み下し）

大明勅使に対し告報すべきの条

一、夫れ日本は神国なり、神すなわち天帝なり、天帝すなわち神なり、全く差なし、これに依り国俗神代風度を帯し王法を崇ぶ、天を体し地に則る、有言有令、然りといえども風移り俗易《かわ》り、朝命を軽んじ、英雄権を争い、群国分崩す、予懐胎の初、慈母日輪胎中に入るを夢む、覚めて後驚愕し、而して相士を召しこれを筮う、曰く、天に二日無し、徳輝きいよいよ綸し、四海の嘉瑞なり、故に壮年に及び、夙夜世を憂い国を憂い、再び聖明を神代に復し、威名を万代に遺さんと欲し、これを思い止まず、纔に十有一年歴《へ》て、凶徒姦党を族滅す、而して城を攻めれば抜かざるはなく、図邑無不、乖心有る者、自ずから消亡す、已にして国富み家娯しむ、民は其の處《ところ》を得、心の欲する所、遂げざるはなし、予の力に非《あら》ず、天の授くる所なり

一、日本の賊船年来大明国に入り、処処に横行し、寇を成すといえども、予曽《かつ》て日光の天下を照臨するの先兆有るに依り、八極を匡正さんと欲す、既にして遠島辺陬、海路平穏、通貫障碍なし、これを制禁するは大明また希む所に非ざるか、何故謝詞を伸べざる、けだし吾朝は小国なり、これを軽んじこれを侮るか、故を以て兵を将《ひき》い、大明を征さんと欲す、しかるに朝鮮機を見、三使を差遣し、隣盟を結び、憐丁を乞う、前軍渡海の時、粮道を塞ぎ兵路を遮るべからずの旨、これを約して皈《かえ》す

一、大明・日本会同のこと、朝鮮より大明に至りこれを啓達す、三年内、報答に及ぶべし、約年の間は、干戈を偃《や》むべき旨これを諾す、年期已に相過ぎるといえども、是非の告報なし、朝鮮の妄言なり、其の罪逃れべけんか、咎は己より出ず、これを怨み攻むる所なり、此の故、去る歳春三月、朝鮮に到り、前駆を遣わし違約の旨を匡さんと欲す、是れに於いて備えを設け城を築き塁を高くしてこれを防ぐ、前駆寡を以て多く、其の首を多く刎ぬ、疲散の群卒、林樾に伏し、蟷臂を恃み、蟹戈を挙ぐ、隙を窺うといえども、交鋒せばすなわち潰散し、北《に》ぐるを追い数千人これを討つ、国城また一炬して焦土と成る

一、大明国朝鮮急難を救い、利を失う、是れまた朝鮮反間の故なり

一、此の時に於いて大明勅使両人、日本名護屋に来たりて大明の綸言を説く、これに七

件を以て答う、別幅に見ゆ、四人としてこれを演説すべし、返章有るべきの間は、相追諸軍渡海遅延すべき者なり

文禄二年癸巳六月二十八日
御朱印
石田治部少輔
増田右衛門尉
大谷刑部少輔
小西摂津守

この朱印状は五ヶ条からなっている。すなわち、①日本は「神国」であり、「神」は「天帝」、「天帝」は「神」であるが、そのことによって日本は「王法」を尊ぶ国柄であったところ、風俗が移り変わり、「朝命」も軽んじられ、群雄が割拠するようになった。そのような中、母の胎内に日輪が入り込み、秀吉が生まれ、それは「四海之嘉瑞」だと占われた。秀吉は「世」を憂い、「国」を憂いていたところ、「神代」に「聖明」を復し、「万代」に「威名」を遺そうと欲して、その思いは止むことなく、「凶徒」と「姦党」を十数年かけて「族滅」した。その結果、今や国は富み、家は娯しみ、民は住処を得ている。心に欲したことで遂げられないことはない。これは秀吉の力ではなく、「天」が授けた所なのだ。②日本の「賊船」

が明国に侵入し、「寇」を成していたところ、秀吉が「海路平穏」としたが、これは明国も希望していたことではないのか。にもかかわらず、なぜ明国は秀吉に謝意を述べないのか。おそらくそれは日本が「小国」だからであろう。日本を軽んじ、侮ったので、将兵を派遣して明国を征伐しようと考えた。そして、天正十八年（一五九〇）の李氏朝鮮からの使節に対しては糧道と兵路を遮らぬよう約束させて帰国させた。③李氏朝鮮は明国に日本の考えを伝え、三年以内に「報答」に及ぶと約束したが、李氏朝鮮の約束は「妄言」であった。その罪から逃れることはできず、天正二十年（一五九二）三月に朝鮮半島へ先鋒の将兵を派遣して「違約」を匡そうと欲し、城郭や防塁を築くとともに、干戈を交えて「数千人」を討ち取り、朝鮮半島は焦土と化した。④明国は李氏朝鮮の「急難」を救おうとしたが、できなかった。それは李氏朝鮮の「反間」のせいである。⑤「大明勅使両人」が名護屋に赴いて説いた「大明之綸言」に対する返答としての「七件」は「別幅」のとおりであり（前引の「大明日本和平条件」のこと）、石田ら四名が「七件」を演説せよ。その返事があるまでは、日本勢の「渡海」を延期するというものである。

北島万次によれば、この「対大明勅使可告報之条」の内容は「征明」の理由を明らかにしているとともに、李氏朝鮮を罰する理由や日輪・天命の話などはフィリピンや高山国《こうざんこく》（当時の台湾の呼称）への文書で述べている内容と共通しているが、「神国」の概念については、インド副王に宛てた文書などで示されたような「神は天竺では仏法、中国では儒道、日本では神道という、天竺・唐・本朝三国にわたる三国史観の体系的な説明はな」く、三国で形を変えながらも共通する神国観では明国と対立できないことから、「王法や神代の風度《ふうど》など日本固有の神国規定によって説明し」ているのだという［北島一九九〇］。いっぽう、跡部信は、「大明日本和平条件」と「対大明勅使可告報之条」における明国への敬意表現と宛名が明国ではない点に注意を喚起し、「秀吉が明とむすびたがっていた関係とは、国の格としては明の上位を容認しつつも、日本が従属国ではなく、独立国として和親のよしみを通じる、というものだった」としている［跡部二〇一六］。

さらに、この一連の秀吉の朱印状について、研究者の間で議論となっている点は、これらの和平条件について、秀吉が後陽成天皇から勅許を得たかどうかについてである。例えば、中野等の場合、当初は天皇の意思確認のため、明国の使節を名護屋に留めたことのみ指摘していたが［中野一九九六］、のちには秀吉が秀次を通じて講和条件を天皇に伝え、秀吉は「勅許を得た」と踏み込んだ解釈をしている［中野二〇〇八］。また、跡部信は秀吉が「講和条件を天皇にみせ承認を得てから使節に提示すると宣言し、じっさいそのような手続きをとった」とし、秀吉が「だいじな交渉のゆくえ」を天皇に伝えたことから、秀吉が天皇から「思いどおりの「勅定」を引きだせるという確信」と「自信」を有していたと見て、「叡慮」が

「政策遂行のための機関」となっていたと指摘しているが［跡部二〇一六］、北島万次は勅使が明国の使節の帰国に間に合っていない点を指摘し、秀吉は講和交渉を「勅許を得る手続きを経ないでおこなった」と見ている［北島一九九〇］。このように、「大明日本和平条件」と「対大明勅使可告報之条」への天皇の関与の有無については、議論の余地が残されているのだが、秀吉が天皇を関与させようとしていたこと自体は動かないということであろうか。

## 秀吉の日本国王冊封の動きと後陽成天皇

文禄二年（一五九三）六月二十八日、明国の「偽りの使節」は名護屋を発って朝鮮半島へ戻ったが、「答礼使に任じられた」という内藤如安《ないとうじょあん》が釜山から漢城・平壌経由で文禄二年（一五九三）九月には明国内に入ったものの、「遼陽で足止めされ」たという［中野二〇〇八］。また、この間、佐島顕子によると、小西行長と沈惟敬が熊川で協議し、「大明日本和平条件」の第一条の実現は困難であり、万暦帝の皇女は来日途中で病没したことにし、第二条の実現を図るためには冊封が必要であるとして、沈から冊封の前提となる「関白降表」が求められたという［佐島二〇一三］。そして、文禄三年（一五九四）正月に小西が「関白降表」を作成して沈に渡したところ、明国の宮廷は沈からもたらされたこの「関白降表」をもとに冊封を検討したが、「大明日本和平条件」の第一条が明国の宮廷の知るところとなり、冊封を断念せざるを得ないところまで追い込まれてしまい、明国の兵部尚書である石星らが朝鮮国王を説得し、朝鮮国王から万暦帝に秀吉の日本国王冊封を依頼させ、それが効を奏して、文禄三年（一五九四）十月下旬から十一月に冊封の内定したことが明らかとなっている［佐島二〇一三］。いっぽうで佐島は、何の動きもないことにしびれを切らした秀吉が、文禄三年（一五九四）九月二十三日に秀次の派兵を命じたものの、文禄三年（一五九四）十二月二十日には、兵粮の不足から派兵の延期を指示していることも指摘している［佐島二〇一三］。

この点、中野は、文禄四年（一五九五）正月十五日の派兵計画の存在も指摘しており［中野二〇〇八］、本書ではこれ以上に立ち入らないけれども、佐島は秀吉が「七条件が満たされるのをただ待っていたわけではなく、文禄四年五月二十二日に条件を改定して示し」た点を重視し、その「改定に至る過程で秀吉が行長の交渉内容を知っていたかどうか」に注目している［佐島二〇一三］。佐島は、小西行長の交渉内容が加藤清正らを通じて秀吉に内報され、もし秀吉が冊封を受諾すれば諸侯となってしまうと加藤が指摘していたことを明らかにするとともに、加藤の進言を容れなかった秀吉の姿勢から、兵粮の不足などにより「再派兵がどのみち無理ならば、行長の語る講和に乗ってみようかという秀吉の現実的な計算」を看取している［佐島二〇一三］。

その文禄四年（一五九五）五月二十二日に提示されたという条件が、次の「諭朝鮮差軍将　小西(行長)摂津守　寺沢(広高)志摩守　大明朝鮮与日本和平之条目　秀吉印」である。これは『江雲随筆』に収録されているが、大中院《だいちゅういん》所蔵の原本は目次での表題の掲出のみで、本文を収録しておらず、東京大学史料編纂所所蔵の謄写本（二十四丁のオモテ・ウラ）で検討してみよう。

（原文）

諭朝鮮差軍将　小西(行長)摂津守　寺沢(広高)志摩守

(一字上)大明朝鮮与。日本和平之条目　秀吉印

一沉(沈惟敬)遊撃到朝鮮熊川、自。(一字上)大明之条目、演説之云々、依。(一字上)大明鈞命、朝鮮国於令恕宥者、朝鮮王子。一人渡于。日本、可侍大閤(ママ、太閤、豊臣秀吉)幕下、然則朝鮮八道之。中、四道者可属。日本者、前年雖述命意、王子到。本朝近侍、則可付与之、朝鮮大臣両人。為輪番可副王子之事

一沈遊撃与朝鮮王子、同車馬至熊川、則。自。日本所築之軍営十五城之中、十城即。可破之事

一依。(一字上)大明皇帝懇求朝鮮国和平、赦之、然則為。礼儀賚。詔書、(一字上)大明勅使可渡于。日本、自今以往。(一字上)大明日本官船商舶於往来者、互以。金印勘合可為照験事

文禄四年龍集乙未夏五廿二日　秀吉印
小西摂津守
寺沢志广守

（読み下し）

朝鮮差軍の将　小西摂津守　寺沢志摩守に諭す大明朝鮮と日本和平の条目　秀吉印

一沉遊撃朝鮮熊川に到り、大明よりの条目、これを演説すとうんぬん、大明鈞命に依り、朝鮮国恕宥せしむるに於いては、朝鮮王子一人日本に渡り、太閤幕下に侍るべし、しかればすなわち朝鮮八道の中、四道は日本に属すべし、前年命意を述ぶるといえども、王子本朝に到り近侍せば、すなわちこれを付与すべし、朝鮮大臣両人、輪番として王子に副うべきの事

一沈遊撃と朝鮮王子、車馬を同じくして熊川に至らば、すなわち日本より築く所の軍営十五城の中、十城即これを破るべき事

一大明皇帝朝鮮国和平を懇求するに依り、これを赦す、しかればすなわち礼儀を為して詔書を賚《たま》い、大明勅使日本に渡るべし、自今以往、大明日本官舩商船往来するに於いては、互いに金印勘合を以て照験を為すべき事

文禄四年龍集乙未夏五二十二日　秀吉印

小西摂津守

寺沢志摩守

この「和平之条目」は三ヶ条あり、そこでは①沈惟敬の熊川における明国からの「条目」に関する「演説」に言及したうえで、明国の万暦帝の命令により、李氏朝鮮を「恕宥」するとしており、そのために李氏朝鮮の王子一名を秀吉に「近侍」させるとともに、大臣二名を「輪番」で王子に副えることが条件として付されており、そうするならば、朝鮮半島八道の中、四道が日本に属するから、文禄二年（一五九三）の「大明日本和平条件」の第五条で述べたように、四道を王子に「付与」すること、②沈惟敬と李氏朝鮮の王子は、車馬を同じくして熊川まで赴くこと、そうすれば日本の築城した十五の城の中、十の城を破却すること、③明国の万暦帝が「朝鮮国和平」を「懇求」したことによってこれを赦すのであり、万暦帝の詔書を賜った勅使が日本に来るべきである。これより以後、明国と日本の船舶が往来するにおいては互いに「金印勘合」で確認しあうこと、これらが、小西行長と寺沢広高宛の、おそらく秀吉の朱印状の形で命じられている。

中野等は、「大明日本和平条件」からの「後退」と評価したが［中野二〇〇八］、佐島顕子の指摘したように、熊川での交渉内容が、秀吉に伝わっていたと考えるよりほかないように思われる［佐島二〇一三］。そして、中野によると「関白降表」を携えることで内藤如安はようやく首都北京への入城を許されたのであろう。内藤如安が北京に入ったのは（文禄三年〈一五九四〉）十二月初旬であったが、ほどなく明国使節の日本派遣が決定」していたから［中野二〇〇八］、まさに秀吉は「大明勅使」の到来を待ち受ける状態となっていた。だが、その間には、文禄二年（一五九三）八月三日にのちの秀頼が誕生して以来、秀吉との関係に微妙な変化が生じていた秀次との間に問題が生じ、秀次を国外へと送り出すためでもあったと推測される前述の文禄四年（一五九五）正月十五日の派兵計画の延引も影響したのか、同年七月から八月にかけて秀次事件が発生し［中野二〇〇八］、秀吉は「御掟」と「御掟追加」を制定して「厭戦気分」と秀次事件に伴う動揺に対応せざるを得なくなっていた［三鬼二〇一一b］。

　しかし、「関白降表」の作成と、朝鮮国王が秀吉の日本国王冊封を万暦帝に依頼したことが、ひとまず冊封使という形での「大明勅使」発遣につながったことは間違いないとしても、それは容易なことではなかったはずである。というのも、ルイス・フロイスは「一五九六年（九月十八日付　都発信）十二月二十八日付、長崎発信、ルイス・フロイスの年報補遺」において、秀吉の日本国王冊封を検討する明国の審議の模様を、次のように伝えているからである（『イ日報』I―二、家入敏光訳、以下の本章でことわらない引用は同年報補遺）。

ついに彼《（万暦帝）》（シナ国王）は多くの理由（を挙げた）後、〔なぜならシナ国王は、最高の尊大さのゆえに自分は全世界の王であり己れに匹敵する者は誰もいないと考えているからである〕太閤《（豊臣秀吉）》にこう指摘するよう命じた。「（太閤）が自らの努力と勇敢さで日本国六十六カ国を己が支配下においた時に、内裏《（後陽成天皇）》に対して（太閤は）私人であり、また日本国王に服しており、（内裏）が以前のままの品位ある地位を保つことを許しているのは、ふさわしくもなく都合も悪い。もし（太閤）がそのような（身分）を放棄したなら、予《（万暦帝）》が国王の冠と称号を贈るであろう。また同じ使節を通じて、日本人がただちに朝鮮国から退去して日本国へ帰還することについての諸条件と契約に関して太閤から送られた諸条項について同様に回答するであろう。そこで二名の正使（李宗城、楊方亨）は使節として北京から大いなる威儀と多数の随臣たちを率いて朝鮮へ行き、さらにそこから遊撃（沈惟敬）とともに日本国に渡るために（小西《（行長）》）アゴスチイノの（釜山の）陣営に赴くことになろう」と。

おそらく秀吉の冊封のことが、現実的に検討対象となった際のことだと思われるが、万暦帝は秀吉と後陽成天皇との関係を気にしたというのである。すなわち、秀吉は天皇に服従しているのであって、万暦帝が秀吉を日本国王に封じた場合、天皇との関係を維持することは適切ではなく、秀吉が天皇との関係を解消するならば、冊封を行おうと述べたとある。

この難問に対して、北京に到着していた内藤如安は、どのように挑んだのであろうか。この点は従来、明国の『経略復国要編』後附に基づいて言及されてきたが［跡部二〇一六］、次の『江雲随筆』（大中院蔵）にも「小西飛弾《（驒カ）》守如安使大問答丹波国人内藤飛弾《（驒カ）》守如意也、以有文才随小西行長渡海」と題する記録が収められており、如安の対応については、国内史料からも裏づけることが可能となっている。

一問、秀吉《（豊臣）》受知、平信長《（織田）》奪其国、朝鮮一時代奏秀吉、豈復不再犯耶
答、信長奪国王位、自立、元是不好之主、為部従明智《（光秀）》所弑時、今之関白《（豊臣秀吉）》為摂津守《（小西行長）》率行長等将士、興義兵、誅明智、併持六十六州、若非秀吉、平定之蒼生、豈得安平
一問、秀吉既平定六十六島、便当自王如何来求封耶、　答、秀吉見如有逆臣弑国王、又見朝鮮有天朝封号、人心安服故特来請封
一問、尔国既称天皇、又称国王、不知天皇、即是国王否、　答、天皇即国王也、被信長所弑

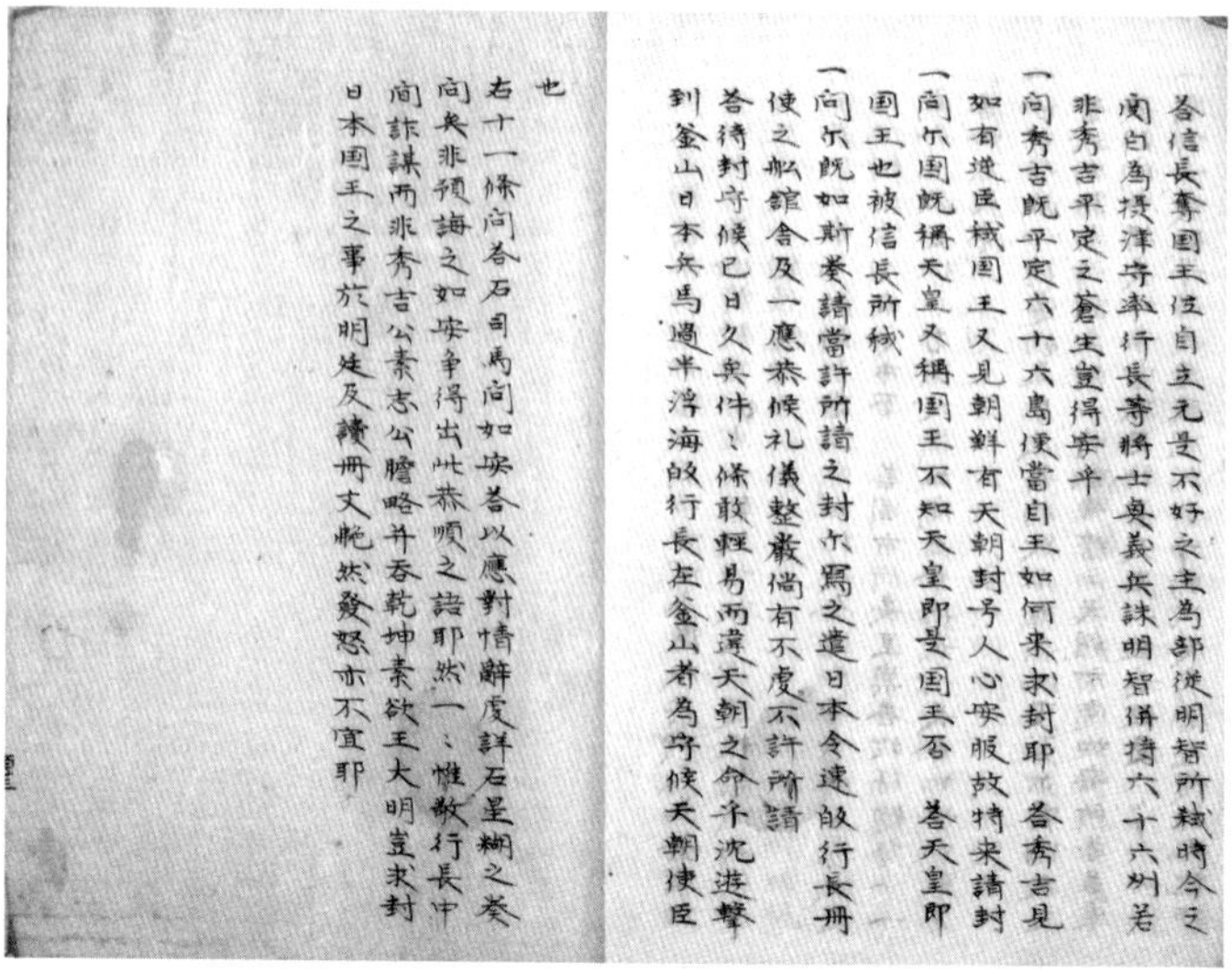

答信長奪国王位自立〻是不好之主為部従明智所弑時今之
関白為摂津守率行長等将士與義兵誅明智併将六十六州若
非秀吉平定之蒼生豈得安乎
一問秀吉既平定六十六島便當自王如何来求封耶　答秀吉見
如有逆臣弑国王又見朝鮮有天朝封号人心安服故特来請封
一問尓国既稱天皇又稱国王不知天皇即是国王否　答天皇即
国王也被信長所弑
一問尓既如斯懇請當許所請之封尓写之遣日本令速放行長冊
使之舩館舎及一應恭候礼儀整嚴倘有不虞不許所請
答待封守候已日久矣件〻條款軽易而違天朝之命予沈遊撃
到釜山日本兵馬過半浮海啟行長在釜山者為守候天朝使臣
也
右十一條向答石司馬向如安答以應對情辭虔詳石星糊之参
向矣非預誨之如安争得出此恭順之語耶然一〻惟敬行長中
間詐謀而非秀吉公素志公膽略并呑乾坤素欲王大明豈求封
日本国王之事於明廷及讀冊文㦖然發怒亦不宜耶

『江雲随筆』より「小西飛騨守如安使大問答」（部分　大中院蔵、著者撮影）
６行目の下部から７行目に「答天皇即国王也被信長所弑」とある。「弑」とは単なる殺害ではなく、臣下による主君の殺害を意味する。

すなわち、秀吉による日本の平定過程を信長の段階から説明する中で、秀吉でなければ平定はできなかったとしたうえで、なぜその日本を平定した秀吉が、日本国王の冊封を求めるのかと問われた如安は、李氏朝鮮の人心が明国の冊封を受けることにより安定していることを理由として答えている。そして、おそらく前引の万暦帝の問いにも関わると思われるが、日本にはすでに天皇がいるが、これは国王ではないのかと問われたことに対して如安は、確かに天皇は国王だが、天皇は信長に殺害されたと答えているのである。もちろん、信長による天皇の殺害の事実はなく、もし信長が天皇を殺害したのならば、それは正親町天皇でなければならないが、このような虚偽が真実として実際に明国へ伝えられてしまったことが重要である。この問答の瞬間、後陽成天皇は父の正親町天皇とともに国際的にその存在を抹消されてしまった。秀吉の日本国王への冊封は、万暦帝の要求どおり、天皇の地位を国際的に抹消することで実現していたのである。

## 冊封使の逃亡と万暦帝の勅諭・誥命

このように、秀吉の日本国王への冊封は、名実ともに実現する運びとなり、文禄四年（一五九五）十月から十一月には、冊封使の正使と副使が朝鮮半島の釜山に到着し、また翌年正月には、小西行長が沈惟敬を伴って名護屋に赴いた［中野二〇〇八］。フロイスの前引の年報補遺によると（『イ日報』Ⅰ―二）、

（小西）アゴスチイノ（行長）は太閤《（豊臣秀吉）》の希望が所期の成功を収めているのを見ると、或る従臣に託して書状を（太閤）に送り、シナ国王《（万暦帝）》の使節たちがすでに朝鮮に到着していることを伝えたところ、その報告は太閤に大いなる喜びを与えた。それから幾日か経て

後、（小西）アゴスチイノと長崎奉行（寺沢）志摩守（広高）殿は朝鮮国から帰国し、より大いなる安全のために遊撃（沈惟敬）老人を名護屋までいっしょに連れて行き、彼らはそこから都へ行くことにして、実際そうしたが、（沈惟敬）老人は太閤から呼ばれるまでそこ（名護屋）に残しておいた。二人は（太閤）から稀に見る好意を表わして歓迎され、（小西）アゴスチイノに対しては伏見の新築された非常に宏壮な邸が提供されたが、その邸は太閤自身が現在（国王の）座をもっている新しい都市の中にあり、太閤の甥で関白殿（秀次）の兄弟のものであった。しかし（太閤）はその時（小西アゴスチイノ）によって行なわれたかくも多くの大いなる任務に対して、どのような恩恵をもって褒賞することに決めたかは明白には宣言しなかったし、また使節がその目的を達成して、講和の締結を終える以前に何らかを行ないそうにも思われなかった。

とあるから、小西と沈は、名護屋から伏見へと迎えられたようである。ところが、ここで秀吉は、釜山に到達していた肝心の冊封使に対し、思わぬ待遇をしている。フロイスの年報補遺によると（『イ日報』I—二）、

その間シナ国王《（万暦帝）》の使節一行は何も騒乱が起こらぬように、（小西）《（行長）》アゴスチイノが朝

# 新刊案内

2018年3月

平凡社

平凡社新書868
# イギリス肉食革命
胃袋から生まれた近代

越智敏之

いつからこんなに肉を食べだしたのか？　需要に応える食肉生産の巨大化の条件を、馬、羊、豚、牛のブリーディングの営みに探り、近代を駆動した「改良」の思潮をたどる。

840円+税

平凡社新書869
# パブリック・スクールと日本の名門校
なぜ彼らはトップであり続けるのか

秦《はだ》由美子

世界中から生徒が集まり、多くのリーダーを輩出する英国の名門校パブリック・スクール。日本の中高一貫校（灘、麻布、ラ・サール）との共通点、相違点、日本の学校が学ぶべき点とは何か。

840円+税

平凡社新書870
# テレビに映らない北朝鮮

鴨下ひろみ

〝不機嫌な独裁者〟金正恩の思考回路はどうなっているか。国際社会とどう折り合いをつけるのか。長く北朝鮮をウォッチしてきたジャーナリストが、この国が内包する断層を描く。

860円+税

平凡社新書871
# 90年代テレビドラマ講義

藤井淑禎《ひでただ》

『親愛なる者へ』『高校教師』『白線流し』……。野沢尚、野島伸司に代表される作家によってドラマ界に新風が吹きこまれた90年代。これらの作品に改めて光を当て、その時代性を探る。

800円+税

平凡社新書872
# 保守の遺言
JAP.COM衰滅の状況

西部邁

世界の状況や衰滅の色がますます濃くなる日本の状況が僕の目と耳と頭に流れ込んできて止むことがない――。稀代の思想家・西部邁、絶筆の書。自裁に込められた真意とは。

880円+税

**脱住宅**
「小さな経済圏」を設計する
山本理顕
仲俊治
大開発主義で推進されてきた日本の都市建築に限界が見えるいま、求めるべき都市・コミュニティの形とは何か。自身の作品を基に「小さな経済」という斬新な理念を提案する。
2800円+税

**ジュニア地図帳 こども日本の旅 新訂第7版**
構成・文＝高木実
イラスト＝花沢真一郎
『こども世界の旅』の姉妹篇、1987年の初版以来、累計21万部超のロングセラー、10年ぶりの改訂新版。日本各地の自然、地名、地理を美しい記念切手とともに紹介する、内容豊富なジュニア必携の地図帳。
2500円+税

**ジュニア地図帳 こども世界の旅 新訂第7版**
構成・文＝高木実
イラスト＝花沢真一郎
1986年の初版以来、累計21万部超のロングセラー、10年ぶりの改訂新版。世界の地理、自然、産業を精緻な地図とイラストで学ぶ。各国の記念切手と国旗も併載！
2500円+税

**ジュニア地図帳 こども歴史の旅 新訂第4版**
構成・文＝高木実
『ジュニア地図帳』シリーズ第3作、1989年の初版以来、累計8万部超のロングセラー、10年ぶりの改訂新版。地図、図版、切手、年表を配し、時代ごとに世界・日本の歴史を俯瞰して学べる、楽しい一冊。
2500円+税

別冊太陽 太陽の地図帖35
**楽しい日本の恐竜案内**
監修＝石垣忍、林昭次
太古の日本にはどんな恐竜が生息していたか。恐竜の基礎知識から、話題となった「むかわ竜」など最新の研究成果まで。5地域17種の恐竜を地図とともに徹底詳解する初めての一冊。
1200円+税

別冊太陽 日本のこころ260
**しかけ絵本**
編＝別冊太陽編集部
読んで、触って、楽しんで。ページを開くと新しい世界が立ち上がる、とっておきのしかけ絵本を定番から最先端まで厳選して紹介。誰かと一緒に読みたい一冊がきっと見つかります。
予価2400円+税

**SWAN―白鳥― ドイツ編 第3巻**
有吉京子
尊敬するノイマイヤーの「オテロ」のオーディションを経て、念願のデズデモーナ役を射止めた真澄。レオンと喜び合うも束の間、病院で妊娠が告げられ――。SWANシリーズ最新刊！
660円+税

**SWAN MAGAZINE 2018 春号 Vol.51**
有吉京子ほか
コンクールやガラでも定番の古典「ドン・キホーテ」を特集。新エトワールが誕生したパリ・オペラ座、菅井円加が大成功をおさめたハンブルク・バレエの現地ルポのほか、有吉京子のイラストも掲載。
1000円+税

**人形論**
金森修
祓除の土偶や天児《あまがつ》から、ゴシックドール、さらにはラヴドールやロボットまで、広汎な人形ワールドを認識論的に把握する特異な亜人論。著者遺作。
予価3400円+税

中世思想原典集成［第Ⅱ期］1・2
**トマス・アクィナス 真理論 上・下**
編訳・監修＝上智大学中世思想研究所
訳＝山本耕平
全21巻で完結した「中世思想原典集成」の第Ⅱ期がスタート（今回は接ぎ穂式）。第1、2巻は現代思想にまで絶大な影響を及ぼす
00円+税

## 額の星／無数の太陽

新島進

ペクタクルは小説と変わらない

各1

## 摂政九条兼実の乱世

『玉葉《ぎょくよう》』をよむ

長崎浩

『平家物語』の描く時代を摂関家の政治の最終走者として生きた九条兼実。彼が残した膨大な日記『玉葉』を読み通し、乱世の政治の本体をとらえる。『玉葉』はかくも面白く読める！

5400円+税

## 豊国大明神の誕生

中世から近世へ

変えられた秀吉の遺言

野村玄

慶長3年の秀吉の死後、彼に贈られた神号は遺言と違い、改変されたという。秀吉の神格を巡る歴史的意味の変遷について描き直し、16世紀から19世紀の日本史に新たな光を照射する。

1800円+税

## 歴史と民俗 34

神奈川大学日本常民文化研究所論集34

編＝神奈川大学
日本常民文化研究所

日本常民文化研究所の研究・調査報告集。特集は「揺れる沖縄」。川平成雄「沖縄――占領直後の住民生活」、比嘉豊光「島クトゥバで語る戦世」の二十年」ほか、多様な論考を収載。

3000円+税

## 周作人読書雑記2

東洋文庫888

周作人
訳注＝中島長文

日中の困難な時代を生きた周作人。その文章は不思議にも落ち着きとユーモアを湛えている。書物を通じた周作人の小著作選。第2巻は、民俗、故郷その他を巡る雑記。(全5巻)

3300円+税

## ザビエルの夢を紡ぐ

近代宣教師たちの日本語文学

郭南燕《かくなんえん》

キリスト教と日本の出会いは美しい言葉を生み出した。ザビエルの遺志を受け、近代日本を訪れた4人の宣教師が綴った「日本語文学」と、それぞれに趣き深いその人物像を伝える。

4000円+税

## 「五足の靴」をゆく

明治の修学旅行

森まゆみ

明治40年夏、与謝野鉄幹と若き北原白秋、吉井勇、平野萬里、木下杢太郎が、南蛮文学やキリスト教伝来に興味を抱いて九州でひと月の間、実り多き旅をした足跡を丹念に辿る。

1600円+税

## 肉食行為の研究

編＝野林厚志

人間にとって肉を食べるとはいかなることか。文化人類学を中心として、人文・自然科学の最新の学術的成果をもとに、人間の肉食をめぐる問題群を考え抜く唯一無二の研究書。

4600+税

## たべもの九十九《つくも》

高山なおみ

料理家・高山なおみが神戸へ移住して初めて綴った食の新境地。過去の記憶と現在の思いを行き来しながら、自身が初めて手がけた挿画と25のレシピとともに織り成す書き下ろしエッセイ。

1400円+税

## デザインの作法

本は明るいおもちゃである

松田行正

本のデザインとは設計し、装い、そして企むこと。現代を代表する装幀家の一人である著者が、ブックデザインの歴史と本質、デザインと社会との関係について縦横無尽に語りつくす。

2300円+税

鮮国の海岸沿いに兵士や探索隊の多くの軍団を残しておいた、既述の（釜山の）城砦に滞留していた。（使節一行）の日本国への出発がなぜ異常に長引いたかは、己が名の栄光を高め、また己が権勢と偉大さの永遠の記念を後世に残すことに信じ難いほどの欲望に燃えた太閤《（豊臣秀吉）》が、既述の使節一行を、もっとも華やかに、また全人員による能うる限りの盛装と行列によって迎えることに、決断したからにほかならなかった。

とあり、秀吉は冊封使を伏見に迎えるにあたり、その華やかな演出の準備期間を長期間確保し、それがために冊封使を釜山に待機させたのである。その結果、フロイスによると、「まだ年が若く多くの宮廷人たちの親族である正使（李宗城）〔太閤《（豊臣秀吉）》とのこの平和と尊厳との諸用件は、主として彼に委ねられていた〕が、或る夜シナへ逃げ」てしまい、「太閤自身は、逃亡した使節（李宗城）の無智無学を嘲笑し、使節自身に対して怒りをぶちまけた」が（『イ日報』I—二）、李宗城の逃亡は文禄五年（一五九六）四月二日であったから〔中野二〇〇八〕、冊封使は約半年間、朝鮮半島に留め置かれていたことになる。この事件に対して怒った者は秀吉ばかりではなく、万暦帝もまた、面目を失う形となった。フロイスは、この李宗城の逃亡後の明国の対応を、次のように伝えている（『イ日報』I—二）。

そこで彼《小西行長》は急使に、副使（楊方亨）の書簡を携えて、事態を（シナ）国王《万暦帝》に知らせるためにシナ国王の宮廷を支配している長老（Colaos）（巡撫李化竜）のもとへ赴かせようと北京に遣わした。（小西《行長》アゴスチイノ）は他方では、一隻の漁船を太閤《豊臣秀吉》のもとへ遣わし、（太閤）もまたいっさいの事情について報告を受けるようにした。北京からは次のような回答が寄せられた。宮廷では使節（李宗城）の逃亡は知らなかった。しかしまた、なぜ使節（李宗城）がシナ国王の恥辱となる、このような恥ずべき逃亡を企てたのかその原因が究明されることはなかった、と。しかし（シナ）国王は、（使節李宗城）の逃亡のことを知るやいなや、使節を投獄し、その父親と親族たちの全財産を没収して、賤しく貧しい（階層の者に属させよ）と命じた。（国王）は他方、副使（楊方亨）が英知によって宮廷において一同から称賛され、彼に正使の名称と権威と権限を与えることを望み、また副使の父親に対しては、息子によって立派に振舞われたことで五千ドゥカード（scutatus）を贈るよう命じた。（国王）はまた、正使の地位をえた使節（楊方亨）に対して、シナ国王が太閤と滞りなく交渉すべきだと判断した多くの用件を処理する十分な権限を任せるべきだ、と付言した。

李宗城の親族への処罰が下されるとともに、釜山に留まった楊方亨とその親族がかえって称賛され、楊方亭は冊封使の正使に昇格することになった。文禄五年（一五九六）六月十四日に新正使の楊方亭らは釜山を発ったが［中野二〇〇八］、その時の模様はフロイスによると、次のようであった（『イ日報』Ⅰ―二）。

（小西《行長》）アゴスチイノは宮廷のこの回答に非常に慰められ、またシナ国王《万暦帝》からの二番目の回答を待っていた時に、（シナ国王）自身が太閤《豊臣秀吉》に宛てた回答がもたらされた。なぜなら三名の総督または宮廷の長官が、（シナ国王）の側から次のようにしたためてきたからである。太閤が正式に定めたことを実行に移してもらいたい。そしてもう一人の使節（楊方亭）とともにただちに出発して頂きたい、と。また彼ら三名の長官たちは、（小西）アゴスチイノの大いなる友であったので、もし己が身の地位と生命の危険を冒すことを望まぬのなら、書簡を受理した後、早速日本国へ渡るようにと勧めた。そこで（小西アゴスチイノ）は使節（楊方亭）とともにそこ（釜山）を出発し、七月下旬に名護屋に到着した。使節（楊方亭）はシナ国王の親書と印璽、それに朝鮮の城砦から逃亡したもう一人の使節（李宗城）が残して行ったもの、また（小西）アゴスチイノが北京（の宮廷）から期待していた他のすべてのものをいっしょに携行した。最初の使節（李宗城）に従っていた者の大部分が第二回の使節に加わったが、彼らの中には最初の使節の師で、すべてのシナ人たちの中で非常に立派で学識があると言われている七十歳になる老人がいた。この使節（楊方亨）は、三百名の随員を従えていたが、その中の二百五十名が騎馬であった。（正使）一人だけが輿に乗り八名の肩に担がれていた。この人物を見た人々は、威厳があって信頼に値し多くの資質を備えている（ようだ）と言った。（小西）アゴスチイノは太閤の命令によって、講和の諸条件が整うまで朝鮮に軍勢の大部分を残しておいた。使節一行は休息をとるため名護屋に八日間滞在し、またそこでは日本国においても何処にもできなかったほどすばらしく快適な接待を受けた。そこから（使節たち）は堺へ進んだが、そこでは遊撃（沈惟敬）が彼らを待っていた。

楊方亨の率いる冊封使は、万暦帝の勅書と日本国王印、逃亡した李宗城の残していった品物などを携行し、文禄五年（一五九六）閏七月に堺へ到着したが［中野二〇〇八］、そこで沈惟敬と合流し、秀吉への謁見の機会を待った。

ここで冊封使の携行品のうち、万暦帝の勅書と日本国王印について、かつて中村栄孝が指摘した点を振り返っておく必要がある。というのも、まず日本国王印（金印）は現在も行方不明だが（中村は、対馬の宗家に伝来していたのではないかと推定している）、現存する秀吉の日本国王への冊封時の万暦帝による勅諭（「明神宗贈豊太閤書」宮内庁書陵部蔵）と誥命《こうめい》（「明王贈豊太閤冊封文」大阪歴史博物館蔵）について（口絵頁を参照）、中村は、現存の勅諭がもともと鍋島家家臣の成富家に伝来したものとしたうえで、その勅諭における使者の氏名が李宗城・楊方亨となっていることに注意を促し、この勅諭は、逃亡した李宗城が携行していた勅諭ではないかと推定しているからである［中村一九六九］。そうすると、本来秀吉に伝達されるべき勅諭は、正使の氏名を楊方亨としたものであるはずだが、中村によると、それは秀吉の手元に置かれて大坂城の落城とともに失われ、李宗城のものは「何らか特殊な事情のために、日本に遺棄され」たのではないかとし、「誥命の方も、あるいは、これと同じような理由から、石川家に伝存するにいたったものにちがいない」という［中村一九六九］。この「石川家」とは、中村によると「伊勢亀山石川子爵家」のことだが［中村一九六九］、『江雲随筆』（東京大学史料編纂所所蔵の謄写本、大中院所蔵の原本にはない）にも「此誥今《（命カ）》織絹也、現在于石川主殿頭之庫」とあるから、現存の誥命も豊臣家とは別の家に伝来したものであったことは確実である。もしこれらが李宗城のもたらすはずであった誥命と勅諭であったとすると、フロイスのいう楊方亨ら冊封使によって「携行」されてきたところの「逃亡したもう一人の使節（李宗城）が残して行ったもの」が、現存の勅諭と誥命である可能性が高まろう。

## 日本国王豊臣秀吉と右都督徳川家康らの冠服

さて、文禄五年（一五九六）閏七月に堺へ到着した冊封使一行は、秀吉への謁見の機会を待っていたが、同年閏七月十二日に畿内を大地震が襲い、秀吉は予定していた謁見の場所を変更せざるを得なくなった。フロイスの年報補遺によると（『イ日報』I—二）、

この地震によって伏見の市《まち》、とりわけ城郭（propugnaculum）は非常に震動して荒廃したので、使節一行のための住居と謁見に適当な場所が残らなかったほどである。太閤（豊臣秀吉）は彼らを大坂で謁見することに決めたが、そこでは非常な震動があった唯一の（天守）閣（turris）と、山里と言われた或る屋敷と極楽橋《ゴクラクバシ》〔または楽園の橋とも言ってよい〕と言われ一万五千黄金スクード（ママ）に値する非常な黄金で輝くいとも高貴な橋を除いては、地震のため城郭（propugnaculum）内には何も残らなかった。そこにはまた幾つかの小さな建物があったがたいして重要ではなかった。なぜなら他の諸建造物は千畳敷の政庁とともに倒壊したり、または何らかの害になるので国王（太閤）の命令によって倒壊させられ、その場所に他のより小さな簡略なものが建築され始めた。（太閤）は使節一行を謁見す

るために、倒壊した家々の廃墟の上に急ぎの工事で幾つか（の建造物）を普請するよう命じたが、すばらしく高価な敷物その他の必要な装飾で周囲を覆わせた。

とあって、伏見城が倒壊し、急遽、謁見の場所が大坂城に変更されたが、大坂城も激しく壊れており、秀吉は倒壊した建物を布で覆って隠さねばならないほどの状況下で冊封使を謁見しなくてはならなくなった。フロイスは当時の謁見の様子を、次のように伝えている（『イ日報』I―二）。

（シナ）国王（正誤表にて国主を訂正、万暦帝）の冊書は非常に大きくて重い黄金の板に書いて黄金の函に納めてあったが、その中にはまた太閤（豊臣秀吉）のための衣服と王冠が納めてあった。同様に別の函には、彼の奥方の（北）政所（高台院）様のために王妃の称号を入れた王妃の冠が納めてあった。シナ国王はこれ以外に、シナの称号と位官のついた公家《クゲ》の服二十重ね二組を贈ったが、それはシナ国王から明らかに指名された二十名の国主たちのためのもので、その筆頭は（小西）アゴスチイノ（行長）であった。それから同様に他の（国主）たちのためには、太閤自身が同じ位官をもって任ずべきだと考えた者たちを指名した。

シナ国王の親書には「ふたたび朝鮮を犯すことなかれ」（不得再犯朝鮮）との文言があ

った。すなわち今後は高麗を侵攻してはならぬ。万一ふたたび汝が侵攻したならば、もはや二度とこのような威光は汝には捧げられぬであろうというのであった。こうして日本人（諸臣）は、あたかもシナの封建家臣のような身分に留まったのであった。

このすべて（の謁見）は日本の儀式で、すなわち畳の間で座って行なわれた。開会中は太閤と正使（楊方亨）とは対等であった。出席者は（徳川）家康、（前田）筑前（利家）、（上杉）越後（景勝）、（宇喜多）中納言（秀家）、（小早川）金吾（秀秋）殿、毛利（輝元）であったが、彼らは日本国全土で最大の国主たちであった。盃《サカズキ》の後、すなわち酒を少量酌み交わして後、やおら太閤は栄誉ある書冊、すなわちかの大いなる黄金の書板（金印）を受理し、それを頭上に推戴し、その時に冠冕《べん》をも受領したので、それらを着用するために別室に退いた。シナ人たちは、その別室から現れた（太閤）を非常な栄誉と敬意をもって崇め、それからただちに饗応の品々が丈の高い台座の食膳に載せて運ばれてきた。いとも盛大な宴会と、非常な趣好に富んだ儀式をもってしたので、多くの（使節たち）は食事するよりは観覧しているほどであった。宴会が終ると各々はそれぞれの邸に帰った。

おそらく、この時に運ばれた「重い黄金の板に書いて黄金の函に納めてあった」という

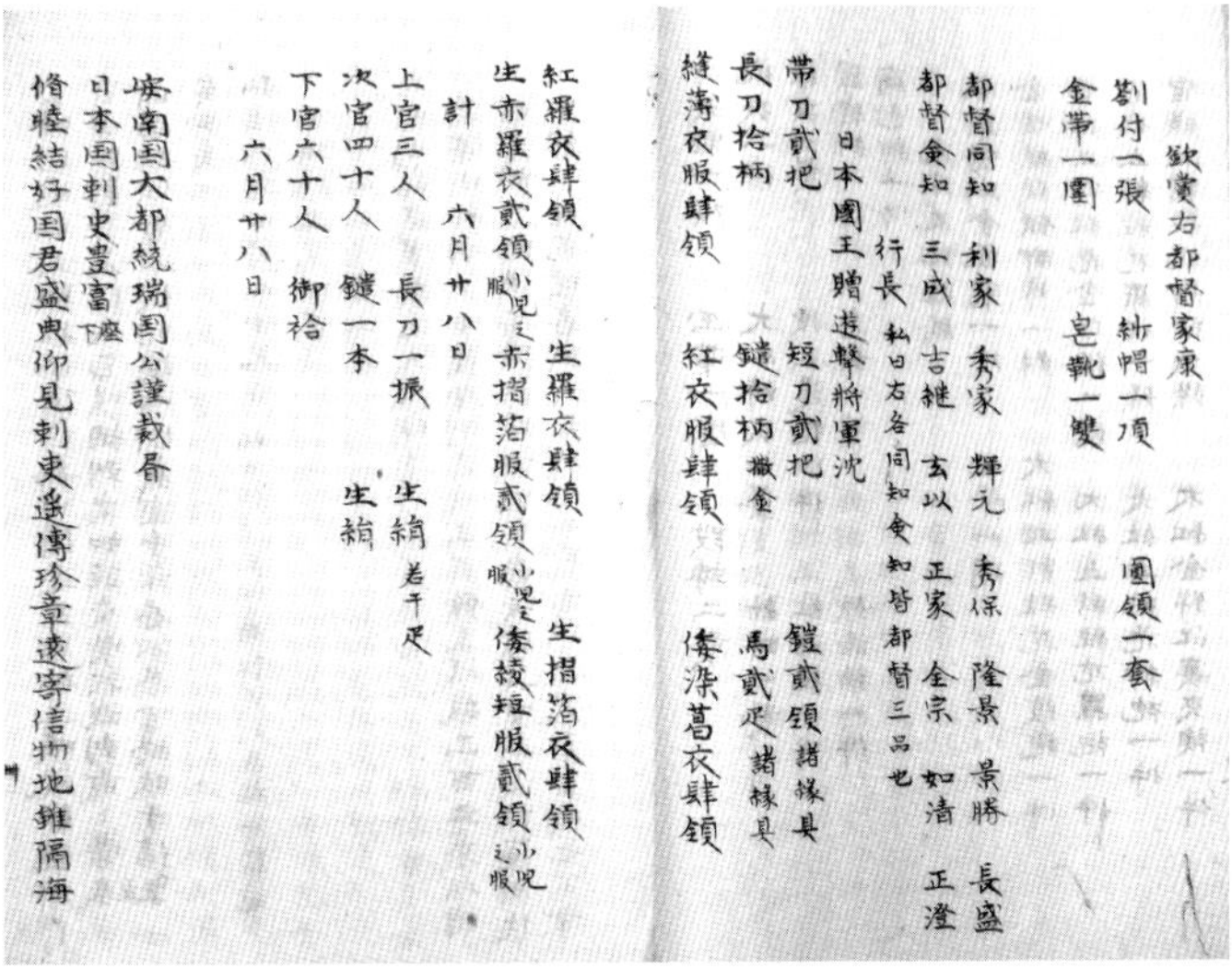
欽賞右都督家康
劄付一張　紗帽一頂　圓領一套
金帯一圍　皂靴一雙
都督同知　利家　秀家　輝元　秀保　隆景　景勝　長盛
都督僉知　三成　吉継　玄以　正家　全宗　如清　正澄
行長　私日右名同知僉知皆都督三品也
日本國王贈遺撃将軍沈
帯刀弐把　短刀弐把　鎧弐領諸緣具
長刀拾柄　鑓拾柄撒金　馬弐疋諸緣具
縫湾衣服肆領　紅衣服肆領　倭染葛衣肆領
紅羅衣肆領　生羅衣肆領　生摺箔衣肆領
生赤羅衣弐領小児之服　赤摺箔服弐領小児之服　倭綾短服弐領小児之服
計　六月廿八日
上官三人　長刀一振　生絹若干疋
次官四十人　鑓一本　生絹
下官六十人　御給
六月廿八日
安南国大都統瑞国公謹栽啓
日本国刺史豊臣下座
脩睦結好国君盛典仰見刺史遥傳珍章遠寄信物地雖隔海

『江雲随筆』より「大明皇帝贈進目録」（部分　大中院蔵、著者撮影）
最初の行に「欽賞右都督家康」とある。万暦帝から家康には劄付や紗帽などが下賜された。また、同時に明国の官職に任じられた大名たちの名も列記される。

「冊書」または「親書」が、楊方亨のもたらした勅諭と誥命だと思われるが（おそらく現存しない）、ここで特徴的な描写は、フロイスがその「冊書」または「親書」のほかに、万暦帝から下賜されたという「太閤《(豊臣秀吉)》のための衣服と王冠」「(北)政所様《(高台院)》のために王妃の称号を入れた王妃の冠」「シナの称号と位官のついた公《ク》家《ゲ》の服二十重ね二組」のことにも言及し、「日本人（諸臣）は、あたかもシナの封建家臣のような身分に留まった」としている点である。

　このフロイスの指摘に該当すると思われることは、『江雲随筆』（大中院蔵）に所収される「大明皇帝贈進目録」からもうかがうことができ、該当の箇所を引用すると、次のような内容である。

同冠

沖天冠一頂　玉帯一団　叚蟒二襲

襯衣二件　大紅蟒衣四襲　紗蟒一襲

羅衣一襲　便衣道袍四件　紅潞紬一件

藍縐紗一件　皂沓一双　緑潞紬一件

藕色紗一件

又開王妃冠服

珠翠珊瑚金鳳冠一頂　玉帯一団

金螺綵頭銀脚簪一対　大紅五彩粧花金叚袍一件

官緑五彩粧花金叚裙一条　大紅五彩粧花羅袍一件

官緑五彩粧花羅裙一条　大紅五彩花紗袍一件

官緑五彩粧花紗裙一条　大紅金錦紅裏夾襖一件

欽賞右都督家康（徳川）

箚付一張　紗帽一頂　円領一套

金帯一団　皂沓一双

都督同知　（前田）利家　（宇喜多）秀家　（毛利）輝元　（豊臣）秀保　（小早川）隆景　（上杉）景勝　（増田）長盛
　　　　　（石田）三成　（大谷）吉継　（前田）玄以　（長束）正家　（施薬院）全宗　（小西）如清　（石田）正澄

都督僉知　（小西）行長　私日右各同知僉知皆都督三品也

かつて中村栄孝は『経略復国要編』後附によって、この時、秀吉のみならず、日本の諸将も万暦帝から叙任されたことをいち早く指摘していたが［中村一九六九］、米谷均のいうように、『江雲随筆』に記される明国の官職が、最終的に日本の諸将の叙任された明国の官職であり、筆頭は右《う》都《と》督《とく》の徳川家康であった［米谷二〇一四］。彼らに与えられた冠服や割付《さっぷ》（叙任文書）は一部が現存しており、例えば、上杉景勝の冠服と割付は上杉神社に、また毛利輝元の割付は毛利博物館にそれぞれ所蔵され、前田玄以の割付も東京大学史料編纂所が所蔵している［米沢市上杉博物館二〇一六］。だが、徳川家康や前田利家の冠服と割付、そして毛利輝元の冠服については、関係機関へ問い合わせたけれども、存在を確認できなかった。

前述のように、秀吉に下賜された冠服は妙法院門跡に現存しているが、この秀吉の冠服を含め、北政所が「大明より到来の衣服等をとり出給ひ、ミな〳〵のをもとりそへられ」て豊

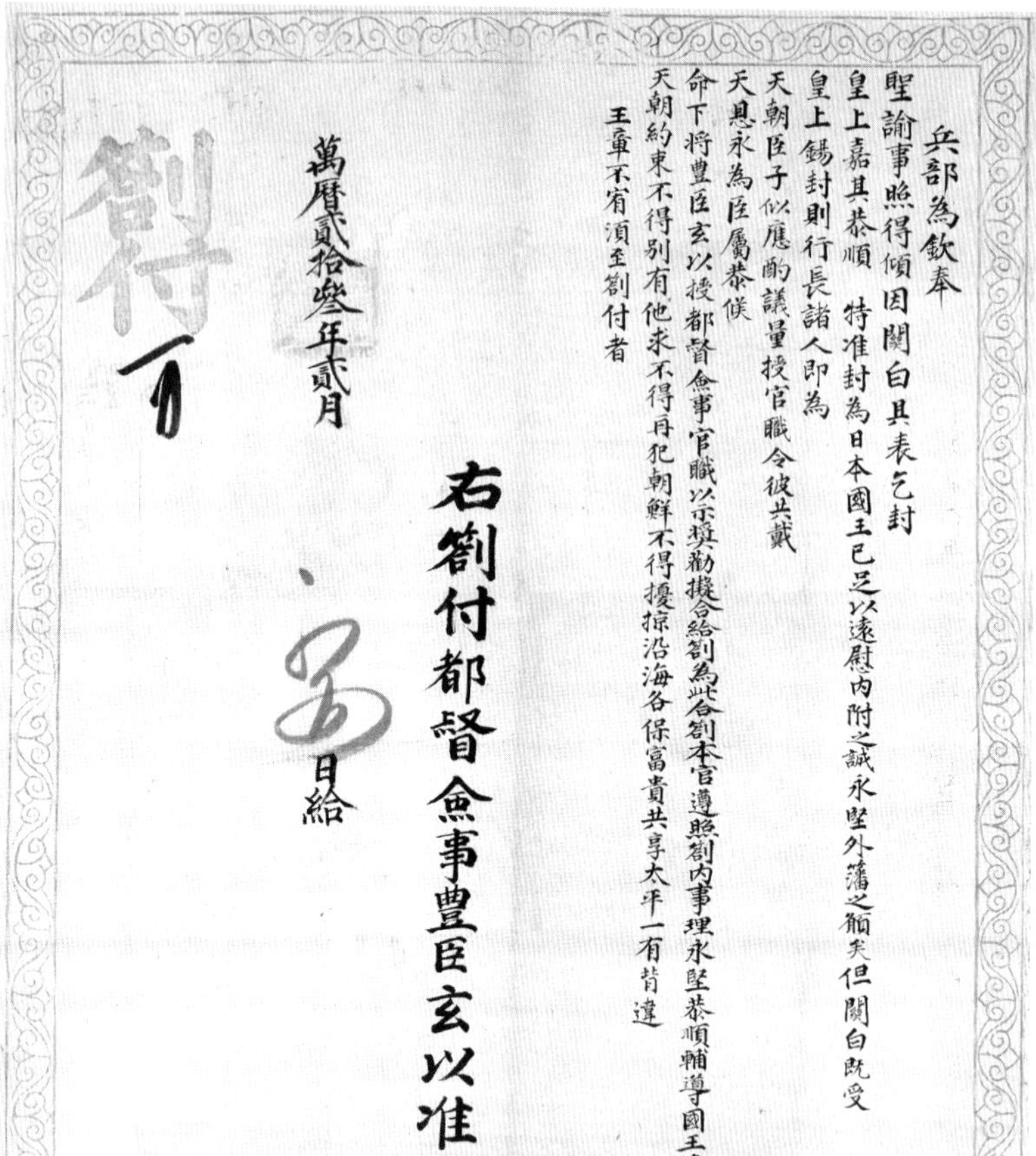
兵部為欽奉
聖諭事照得傾因關白具表乞封
皇上嘉其恭順　特准封為日本國王已足以遠慰内附之誠永堅外藩之節矣但關白既受
皇上錫封則行長諸人即為
天朝臣子似應酌議量授官職令彼共戴
天恩永為臣屬恭候
命下將豊臣玄以授都督僉事官職以示奬勸擬合給劄為此合劄本官遵照劄内事理永堅恭順輔導國王恪遵
天朝約束不得別有他求不得再犯朝鮮不得擾掠沿海各保富貴共享太平一有背違
王章不宥須至劄付者

右劄付都督僉事豊臣玄以准此

萬曆貳拾叁年貳月　日給

劄付

明国割付（万暦23年２月４日・前田玄以宛　東京大学史料編纂所蔵写真）

常服 麒麟文円領（妙法院蔵、京都国立博物館寄託）

国社の「内陣に奉納」したという「豊国大明神縁起稿」の記述を考慮すると、冠服の現存しない大名については、北政所のいう「ミな〱の」冠服に含められたからではないかとも推測できる。だとすると、京都国立博物館に寄託されている妙法院門跡所蔵の冠服六点のうち、秀吉のものを除いた五点（二〇四〜二〇五頁掲載）は、北政所のものと大名四名のものということになろう。

そして、フロイスのいう「シナの称号と位官のついた公家《クゲ》の服二十重ね二組」が彼らのための冠服だったとすると、四十名分あったとして、『江雲随筆』に記された大名らの人数は十六名だったから、まだ二十四名分が余ったはずである。これらの冠服はどのようになったのだろうか。この点について、次の

斗牛服

獅子服

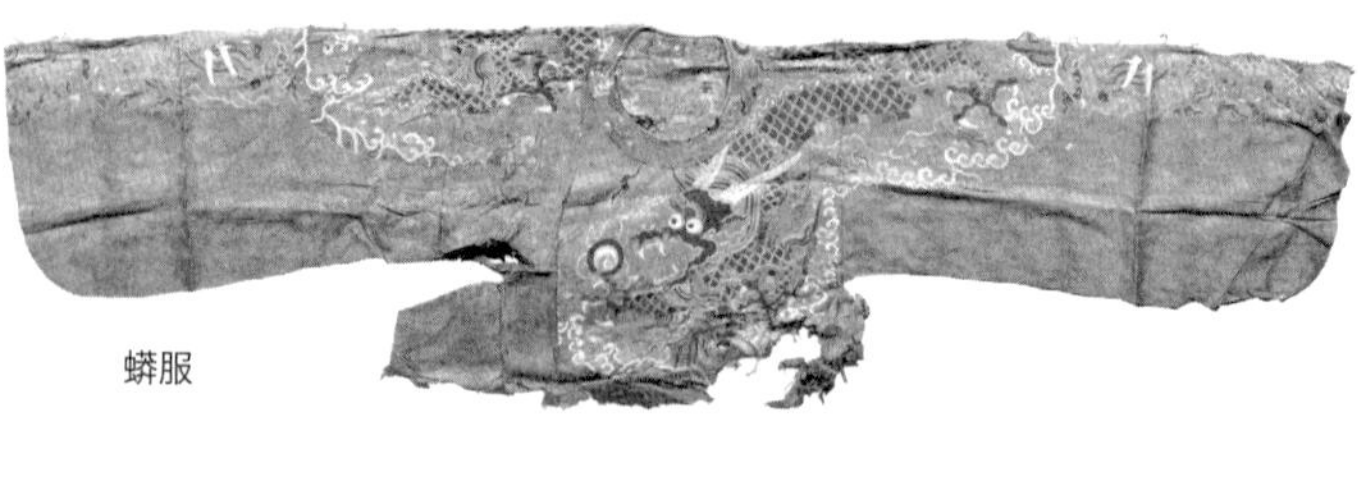
蟒服

麒麟服

飛魚服

（いずれも妙法院蔵、京都国立博物館寄託）

「九〇九　慶長二暦丁酉林鐘吉日吉川廣家寄進状案」(『大日本古文書　家わけ九ノ二　吉川家文書之二』)は、興味深い事実を教えてくれる。

冕冠寄進状《(押紙)》

奉納冕黻者　　　　杵築大社

夫日本良将　太閤殿下《(豊臣秀吉)》、累歳揮官軍之威烈而、掌握八紘、撫育四民、依之、蔵矛戟櫜弓矢、厥誉赿播揚中華、則　太明皇帝《(万暦帝)》遣使而附帝位、賦袞衣。《金璽》加之、異域之奇物無数宝産、就中、有冕衣裳五十余員、粤　殿下《(豊臣秀吉)》咸以賜日域忠功之雄将、某亦《雖不肖》備勇夫之数、辱頒衣冠沓帯、殿下意所謂接以礼励以義者乎、予《(吉川広家)》不流伝家系、籠霊廟者、或懼澆季之禍阨、或怖淆裔之委撤、冀使後人覧之、又使後人覧之、無窮、

旹慶長二暦丁酉林鐘吉日

豊臣朝臣従四位雲州《下羽柴富田》。侍従《豊臣》。廣家《朝臣》。

この史料は、跡部信や米谷均が、当時の大名の明国観や冊封観をうかがうことのできる史料として注目してきたものである[米谷二〇一四][跡部二〇一六]。これによると、吉川廣家は秀吉の威光を称賛したうえで、「太明皇帝」が使者を遣わして秀吉を「帝位」につけ(跡

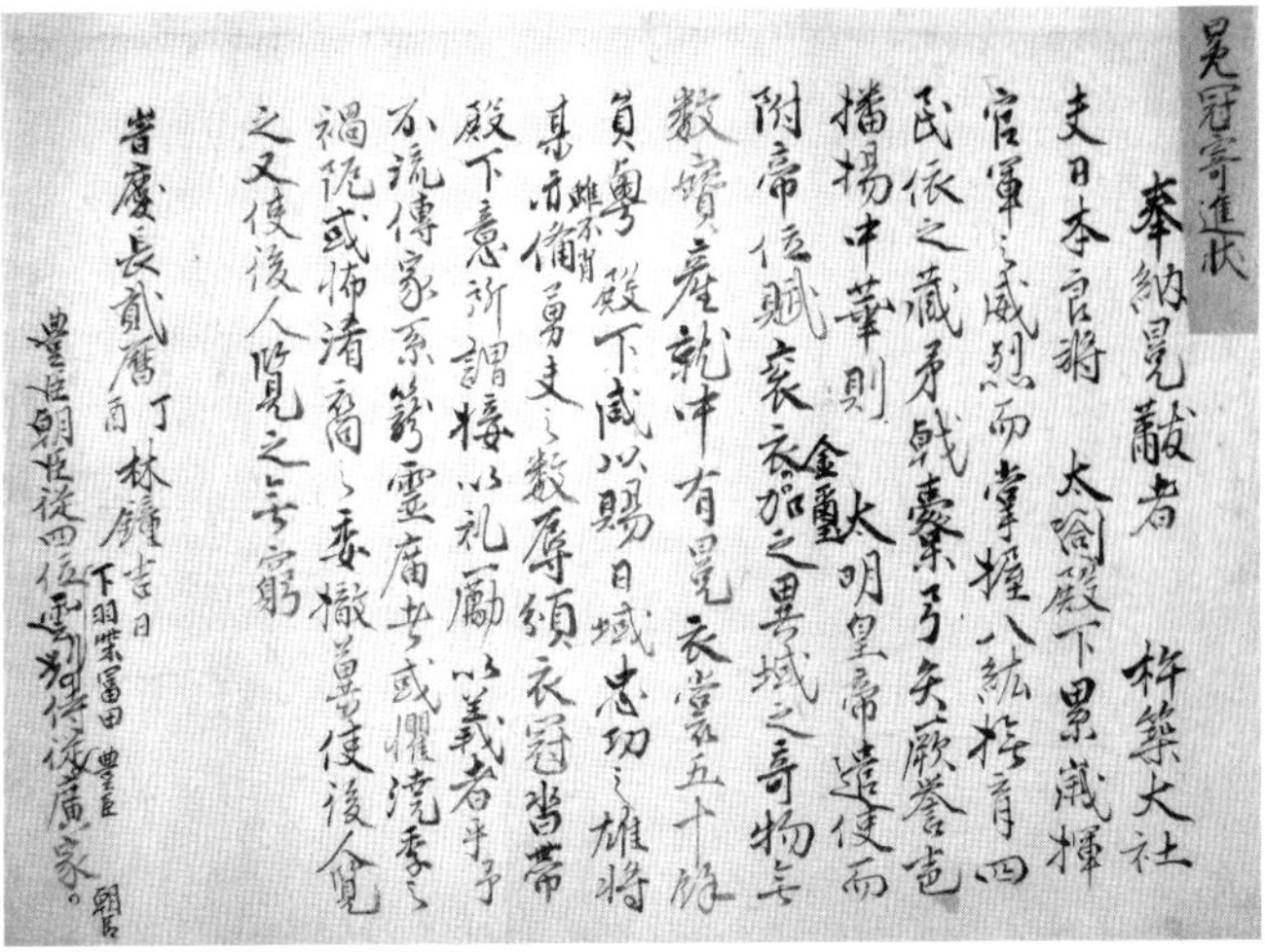

慶長貳暦丁酉林鐘吉日吉川廣家寄進状案（吉川史料館［岩国市］蔵、著者撮影）

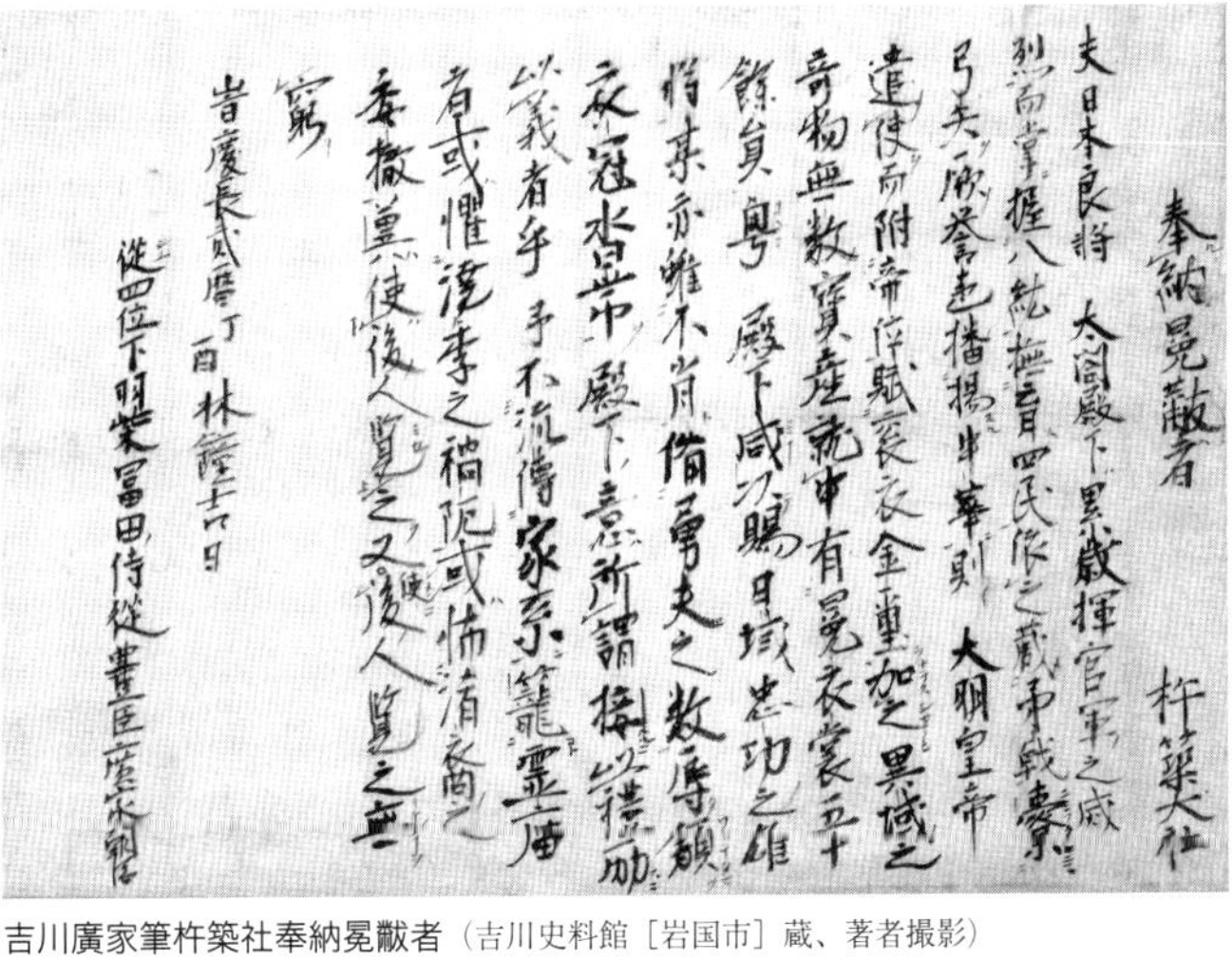

吉川廣家筆杵築社奉納冕瞰者（吉川史料館［岩国市］蔵、著者撮影）

部は「（日本の）帝位」とし、米谷は「中華皇帝」とする）、冠服や金印、多くの宝物を与えたが、その中にはとくに「冕衣裳五十余員」があり、秀吉はそれらを「日域忠功之雄将」に賜ったとしている。そして、他ならぬ廣家もそこに含まれ、「衣冠沓帯」を頒賜《はんし》されたことを喜び、これが失われることを恐れ、また後世の人にも見せるべく、杵築大社《きづきたいしゃ》（現在の出雲大社）に冠服を奉納するという。すなわち、その際に用意された寄進状案である。

この案文と清書の控えは、公益財団法人吉川報效会吉川史料館に所蔵されているが、出雲大社と北島國造家に問い合わせたところでは、吉川廣家の寄進状や冠服・沓帯は現在のところ確認できないとのことであった。しかし、廣家のいう「冕衣裳五十餘員」とは、フロイスのいう「シナの称号と位官のついた公家《クゲ》の服二十重ね二組」のことと思われ、そこから万暦帝による正式の叙任者分を除いた数の冠服が、秀吉の判断によって各大名などに頒賜されたことは、寄進状案によってうかがわれよう。また、平成二十八年（二〇一六）、たつの市立龍野歴史文化資料館で開催された「秀吉からのたより――よみがえる龍野神社の宝物」展に出陳された「陣羽織」も、その図柄と生地から、おそらく秀吉から脇坂安治に頒賜された明国の冠服が、陣羽織に仕立てなおされたものと思われる。

そして、秀吉自身についてもまた、フロイスが前述したように「太閤（豊臣秀吉）は栄誉ある書冊、すなわちかの大いなる黄金の書板（金印）を受理し、それを頭上に推戴し、その時に冠冕《べん》をも

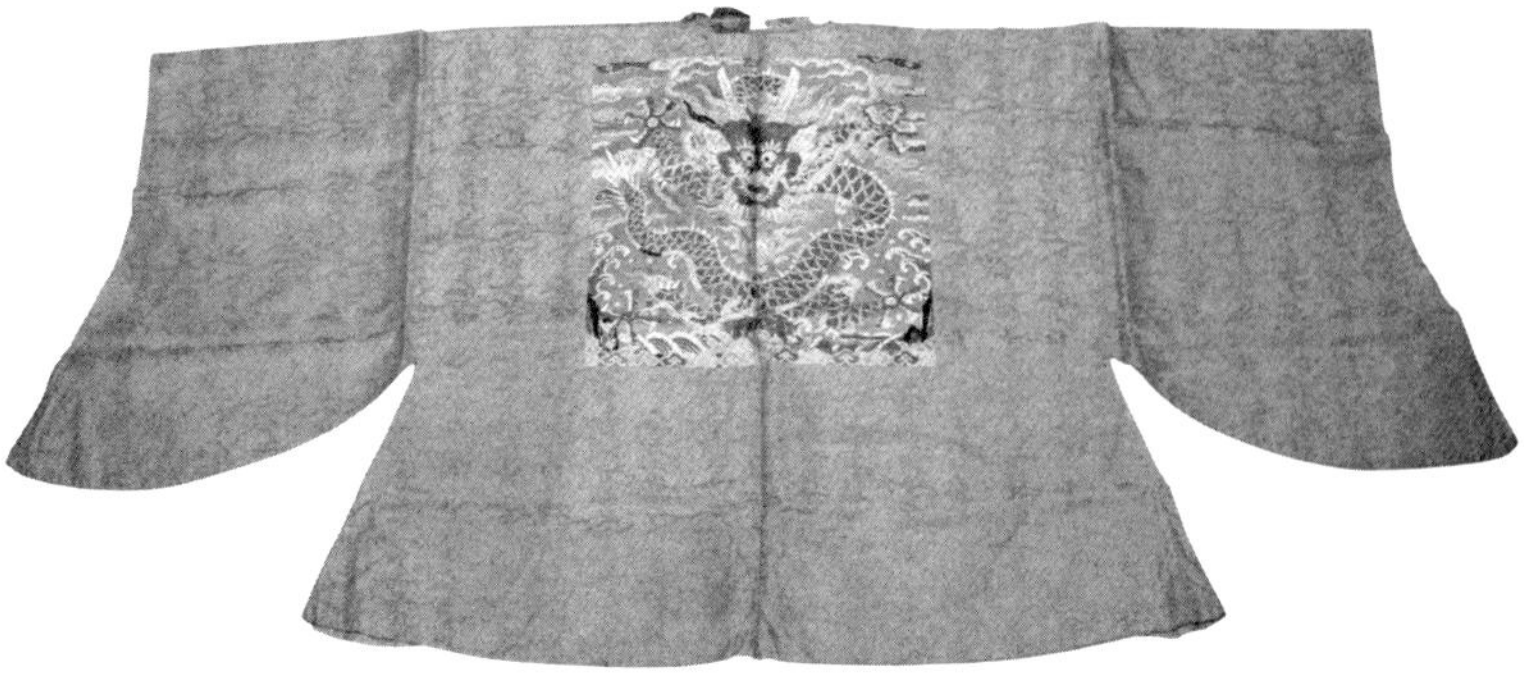

陣羽織（龍野神社奉賛会蔵、協力：たつの市立龍野歴史文化資料館）

受領したので、それらを着用するために別室に退いた。シナ人たちは、その別室から現れた（太閤）を非常な栄誉と敬意をもって崇め」たのだから、万暦帝からの冠服の下賜を誇らしく思ったものと思われる。秀吉は文禄四年（一五九五）五月二十二日の「和平条目」の第三条で「然則為。礼儀賚。詔書《一時上》、大明勅使可渡于。日本」と述べていたが、まさにフロイスが年報補遺で秀吉の発言として（『イ日報』I—二）、

シナ国王《（万暦帝）》が予《（豊臣秀吉）》に対して非常に立派な礼を尽くしたからには、予は彼に対して栄誉と敬意を払い、返書においても、またその他のすべてにおいて彼の助言と判断に従わぬわけにはゆくまい

と伝えているように、秀吉は文禄四年（一五九五）五月二十二日の「和平条目」の第三条の趣旨に合致すること

として、冊封を受け容れてしまっていたものと考えられよう。ところが、この冊封使への饗応が終わった後のこととして、フロイスは次のような出来事を記録している（『イ日報』I―二）。

使節一行が堺へ帰ると、太閤《豊臣秀吉》はただちに彼ら（使節一行）の後を追って、高貴と言われた大いなる権威を有する四名の長老《チョウロウ》といわれる仏僧に命じて、（太閤）自らが先日出席して謁見したのと同じように彼らを歓待させた。シナ人たちはこのことによって非常に安心したが、とりわけ（太閤）は仏僧たちを通じて書状をしたため、その中で彼は彼ら（使節一行）が己れに対して要求するものは、何でも断念せぬがよかろうと彼らに対して非常な懇切ぶりを示した。彼らはこれに対して書状をもって答え、そして次のように要望した。「（朝鮮の）全陣営を取り毀し、また朝鮮にいる日本の駐留軍を撤退させること。次にシナ国王《万暦帝》が何年も前に慈悲によって許したように、朝鮮国民の過失を寛恕すること。彼らはたしかに破滅に値したかも判らぬが、たとえ破滅の罰をもって処罰されたところで、そこからは何らの利益ももたらされぬであろう」と。こうして彼らは極力、（朝鮮人）たちに対する慈悲心に動かされるようにと（太閤）に懇願した。仏僧たちは大坂へ帰ると、ただちに書状を太閤に差し出した。太閤はそれを読み、諸陣営を取り毀すことに関するかの要請の箇所に及んだ時、非常な憤怒と激情に燃え上がり、あたかも悪魔の軍団が彼《(豊臣秀吉)》を占拠したかのようであった。彼は大声で罵り汗を出したので、頭上からは湯煙が生じたほどであった。彼がかくも激怒したのは、日本人がシナ人にひどく恐れられており、朝鮮人にはなおいっそう恐れられていることを承知していたし、また講和を結ぶためには、朝鮮国のわずか半分だけでも入手するという己が最初の考えを忘れてはいなかったからである。

秀吉は、堺に戻った冊封使に望みのことを尋ねたところ、冊封使から寄せられた書状に「(朝鮮の)全陣営を取り毀し、また朝鮮にいる日本の駐留軍を撤退させること」とあったため激怒したとある。それはやはり、文禄四年（一五九五）五月二十二日の「和平条日」の第一条と第二条が、冊封使の手で反故にされたと解釈したからだと思われる。フロイスは年報補遺で「(太閤)は、シナ人とは回復された友好を保とうとする態度であったが、朝鮮人には決してそうしなかった」と述べているけれども（『イ日報』Ⅰ―二）、中野等によると、「秀吉およびその周辺は、明国とは講和を成立させ、朝鮮とのみ戦争を再開しようとした形跡があ」り、秀吉は「朝鮮半島内に戦勝の証となる領土を奪取するため」に、「講和交渉破綻の責任を一方的に朝鮮側に帰し、朝鮮半島への再派兵を命じ」ることになる［中野二〇〇八］。

そして、明国へ帰国した冊封使にもまた、追放や斬首などの苛酷な運命が待ち受けるのである［米谷二〇一四］。

## 後陽成天皇にとっての豊国大明神

後陽成天皇が、秀吉による中国大陸・朝鮮半島への出兵に積極的に関与していたことは、前述のように天皇が天正二十年（一五九二）三月二十六日に、秀吉の名護屋出陣を見送っていたことで明らかであり、その天皇の見送った軍勢は、勅命を奉じた軍勢として朝鮮半島に進駐し、さらに秀吉から北京行幸を求められた天皇は、自らも中国大陸へ赴く考えを西笑承兌に示して、大陸への同行を命じていた。その天皇が、秀吉の渡海を止めるために発した京都国立博物館所蔵の「年月日未詳豊臣秀吉宛後陽成天皇宸翰女房奉書」の位置づけなどについても、これまで研究者によってさまざまに議論されてきた。すなわち、「年月日未詳豊臣秀吉宛後陽成天皇宸翰女房奉書」については、それを天正二十年（一五九二）五月十八日に秀吉の表明した後陽成天皇の北京行幸への拒否文書と捉え、「豊臣政権が実存の天皇によって掣肘《せいちゅう》をうけた」事例と評価し、その後の秀吉が「天皇の相対化」へ向かった重要な契機とする見解や［中野一九九六］、そもそも秀吉による天皇の北京行幸計画は、天正二十年（一五

年月日未詳豊臣秀吉宛後陽成天皇宸翰女房奉書（京都国立博物館蔵）

九二）末には放棄されていたことから、「年月日未詳豊臣秀吉宛後陽成天皇宸翰女房奉書」を、天皇による北京行幸への拒否文書と捉えることはできないとする見解［跡部二〇一六］に分かれている。また、日明講和交渉において、秀吉が秀次を通じて天皇の裁可を仰いだとされる問題についても、秀吉が天皇に関与させようとしていたことは動かないようであったが、その効力の評価が定まっているわけではなかった［北島一九九〇］。

その後陽成天皇の存在が、戦争当事者間で問題とされる契機となったのは、日明講和交渉に際し、万暦帝が秀吉の冊封を検討した時であった。

秀吉を日本国王とすることで、戦争の終結を図ろうとするに際し、万暦帝は天皇と秀吉との関係の解消を求めたが、北京に入った内藤如安は天皇について、織田信長に殺害されたと答えていた。秀吉への日本国王冊封は、後陽成天皇の存在を国際的に抹消することで実現していたものであっ

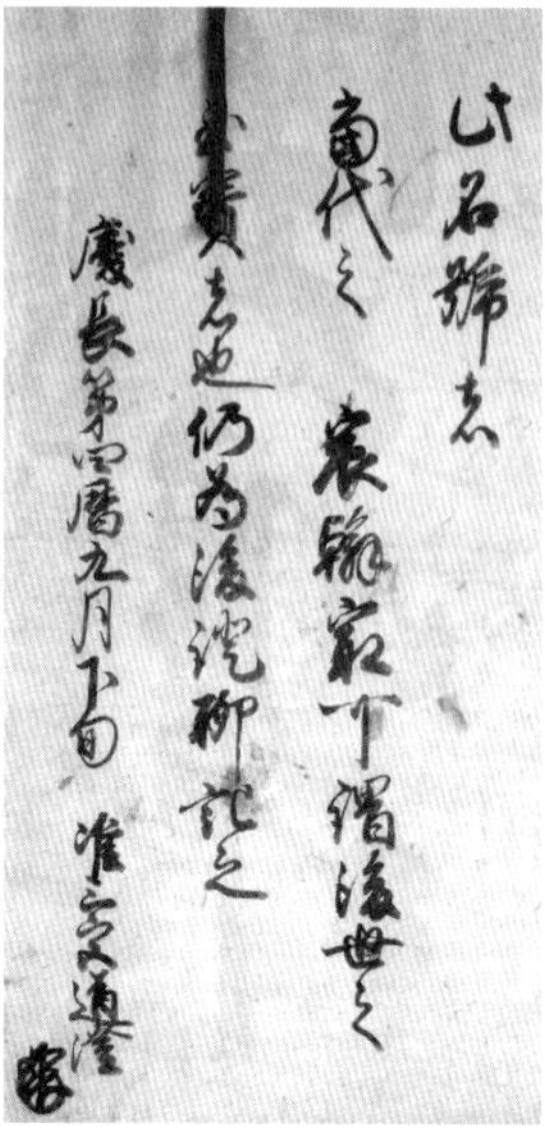

右：後陽成院宸翰豊国神号
下：後陽成院宸翰豊国神号の慶長第四歴九月下旬裏書（高台寺蔵、いずれも著者撮影）

た。中野等によれば、秀吉への日本国王冊封は、解釈の差こそあれ、日本国内でも有効だと捉えられていたから［中野二〇〇六］、秀吉亡き後の後陽成天皇にとっては、まさにそこが問題だったのではなかろうか。

慶長三年（一五九八）十月、五大老は明国・李氏朝鮮との「和議の成立を諦めてしまったかのようであ」ったから［中野二〇〇六］、五大老が明国・李氏朝鮮との実質的な和平交渉を行うことも困難であった以上、天皇が外交交渉で明国に、秀吉の日本国王号の廃止を求めることもまた不可能であった。推測を含むが、〈表〉（八七～八九頁）にあるように、後陽成天皇が秀吉亡き後、譲位の意思を表明した事情

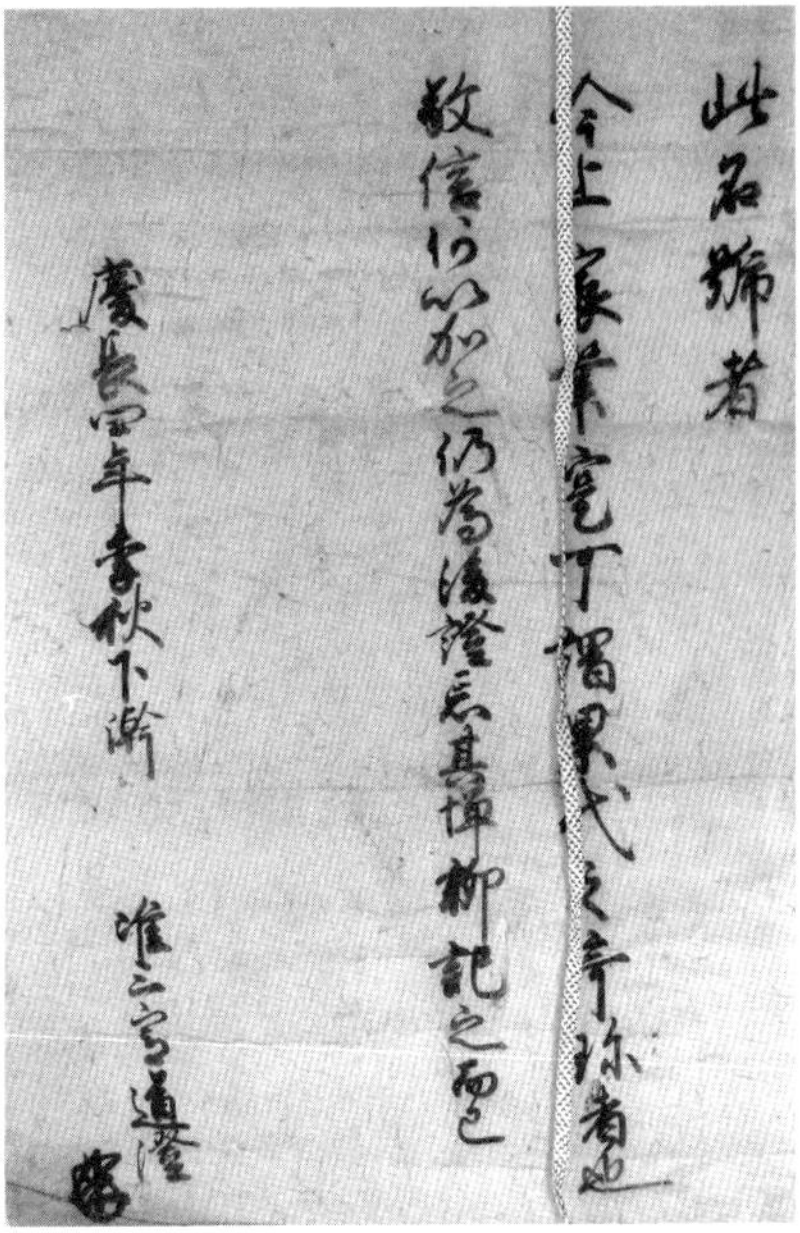

左：神号「豊国大明神」後陽成天皇宸翰
下：神号「豊国大明神」後陽成天皇宸翰の慶長四年季秋下澣裏書（高台寺蔵、いずれも著者撮影）

も、この辺りにあったと思われるのである。徳川家康から譲位を諫止された天皇は、従来の神々の延長線上にある新八幡としての神格化や、「豊国大明神縁起稿断簡」でいうところの「相国たる其人の吊礼」で秀吉を処遇したとしても、肝心の秀吉の日本国王の地位までは清算できないことから、明国と故秀吉との間に結ばれてしまった関係に介入するしかなかった。そして、引き続き在位する以上、秀吉亡き後の日本国に天皇自身を再び位置づけなおすため、御陽成天皇は自身の命令（「豊国大明神縁起稿断簡」のいう「別勅」）により、日本国の存在を強調した新たな神号を秀吉に宣下して、秀吉の政治的立場を再定義した。そうすることで、天皇の存在のみならず、日明対等いやそれ以上に、日本優位の日明関係を国内に印象づけようとしたのではなかろうか。後陽成天皇が、豊国大明神号の創出に関与し、またその神号を自らも積極的に受容して広めようとしていたことは、高台寺に所蔵される二つの後陽成天皇宸筆の神号幅からもうかがわれよう。

## 豊臣秀頼が豊国大明神号を許容できた理由

いっぽう、豊臣秀頼にとって、秀吉の神格化に際し、遺言であった新八幡ではなく、豊国大明神号を受容する意義があったとすれば、いかなるものであったか。この点については、後継者秀頼の神仏に対する基本姿勢を考慮する必要があるだろう。というのも、周知のように秀頼は秀吉没後、自身の名において諸寺社の再興・修理を頻繁に行ったからである。

木村展子によると、秀頼の幼少期を含み、諸寺社の再興は慶長十二、三年（一六〇七、〇八）頃まで行われ、慶長十三、四年（一六〇八、〇九）以降は秀吉以来の大仏殿造営に集中し、慶長十九年（一六一四）に大仏鐘銘事件を迎えたといい、「秀頼がなぜこのような膨大な数の寺社を造営したのかという問題」は「豊臣氏の財力削減を目的として家康が進言したもの」という「通説を交えた憶測が示されるにとどまって」きたという［木村一九九八］。木村は、秀頼の一大名としての領国経営との関連を指摘しているが［木村一九九八］、慶長十五年（一六一〇）の奥書を有した太田牛一による『豊国大明神臨時御祭礼記録』の次の一節は、秀頼の諸寺社再興が日本国内において当時どのように見られ、評価されていたかを示す貴重な史料の一つである（『神道大系　神社編四　宮中・京中・山城国』）。

（原文）

大明《（万暦帝）》之帝王虚誕表裏不二似合一次第也。一犬吠《ホユレハ》ㇾ虚、万犬吠《ホユル》ㇾ虚《ヲ》、上濁故《カラ》、下流不ㇾ清、下万民至《ニ》迄不ㇾ成二正路一、爾《シカモ》盗人也。依ㇾ之仏法《モ》衰廃也。日本者雖ㇾ為二小国一、五常工《クシテ》従二秀頼《（豊臣）》公ニ被二仰付一、国々大社大伽藍、悉御再興、仏法真最中堅固也、

（大意）

大明の帝王はうそつきで表裏が合っていない。一匹の犬が嘘を吠えれば、多くの犬が嘘を吠える。上流が濁っているから、下流もきれいではなく、下々の万民に至るまで正路を成さないのである。しかも盗人である。これによって仏法も廃れたのである。日本は

小国だけれども、仁・義・礼・智・信の五常は秀頼公から仰せ付けられており、国々の大きな社や大きな伽藍は悉く秀頼公が御再興になっており、仏法はまさに堅固となっているのである。

ここでは、日明講和交渉が明国の欺瞞《ぎまん》により破綻したとして批判するとともに、そのような詐術を働く明国では仏教も廃れたが、日本国は小国であるのに、秀頼が諸寺社を悉《ことごと》く再興させて、仏教は堅固に根づいているとされている。明国の立場を降格させた「豊国大明神縁起稿断簡」と共通する論調だが、秀頼の諸寺社再興は、明国に対する日本国の優越を示す論拠とされているのである。しかも、秀頼が専念した大仏殿の造営は、当時、秀吉の神格の豊国大明神に「擁護」されて行われるものとして、他ならぬ秀頼により発願されていた（「二一九 方広寺大仏殿再建豊臣秀頼願文写（己一八一）」、『妙法院史料』第五巻、古記録・古文書一、〔吉田二〇〇五〕）。

秀吉を失い、明国からの冊封という事実のみが遺された豊臣家にとって、明国に対する日本国の優越を国内的に示すための、豊臣家自身による諸寺社再興を後押しする神は、秀吉の遺言した新八幡よりも、むしろ日本国の存在を強調した豊国大明神号のほうが、よりふさわしいと判断された可能性はあるだろう。

## 豊国大明神号創出をめぐる徳川家康の判断

それでは、徳川家康個人にとって、豊国大明神号の創出に利点があったとすればどのようなことだろうか。

だが、この問題は『戸田左門覚書』で家康の関与が明らかとはいえ、難問である。なぜなら、従来秀吉没後の家康の政治的立場は、慶長五年（一六〇〇）の関ヶ原合戦前後を舞台に議論されてきたからであり、最新の研究も、秀吉没後の集団指導体制の枠組みを打破できない家康の姿を描いているからである。その後の家康の征夷大将軍職就任などは周知の事柄であっても、そこに到達するまでの家康の立場には不明な点が多く、いかにして家康が次への契機を摑んだのかは、依然説明の困難な問題なのである。

そのような研究状況の下、豊臣政権後を見据えた家康の行動は、おもに家康の源氏改姓問題を中心に考察され、家康がいつ頃から次を見据えていたのかという議論がなされてきた。そこでは、藤原・源・豊臣の各姓を行き来した家康の姿について、家康の最後の源氏改姓が将軍職就任を射程に入れたものとして注目され、その改姓の時期が議論の焦点となっている。

具体的には、天正十六年（一五八八）とする笠谷和比古の説［笠谷二〇〇〇］、慶長五年（一六〇〇）とする岡野友彦の説［岡野二〇〇六］、慶長二年（一五九七）の足利義昭の病没後付近とする小和田哲男の説［小和田二〇〇五］が提示され、最近は岡野説をふまえて、秀吉から家康への豊臣授姓（羽柴名字との関連から文禄三年〈一五九四〉頃と推定）を考慮すべきとした堀新の説［堀二〇一一］も加わり、議論は、豊臣政権をめぐる笠谷の「豊臣関白政権の下に徳川将軍制を内包するような形での、権力の二重構造的な国制」という理解［笠谷二〇〇〇］への批判に向かっている。だが、史料上、家康の最後の源氏改姓の時期は依然不明であり、したがって、関ヶ原合戦前の家康のスタンスもはっきりせず、秀吉の神格化に対する家康の立場も、当然ながら検討できなかった。

ところで、秀吉から家康への豊臣授姓については、すでに早くから中村栄孝が指摘しているから［中村一九六九］、豊臣政権下の家康はある時期から豊臣姓であったとの前提に立つと、むしろ家康が豊臣から源への改姓を企図した始期のほうが重要な論点となるのではなかろうか。

この点について、まず従来指摘されてこなかったが、秀吉の病没の約一ヶ月前、『舜旧記』の慶長三年七月十三日条に（『史纂舜』第二）、

伏見内府家康（徳川）見舞罷、糯十袋、進物申也、次サイミ帷一・曝一ツ、内府（徳川家康）より給、又家康系

図下書来也

とあり、家康が系図の作成を開始していること、さらに、やはり秀吉病没の直前、『言経卿記』の慶長三年八月七日条において（『大日古　言経』九）、

一、江戸内府（徳川家康）へ冷（冷泉為満）被行了、対顔也云々、内府ヨリ公武大躰略記作者一覧スヘキ由承了、又又奉行、人を遣了、他行也云々、

とあり、家康が『公武大躰略記《こうぶだいたいりゃっき》』に関心を示したとあること、また、その四日後の同じく『言経卿記』の慶長三年八月十一日条では（『大日古　言経』九）、

一、江戸内府（徳川家康）へ冷（冷泉為満）（衍カ）同道へ罷向了、町屋休息了、次罷向了、対顔暫令雑談了、公武大躰略記進了、先日御尋之間、持参申入了、

と記されていて、家康が、実際に『公武大躰略記』を取り寄せたとあることは重視すべきだろう。なぜなら、この書物は禁裏・后宮・親王・執柄家《しっぺいけ》（五摂家）・三家（公家の凡家）・武

家などの項目順に各家の来歴と官職を整理し、武家の項目は「征夷大将軍源義政。御先祖は清和天皇の御孫経基の王をば六孫王と申き。彼経基の王。天徳五年六月十五日。源朝臣姓を給はせ給ひき」の文に始まり、「新田惣領大舘次郎家氏」に至って「得川《とくがわ》」などを「何も御当家の累葉也」と説明している書物だからである（『公武大體略記』、『群書類従』第二十八輯・雑部）。家康によるその閲覧は、家康が秀吉の病没直前、各家の来歴とそこでの源姓の位置に関心を有していたことを示すものと思われるのである。

そして、この秀吉の病没直前の慶長三年（一五九八）七月から八月にかけての家康の行動が、源氏改姓への具体的な準備行動であったことは、次の『異国近年御書草案』（異国日記刊行会『影印本異国日記——金地院崇伝外交文書集成』）が示すように、慶長四年（一五九九）七月に家康が源姓を表記した外交文書を発簡していることで明らかだと思われる。

大泥国之　御書

日本国　源家康（徳川）　報章

大泥国封海王嘘哩噠哪哪李桂　足下

今茲（慶長四年四月）孟夏所呈

本朝之表文、披而読之、則似不移寸歩而対高顔、抑去歳（慶長三年）八月

大閤（ママ、豊臣秀吉）俄然而帰泉下、闔国皆用令嗣秀頼（豊臣）相公号令、如寡人者蒙顧命而輔佐
嗣君（豊臣秀頼）也、幸而到遠方遐陬、治政不減往日、
本邦風俗、来使親見之、不及註記、竊聞、
貴国依　足下義気、国家安寧、人民和平、遠近懐其東者、可不嘉尚乎、維時所運送之方
物、珍禽異産、献諸
嗣君、何図寡人亦得
貴国芳信、遠方厚意不勝感戴、已後弥商舩去来、珍器売買、可随
足下所欲、邦域之中海浜陸路、制禁賊徒、雖隔万里海雲、堅交盟、則其情不異毘第、莫
訝、為表卑忱、甲冑二具献之、釆納多幸、時是孟秋而涼風未至、残暑尤甚、為国宜自嗇、
不備

　　龍集己亥（慶長四年七月）孟秋上旬

　　　御印

従来、なぜかこの史料は、家康の源氏改姓問題を論じるうえで看過されてきたが、中村孝也も慶長四年（一五九九）の家康の文書としており［中村一九八〇］、この史料をふまえるならば、少なくとも家康は慶長四年（一五九九）七月までに源姓を対外的に称していたことに

なる。今後さらなる検討が必要だが、今のところ、家康が秀吉の病没直前に豊臣から源への改姓を企図し、慶長四年（一五九九）秋までに改姓を実行した可能性は排除できないと思われる。

この点をふまえると、慶長四年（一五九九）三月五日から同年四月十日までの間に、秀吉の遺言であった新八幡ではなく、新たな豊国大明神号が創出され、それを家康が個人としても容認した理由は、比較的明瞭となる。確かに、藤井讓治が述べるように「八幡」は「天皇の祖先神」であったが［藤井二〇一一］、同時にそれは源氏の氏神でもあった。もし家康が、秀吉の病没と新体制を視野に入れ、秀吉の病没の直前と直後に豊臣から源への改姓に動いていたとすれば、家康は秀吉に新八幡となられてしまうと困ったのではないか。なぜなら、秀吉自身が八幡神の一系列として源氏の氏神に連なってしまうからであり、家康は秀吉の死後も氏神としての秀吉に従属せねばならなくなるからである。鍛代敏雄も、源氏としての家康が秀吉の新八幡化を阻止したのではないかと推定しているが［鍛代二〇〇七］、まさにこれから源氏に改姓しようとしていたからこそ、新八幡としての自己神格化を目指した秀吉の遺言の取り扱いは、家康にとってより切実な問題であったのだと思われる。

慶長期初頭の政治情勢下、日本国の存在を強調する豊国大明神号の創出は、家康の今後を視野に入れた政治的立場からも、絶好の選択であったといえるのではなかろうか。

# 第五章　その後の徳川家康と豊国大明神

## 徳川家康の大坂城西之丸への入城

谷徹也は、徳川家康の政治的立場について、その浮上の時期は伏見城入城ではなく、慶長四年（一五九九）九月二十七日の大坂城西之丸入城とし、「家康による大坂城占拠は一種のクーデターとして認識され」たといい、この時から「「五奉行」と連携」しつつ、家康による「置目改め」などが行われたことを指摘している［谷二〇一四］［藤井二〇一七］。『義演准后日記』の慶長四年九月十三日条は「大坂雑説静謐、弥重」と記し、同年同月二十二日条で「北政所（杉原氏）京御殿へ御移徙近日云々、小坂城（大坂）ハ内府（徳川家康）へ相渡歟」としているが、北政所（高台院）の上洛は、慶長四年（一五九九）九月二十六日であった（『史纂義』第二）。

当時の家康の状況については、「一五九九─一六〇一年、日本諸国記（フェルナン・ゲレイロ編『イエズス会年報集』第一部第二巻）」（『イ日報』Ⅰ─三、田所清克・住田育法・東光博英共訳、以下の本章でことわらない引用は同日本諸国記）においても、次のように報じられている。

> 天下《テンカ》や君主国の統治は、多くの頭目や異なった意見に依存するものであるから、奉行らの間で或る者が他の者よりもさらに強力である場合、長期にわたって統一を保つこと

は不可能であると常に判断された。それゆえ（太閤様《（豊臣秀吉）》が亡くなって後）しばらくは（世の中は）平穏に渉ったにしても、内府《ダイフ》様《サマ》（徳川家康）はともかく非常に強力で、その政庁における首位の座を占め、いとも絶対的であり、命令し、すべてを治める唯一の人物となった。それによって、他の者たちが、彼に大いなる反感を抱き始め、一体化し、彼と衝突するための陰謀を準備した。とりわけ、このことにあたったのは、三ヵ国の国主（前田）肥前（利長）殿、また非常に強力な国主（上杉）景勝で、両者とも有力奉行（大老）であった。そしてより下級奉行には、この陰謀のもっとも主要な張本人である（石田）治部少輔（三成）がおり、彼《（石田三成）》には、その親友であることから（小西）ドン・アゴスチイノ（行長）が大いに賛同した。

　このことから、彼らの間に大いなる反乱と動揺が生じ、ついには決裂するであろうと皆が憂慮するに至った。そこで諸奉行のみならず、大坂の政庁にいたすべてのさらに多くの領主たちは、その兵員を召集し、共にいるように命じ、彼らは日々勃発しようとするいかなる出来事にも対処できるようにした。この市中が武装した人々で溢れ、各領主がその兵を適宜配備するのを見るのは驚くべきことであった。しかしその者たちは抜刀しはしなかった。というのはそれは死刑の重罪をもって禁じられていたからである。

　ついに互いに非常な軋轢《あつれき》を生じた後、大混乱となり、内府様《（徳川家康）》が（石田）《（三成）》治部少輔を政庁から追放して近江の彼の城（佐和山城）に蟄居させることで決着をみた。そして（前田）肥前殿《（利長）》と（上杉）景勝と、その他の領主たちは各々がその領国へと立ち去った。（小西）ドン《（行長）》・アゴスチイノもそのようにし、彼《（小西行長）》は肥後の自国に戻った。そして内府様は己が意のままに天下の統治を行ない、（一五）九九年の大部分と（一）六〇〇年にかけては、ほとんど絶対君主のようになった。

家康の権力は強化されていく一方であったが、それにつれて、周囲からの家康に対する反感も増すばかりであり、とくに上杉景勝との衝突の可能性は、その後の政治過程に大きな影響を及ぼす恐れがあった。「一五九九―一六〇一年、日本諸国記」によれば（『イ日報』Ⅰ―三）、

後述の都《ミヤコ》および大坂に生じた叛乱と騒擾のうちに、内府様《（徳川家康）》はきわめて強大な権力を有するようになり、仲間をもつ奉行であるよりは、日本の絶体《（ママ）》君主として統治を行なうかに見えた。何ごとをも欲するがままに行ない、以前に太閤様《（豊臣秀吉）》がそうであったように（人々から）絶大な崇拝と畏怖とを受けている。こうしてこの（一）六〇〇年を通じて統治するに至った。このような時に、彼と（前田）肥前（利長）殿との間に伝言による激

しい応酬があり、果ては断交に立ち至るかに思われた。しかし、内府様は、とどのつまり、先の陰謀に加担していたといわれるその他の諸侯とまず和を講じ、その多くと姻戚関係を結び、最終的には肥前殿《（前田利長）》とも関係を修復した。もっともその和平たるや双方の側にとって真実のものというよりは一時の間に合わせにすぎなかったようである。このころ、全諸侯はすでに政庁に復帰していたが、若干、例外があった。それは依然として自領に留まっている肥前殿、もう一人は（上杉）景勝という別の領主である。景勝は上級奉行（大老）の一人であるばかりか、日本でもっとも強大な諸侯の一人でもあって、その領国の東部は内府様のそれに接している。（上杉）景勝は、三年間は領内に留まってもよいとの太閤様の許可を得ていると弁解し、政庁へは赴くまいとの決意を固めた。この領主は、（石田）《（三成）》治部少輔のごく親しい友人であるが、内府様とは不仲であったので、内府《ダイフ》様《サマ》はその決意をきわめて遺憾に思った。（上杉）景勝宛に、貴殿《（上杉景勝）》がただちに上洛しないなら、自ら出陣し、貴殿を反徒として懲罰するであろう、との伝言を送った。ところが、この景勝《（上杉）》はきわめて勇敢な武将で、（石田）治部少輔や（前田）肥前殿、その他内府様に良からざる領主たちと密かに気脈を通じ連携を保っていたので、内密に、これ以上はありえぬほど巧妙な策略〔日本ではこれを武略《ブリャク》と呼ぶ〕をめぐらした。その策略として、景勝《（上杉）》が書状で内府様《（徳川家康）》など物の数ではないとの態度を示して内府様を挑発し始めた。

そこで内府様は、自ら（上杉）景勝討伐に赴かざるを得なくされた。内府様は、すべてはわが手中に確保されているものと判断して、麾下の全軍を率いて行こうと決意した。京の伏見城には二千名の兵とともに、己が幼い子息を残すに留めた。また大坂城は、幼君（豊臣秀頼）並びにすべての財宝ともども、これを目下の三奉行に依託し、自分は三奉行を信頼しており、また日本の絶体君主になろうとはしていないことを示そうとした。この戦さに召集された兵士の数は十一万にのぼった。

とあり、家康は前田玄以・増田長盛・長束正家らへの期待をふまえ〔谷二〇一四〕、大坂城にある秀頼を彼らに託し、景勝への討伐軍勢の進発を決断したが、案に相違して「三奉行」は家康に敵対することになり、「一五九九―一六〇一年、日本諸国記」によれば次のような事態を招くに至った（『イ日報』Ⅰ―三）。

このようにして、たちまち両者の関係は決裂して、日本のほとんどすべての諸侯の間に、内府様《徳川家康》に背反する同盟が結成された。重立った奉行、および大坂にいた三名《前田玄以・増田長盛・長束正家》の奉行も彼らと合流し、彼らと一致団結し、内府様に敵対する立場を明らかにして内府様を政治から放逐した。彼らは内府様に自らの領国に留まるようにとの伝言を送り、幼君秀頼《豊臣》様に対し、またその父君太閤様（豊臣秀吉）の命に背き犯した数ヵ条の罪状をつきつけた。

ここでいう「幼君秀頼（豊臣）様に対し、またその父君太閤様（豊臣秀吉）の命に背き犯した数ヵ条の罪状」とは、「内府ちかひの条々」として知られる次の史料のことであろう（「徳川家康を弾劾する条書（慶長五年七月十七日）」、［中村一九八〇］）。

（原文）

内府（徳川家康）ちかひの条々

一五人の奉行五人之年寄共、上巻之誓紙連判候て無幾程、年寄共之内二人被追籠候事

一五人之奉行衆内、羽柴肥前守（前田利長）事、遮而誓紙を被遣候て、身上既可被果候処ニ、先景勝（上杉）為可討果、人質を取、追籠候事

一景勝なにのとか（咎）も無之ニ、誓紙之筈をちかへ、又ハ大閤様（ママ、太閤、豊臣秀吉）被背御置目、今度可被討果儀歎ヶ敷存、種々様々其理申候へ共、終無許容被出馬候事

一知行方之儀、自分ニ被召置候事ハ不及申、取次をも有るまじき由、是又上巻誓紙之筈をちかへ、忠節も無之者共ニ被出置候事

一伏見之城、大閤様（ママ、太閤、豊臣秀吉）被仰出候留主居共を被追出、私ニ人数被入置候事

一十八人之外、誓紙取やりあるましき由、上巻誓紙ニ載せられ、数多取やり候事
一政所（北政所〈高台院〉）様御座所ニ居住之事
一御本丸のことく殿守を被上候事
一諸侍の妻子、ひいき〳〵ニ候て、国元へ被返候事
一縁篇之事、被背御法度ニ付て、各其理申、合点候て、重而縁辺不知其数候事
一若き衆ニそくろをかい、徒党を立させられ候事
一御奉行五人一行ニ、一人として判形之事
一内縁之馳走を以、八幡之検地被免候事
右誓紙之筈ハ少も不被相立、大閤（ママ、太閤）様被背御置目候へハ、何を以たのミ可在之候哉、如此
一人宛被果候て之上、秀頼（豊臣）様御一人被取立候はん事まことしからす候也、

慶長五

七月十七日

（大意）

内大臣家康の違反の数々

一、五奉行と五大老について、「上巻之誓紙」に連判してから幾程もなく、五大老のう

ち二人を追い籠められたこと

一、五大老のことと思われるが、前田利長は家康に誓紙を遣わして身上は既に果てられるであろうところに、まず上杉景勝を討ち果たさんがため、人質を取り、追い籠めていること

一、上杉景勝に何の咎もないのに、「上巻之誓紙」を違え、又は秀吉が定めた「御置目」にも背かれて、今度景勝を討ち果たそうとされていることは歎かわしく思われ、いろいろと景勝はおことわりを申しているのに、家康は許容することなく戦をされようとしていること

一、知行の宛行については、自分に召し置かれることは申すに及ばず、取次もしないと「上巻之誓紙」にあるのにもかかわらず、「上巻之誓紙」に違反し、忠節もない者たちに知行を与えられたこと

一、秀吉が命じていた伏見城の留守居を追い出されて、家康が私的に軍勢を伏見城に入れられたこと

一、五大老と五奉行以外に誓紙を取り交わさないよう「上巻之誓紙」に載せられているのに、数多くの誓紙を取り交わしたこと

一、北政所の居所に住まいしていること

一、大坂城本丸のように西之丸にも天守を構えられていること
一、諸侍の妻子を贔屓して国元へお返しになったこと
一、婚姻のことで「御法度」に背かれたことについて各々が弁明して合点したところで、さらに数知れないほどの婚姻を結んだこと
一、若い者たちを動かして徒党を立てさせられたこと
一、五人の奉行で行うべきことを家康一人で決裁していること
一、家康と縁のある者の斡旋によって八幡宮の検地が免除されたこと
「上巻之誓紙」を少しも尊重せず、太閤秀吉が定めた御置目にも背かれるのであれば、何をもって頼みとするものがあるだろうか。このように一人ずつ果てられていくと、秀頼を取り立てていくことは本当にできなくなる。

慶長五
　七月十七日

この十三ヶ条では、おもに第三章で見た谷徹也のいう「十人連判誓紙」［谷二〇一四］について、家康が遵守していないことを糾弾しており、さらに無実の景勝を討伐しようとする家康の姿勢を批判するとともに、家康が大坂城内におけるかつての北政所の居所に居住してい

たことや、本丸と同じように西之丸にも「殿守を被上」たことなども問題視されている。

## 伏見城落城・関ヶ原合戦と豊国大明神

もはや家康の出陣中、西国での戦闘は避けられない様相となり、その最初の舞台は秀吉の遺した伏見城となった。その時の模様を「一五九九―一六〇一年、日本諸国記」は、次のように伝えている（『イ日報』Ⅰ―三）。

内府様（徳川家康）に背反する同盟が露顕すると、日本国中の諸侯のほとんどがそれに加わったので、多数の諸侯はただちに軍兵を率いて大坂の政庁に集結した。その数はわずかの間に十万を超えた。天下すなわち君主国を構成する主要な国々のうち、内府様側に留まるのは都の伏見城のみであった。城中の兵は果敢に防戦し、敵の多数を殺戮した。諸奉行はいっさいを焼き払い破壊しようと決意した。諸奉行はそのため、大量の材木をもって城の周囲の大きな濠を埋めた。そのため城を囲繞する壮麗な家並や美しい宮殿は、すべて取り壊した。城の最初の外郭を占領すると、内部の城の周囲にかの材木をすべて集めさせた。日本にかつてないほど豪奢で結構な太閤様（豊臣秀吉）の御殿があった。それは太閤様が生前に造営した最後のものであり、その内部は他のいかなるところより丹精がこめられ、余財のすべてが投入されていた。そしてまた、太閤様《（豊臣秀吉）》のあらゆる閑暇と享楽の場所でもあった。しかし、この世の偉大なものがいかに永続することなく価値に乏しいものかを理解するには、これらのすべてが、きわめてわずかの間にあえなく灰燼に帰したのを見れば足りるであろう。

鳥居元忠の守る伏見城は、慶長五年（一六〇〇）七月十九日から同年八月一日まで持ちこたえたが［笠谷二〇〇八］、「一五九九－一六〇一年、日本諸国記」のいうように、秀吉が遺した見事な建築物は、皮肉なことに秀吉恩顧の大名たちによって攻められ、この世から消し去られたのであった。

その秀吉の愛した伏見城が地上から消え去った直後、『舜旧記』の慶長五年八月三日条は、次のような出来事を伝えている（『史纂舜』第一）。

秀頼《（豊臣）》ヨリ御祈禱ニ五釜湯立大原巫女申付、五釜之内一ツメ釜破、又取替居之ニ一度破了、寄《〔奇〕》特云々、すなわち、豊臣秀頼が豊国社において湯立神事《ゆだてしんじ》による祈禱を申し付けたところ、釜の一つが破れ、取り替えたところ、また破れたというのである。さらに、その三日後の『舜旧記』の慶長五年八月六日条においても（『史纂舜』第一）、

秀頼ヨリ立願三釜之内一釜重而破奇特云々、

やはり秀頼が、祈願のための湯立神事を申し付けたところ、三つのうち、一つの釜が破れたとのことであった。豊国大明神は、この家康と石田三成らとの戦闘の結果に憂慮を示していたのかもしれない。そして、その憂慮は現実のものとなった。「一五九九―一六〇一年、日本諸国記」は、その後の展開、とくに慶長五年（一六〇〇）九月十五日の関ヶ原合戦の模様を、次のように報じている（『イ日報』Ⅰ―三）。

諸奉行の団結の悪さは知られていたが、彼らは三十日近くもなすこともなく、当時まだ三千名にも満たなかった敵兵を攻めもせずに日々を送っていた。そこで内府様（徳川家康）は、（上杉）景勝との戦闘について、最良の命令を下した。すなわち、これと対抗するため、その一子を多数の兵とともに残し、自ら残りの全軍勢を率いて、配下の待つ尾張の国へ来

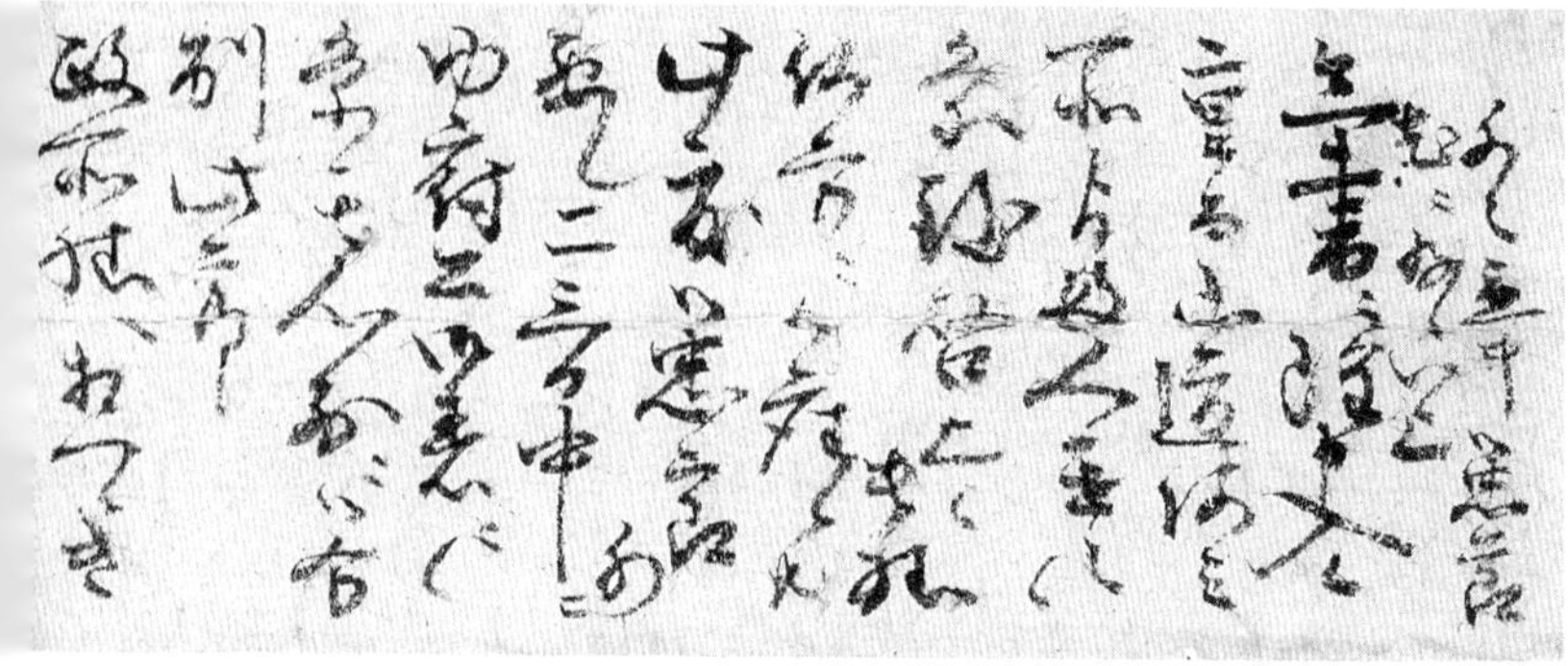

着した。一方、（上杉）景勝のような強大な敵と対峙している時に、内府様がこれを放置し、自らの目的を遂げるに十分な兵を率いて都へとって返すなど、諸奉行の側にとっては思いもよらぬことであった。結局、内府様《（徳川家康）》が尾張に到着したその日、彼はいささかの遅滞もなく、味方の軍勢と合流しておよそ五万の軍団を結成し、翌日の戦闘開始を命じた。戦闘は、初め内府様にとって手薄な兵力で始まった。しかし、当初諸奉行の側にあった一部の諸将が、突如、内府様側につくことを宣言した。たとえば太閤様《（豊臣秀吉）》の正室（北政所）の甥で、太閤様から筑前の国を与えられていた筑前の中納言殿（小早川秀秋）、その他三、四名の中程度の権力を持つ領主たちである。彼らは内府様と交戦するかわりに、武器を諸奉行側へ向けたのである。

　内通の声が軍勢の中に起きると、たちまち全軍に

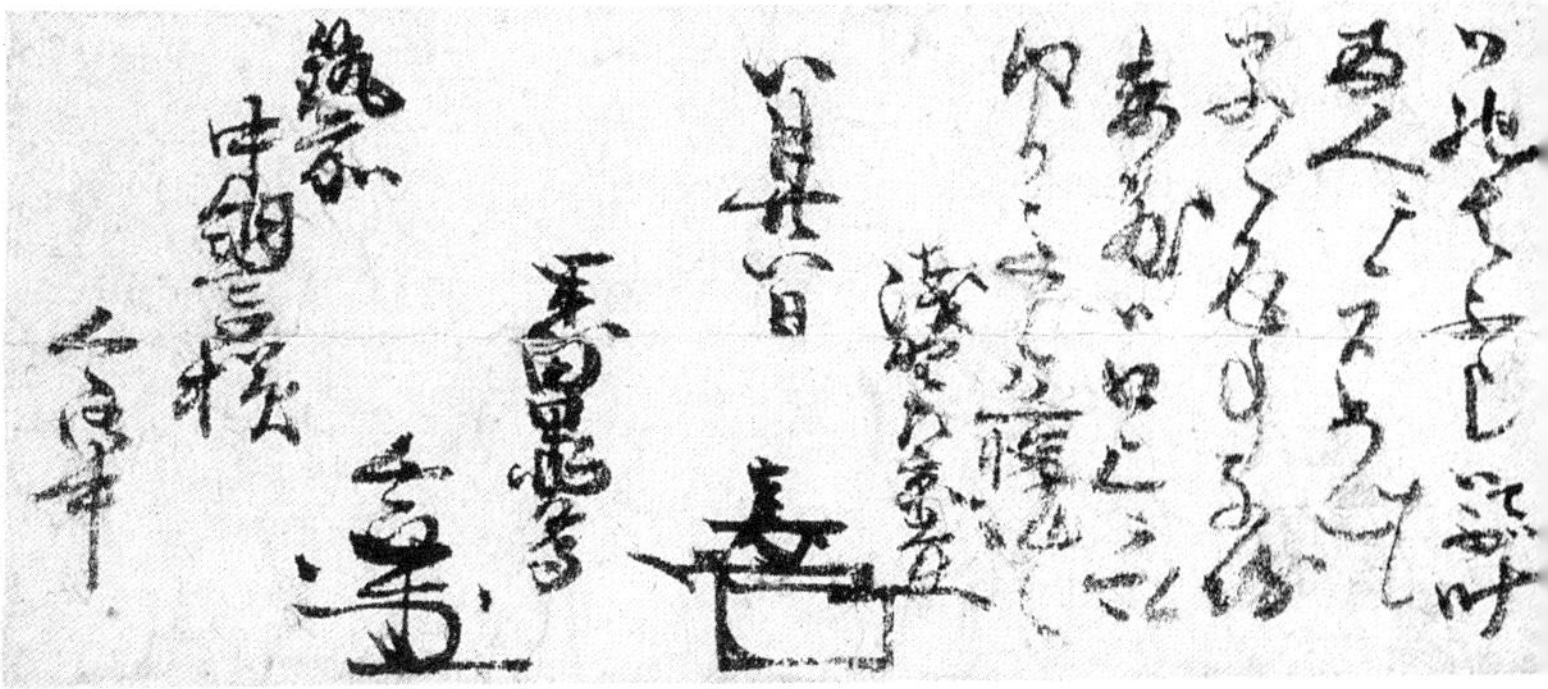

8月28日付小早川秀秋宛浅野長政・黒田長政書状（島根県立古代出雲歴史博物館蔵）

動揺が始まり、同時に毛利（輝元）殿の軍もまた戦闘を欲せず撤退した。わずかの間に諸奉行の軍は総崩れとなり、戦場の勝利は内府様のものとなった。

ここで特記されているように、関ヶ原合戦においては、小早川秀秋の動静が鍵となっていた。近年、関ヶ原合戦の実態については再検討が進んでいるが［矢部二〇一四］［白峰二〇一四］［白峰二〇一六］［白峰二〇一七］、笠谷和比古は、かつて徳富《とくとみ》蘇峰《そほう》が『近世日本国民史』において「出雲桑原文書」として引いた「八月二十八日付小早川秀秋宛浅野長政・黒田長政書状」をもとに［徳富一九八二］、浅野と黒田が、北政所（高台院）のために小早川の翻意を説得したことに注目し、関ヶ原合戦の背後に、北政所（高台院）と淀殿との対立が伏在しており、「家康と反家康の抗争において、反家康陣営の側が勝利をおさめるということは北の政所の身上にとってきわめて不利、災厄となる結果がもたらされることが、何の説明も要さないほどに同時代に生きていた人びとにとっては自明であったということ」を指摘している［笠谷二〇〇八］。本書で筆者は、その徳富と笠谷が引いた史料の原本現存をふまえ（前掲図版を参照）、笠谷説を援用して少し考察を進めてみたい。すなわち、前章で述べたところの、北政所（高台院）が関ヶ原合戦直後の慶長五年（一六〇〇）九月十八日と同年十月十一日に、豊国社へ「大明より到来の衣服等をとり出給ひ、ミなくのをもとりそへられ」て、豊国社の「内陣に奉納」したことの意味についてである。

「豊国大明神縁起稿断簡」は、明国からの冠服について「相国《豊臣秀吉》感悦斜ならすといへとも、衣冠已下ハ先我国の風俗を専とし給ふゆへ、着せしめ給事さのミたひくにハあらさりき」と記し、生前の秀吉が日本の衣冠のほうを重視したため、明国の冠服を身につけることはあまりなかったことに言及していた。すなわち、明国よりも日本のことを強調するねらいがある文章だったのだが、その後に豊国大明神のことに言及したうえで「こゝに従一位吉子《北政所〈高台院〉》大明より到来の衣服等をとり出給ひ、ミなくのをもとりそへられ、当社の内陣に奉納すへきよしあり」との文章が続いていた。実際、北政所（高台院）はその通りに「唐装束」を奉納したのだが、それは河上繁樹によると複数人のものであった［河上一九九八］。

秀吉の冠服のほか、北政所のもの、そして明国から叙任された大名の冠服が含まれていたと推定されるが、それらは現在のところ、所在が確認できていない徳川家康・前田利家・毛利輝元などの冠服であった可能性があり、それらのことを「ミなく〳〵の」と称したとするならば、北政所（高台院）は関ヶ原合戦の決着をうけて、それまでの秀吉の日本国王冊封に始まり、秀吉没後は集団指導体制に基づいて運営されてきた政権のありようが、家康中心の形へと変化していくことを展望したのではなかろうか。だから、北政所（高台院）は日本を明国の冊封から解放させるとともに、新たな日本国のありようへと進むため、過去への区切りをつけるべく、冊封に関わる品々を豊国大明神のもとに奉納して封印したのではないかと考える。そのようにすることで、明国の右都督となっていた家康も、冊封から解放されることになり、北政所（高台院）は次を見据え、新たな日本国と豊臣家への加護を、豊国大明神に祈ったのではないかと思われるのである。

しかし、そのような北政所（高台院）の思いとは別に、「一五九九―一六〇一年、日本諸国記」は関ヶ原合戦後の状況を、次のように説明している（『イ日報』I―三）。

特にこの戦さと天下《テンカ》の情勢の変化とともに、我らの主は、異教徒の改宗事業と、すでにキリシタンとなった者たちの教化を推進するのに、司祭が日本でかかえていた幾多の困難や障害を打ち砕くことを望み給うた。というのは、内府様《(徳川家康)》が得たこの勝利によって、太閤様《（豊臣秀吉）》が自らの死に際して残した十名の奉行たちによる政府の形態を壊し、今はまた内府様自身が日本の絶対君主となりながら、司祭たちは、司祭やキリシタン宗団に対して亡き太閤様《（豊臣秀吉）》が発布した残忍なる法令から完全に自由になったからである。もし奉行たちがもっと有力であったならそれは容易にはできかねることであった。というのは、彼らは皆が皆同じ意見ではなかったし、いつまでも太閤様の掟を守ろうと誓っていたからである。その（掟は）他の諸事と同様に無期限に沈黙の状態にある。デウスの恩寵は次のことを嘉し給うた。すなわち（太閤様は）一方ではキリシタンを迫害し、他方ではその奉行たちに、自分が亡くなった後は、戦さの神として仰がれるよう寺院風の豪華な建物を造るようにと命令したのであるが、（デウス）は彼《（豊臣秀吉）》の死後、自分のやり方で天下《テンカ》を統治し、自らの息子《（豊臣秀頼）》に（天下人の）位を継がせることを望んで（後事を託した）その奉行たちの企てを全て打ち砕き、彼らを見捨て給うたのである。ところで我らの主なるデウスは傲慢な者たちを統べ給い、（太閤様が考えたことを）すべてを無駄と定め、その奉行たちも自分たち自身が何をしているか判らぬまま、（太閤様が）日本で造った最良で最も高貴なものを破壊した。それは都《ミヤコ》の伏見城であり、彼《（豊臣秀吉）》はそれにおいて自らの偉大さなり富を示したのであった。こうして徐々に内府様《（徳川家康）》の権勢とともに（太閤様の）名声は薄れつつあり、内府様は温情と寛容とをもって天下《テンカ》を支配し始めた。

すなわち、体制の変革が予想される中、イエズス会にとっては、これまでの禁教令がどのように扱われるかが関心事であった。秀吉は禁教を行う一方で「戦さの神として仰がれるよう寺院風の豪華な建物を造るようにと命令した」が、神となった秀吉の力は及ばず、ゼウスが秀吉の計画を反故にし、秀吉の遺した伏見城も消え去って、秀吉の威光の低下と家康による支配への移行が確認されているのである。もちろんそこには、家康による禁教の解除への期待があるのだが、カトリックから見た場合、豊国大明神の神威は衰えていくものとして観測されていたのである。

## 大坂豊国大明神の勧請

その家康について、慶長六年（一六〇一）五月十二日付の「三〇一　松前守広書状写」（『青森県史　資料編』近世一、近世北奥の成立と北方世界）に、

一、三条柳之水を御屋敷中ニ被成、五町四方ニ御屋敷とり被成候、屋形出来次第ニ行幸被成、御位日本将軍ニ御成可被成由ニ候、

一、三条より下之町屋五千間立申候由ニ候、堀川より西江大名衆屋形作り之由ニ候、

とあることから、福田千鶴は近著『豊臣秀頼』において、

千利休が用いた名水三条柳水を敷地内に取り込んだ五町四方の屋形の完成後に後陽成《ごようぜい》帝の行幸があり、家康が「日本将軍」の位に就き、町屋と大名屋敷も三条近辺に造営予定という。京都屋形造営→行幸→将軍就任という計画は、秀吉が天正十三年（一五八五）に関白就任、同十四年に京都聚楽城の建設開始、同十六年に後陽成帝の聚楽行幸と進め、その際に関白秀吉に違背しない旨の大名誓詞をとったという一連の経緯を想起させる。

家康への将軍宣下は慶長八年二月十二日である。屋形は二条に変更されて、同六年十二月より造営が開始され、同八年三月二十一日に竣工した。行幸は、慶長・元和期を通じて実現せず、寛永三年（一六二六）九月に後水尾《ごみずのお》帝が二条城に行幸した。したがって、松前が得た情報は単なる噂だったにせよ、慶長六年五月段階で家康が将軍に就任する噂があった事実を看過すべきではない。

と指摘するとともに、『言経卿記』の慶長七年二月二十日条に（『大日古　言経』十一）、

一、伏見へ罷向了、内府《(徳川家康)》へ対顔了、種々雑談了、又　禁中《(後陽成天皇)》ヨリ被仰出源氏長者之事申処
二、当年ハ慎之間、固辞之由可申入之由也、（以下略）

とあることをふまえ、福田は「将軍宣下となれば諸大名を上洛させることになるから、国替えとなった大名が居城普請をはじめとする領国経営の最中であることや、重要な儀式を執り行うための拠点である二条城が未完成だったことなどが理由だろう」と分析するとともに、「結果として、慶長六年に噂された将軍宣下は同八年までずれ込んだが、万全を期す家康の政治家気質も関わっていよう。家康は領知宛行状《あてがい》を発給できず、形式面での限界を残したが、将軍宣下は家康が五大老筆頭の地位から名実ともに抜け出し、武家の棟梁としてその頂点に立つための重要な契機となった」と述べている［福田二〇一四］。

そのように、まだ不安定な家康の立場を反映しているのか、「一六〇三、〇四年の日本の諸事（フェルナン・ゲレイロ編イエズス会年報集、新版第二冊第一巻、第一～十七章、五―八七頁）」（『イ日報』Ｉ―四、岡村多希子訳）によれば、家康は豊臣恩顧の大名への配慮のため、慶長九年（一六〇四）に秀吉の七回忌にあたる豊国社臨時祭を挙行している。

一六〇四年に彼《豊臣秀吉》を崇め、日本の主要な神の一人として奉祀するようなことに決めた（七回忌臨時大祭）。（中略）（内府《徳川家康》）がこうしたのは、世俗のこれらの栄誉をもって、（太閤《豊臣秀吉》）から受けた恩恵に感謝の意を表し、あわせて（太閤）に対し抱いている敬意と崇敬や、死後もなお彼《豊臣秀吉》の名誉を高めたいという気持ちを、その太閤に恩義を感じている人々に示し、これをもって彼らをさらに有り難がらせ、彼らの歓心を買って、自己に対する忠義と愛において彼らが決して欠けることのないようにしようとしたために過ぎない。（中略）そして、このような訳で太閤のためにすでに豪奢きわまる神社（豊国神社）が作られており、それは現在日本にある全神社の中でもっとも華麗かつ豪華な寺社であり、そこで、毎年、彼の命日（邦暦八月十八日）に、神に対するかのようにすこぶる壮麗な祭礼が営まれてきた。しかし、このたび公方（徳川家康）が彼のために催した祭礼は、彼を奉祀するため神の位と偽りの神性において彼を確認するためなので、それまでに太閤のために催されたもののうちでだけではなく、日本でかつて催されたこの種のもののうちでもっとも壮麗であった。

実は、豊国社は慶長七年（一六〇二）十二月四日、大仏殿でおきた大仏鋳造工事中の火災から危うく逃れ、「豊国之社、神官已下家共一々無別義《儀》也、社中者共至テ歓喜悦也、」という体験をしたばかりであった（『舜旧記』慶長七年十二月四日条、『史纂舜』第二）。当初、慶長九年（一六〇四）八月十三日に開催するよう家康から指示されていた祭礼だったが、当日の雨で延引となり、慶長九年（一六〇四）八月十四日から十五日まで催された（『史纂舜』第二）。

しかし、その翌年、家康はついに豊臣家に対する明確な意思表示を行い始める。慶長十年（一六〇五）に将軍職を秀忠に譲ったのである。「一六〇五年の日本の諸事（フェルナン・ゲレイロ編イエズス会年報集、新版第二冊、第一巻、第一～十七章、二一七―二八九頁）」（『イ日報』I―五、岡村多希子訳、以下の本章でことわらない引用は同日本の諸事）は当時の模様を、次のように観測して伝えている。

日本に平和が存在することはすこぶる稀なことで、それは毎年奇跡と見なされるほどである。それゆえ将軍《ショウグン》、すなわち公方《クボウ》、内府《ダイフ》様《サマ》（徳川家康）がそれら諸国のすべての絶対的君主となって以後、すでに数年にわたってそれを享受していることはきわめて大いなる奇跡である。彼は（徳川家康）、大将軍としての勇気、気力を欠くわけではないが、すこぶる思慮に富み、生来安寧を愛するので、日本帝国の統治を巧みに行ない、誰も彼に対して敢えて頭を上げぬよう、万人を制御して帝国を平和のうちに維持し保持するのみならず、また領主や個々の殿たちの間に、かつてあったような軋轢《あつれき》や不和が生じないようにしている。そして、その前任者、太閤《（豊臣秀吉）》の息子で若君（豊臣）秀頼様〔その父《（豊臣秀吉）》の死によって、（内府）《（徳川家康）》は若君の最高後見人となり、成年に達した暁には帝国を譲渡することになっていた〕に関しては、こうなるのではあるまいかと思いながらも、彼がいかなる決断を下すか判らないために、これまですべての人を不安がらせていたが、本年、決意を明らかにし、帝国を己れのものとして占奪するだけでなく、自らの一族のうちに永遠に留めることに決めた。これゆえ、己が世襲の領国である関東諸国から息子《（徳川秀忠）》を上洛せしめた。

この将軍職の移譲は、当時、秀頼への牽制であると理解されたことがわかり、その見方はより徹底され、同じ「一六〇五年の日本の諸事」で次のようにも表現された（『イ日報』Ⅰ―五）。

老将軍（家康）《（徳川）》が、息子（秀忠）《（徳川）》をこれほどの権勢と盛儀をもって新たな称号を受けるために召還させた理由は、（老将軍が）言っていたように、往時の日本の君主（源）頼朝が、同じ（将軍の）称号を授かるために同様に関東の諸国から都へ独自の仕方で上ったのに倣うためであったが、その真の理由は、誰もが信じているように、太閤（秀吉）《（豊臣）》の息子である若君《（豊臣秀頼）》から大坂の城と市《まち》を奪い取り、これによって、（かつて）自分の父《（豊臣秀吉）》のものであったその帝国をいつの日か相続したいという、彼（若君豊臣秀頼）がまだ抱いている希望を断ち切るためであった。

実際に家康と秀忠がどのように考えていたかは不明だが、当時の周囲の観測としては、いつか事が大坂城と大坂の取り扱いにまで及ぶかもしれないと考えられていたことがわかり、興味深いことに「一六〇五年の日本の諸事」は、次のような見方でそれを当然のことと考えていたようである（『イ日報』I—五）。

このことにはデウスの正しい裁きが欠けてはいない。なぜなら、彼の父（豊臣秀吉）が、主君で前任者の偉大な（織田）信長の後継者嗣子（秀信《（織田）》）に同様のことをしたからである。彼《（豊臣秀吉）》もまた、信長《（織田）》の子（孫《（織田秀信）》）の後見人になり、彼《（織田秀信）》から帝国を奪い己れのために横奪した。

歴史は繰り返すというべきか、徳川家康と豊臣秀頼との関係について、豊臣秀吉と織田秀信との関係になぞらえているのである。イエズス会の記録を検討すると、この家康と秀頼との関係は、常に両者の警戒感と猜疑《さいぎ》心で満ちあふれた叙述がなされている。例えば、「一六一二年三月十日付、長崎発信、ジョアン・ロドゥリーゲス・ジランのイエズス会総長宛、一六一一年度・日本年報」（『イ日報』Ⅱ—一、相原寛彰訳）は、あの有名な慶長十六年（一六一一）三月二十七日の二条城での会見について、秀頼が「公方《（徳川家康）》に鄭重にもてなされ、常に対等の処遇を受けた」としつつ、

日本の政治状況はこれまでと全然変わりがない。これまでどおり公方《クボウ》（家康《（徳川）》）が支配し、平和と安寧とが保たれている。しかし、新たな展開や戦さの恐れがない訳ではない。当の公方が駿河から、これまで政庁があった都《ミヤコ》に来たからである。彼《（徳川家康）》は、六万とも七万ともいう大軍に、多くの軍勢を自らの下に結集できる諸侯を多く率いて上洛したことから、その恐れが俄かに増大した。しかし、大坂城にいた故太閤《（豊臣秀吉）》の子息秀頼《（豊臣）》の胸中をよぎった疑念ほど深いものはなかったろう。公方《（徳川家康）》はこの上なく秀頼《（豊臣）》に会いたく思い、彼《（豊臣秀頼）》のもとへ使者を派遣し、もはや老齢でもあり、今後ふたたび会う機会がないかも知れぬと思うので、最後の別れに訪れるため都に移るよう述べさせた。この使者は、秀頼とその母（淀殿）とを非常な恐怖に陥れた。というのも、公方は、秀頼を城の外に出し、その留守の間に城を襲って略奪し、父太閤によって長らく統一の保たれていた日本全土を回復しようとの彼の願望をことごとく奪い去ろうと策しているのではないかと考えたからで

ある。哀れにも（秀頼は）日々心が乱れてゆき、この城を日本でもっとも強力な城にしておくことが、今一度日本全土の覇権を回復する希望のすべてであると思っていた。秀頼に対し、公方が今や（己が意図）を実行に移すのではないかという疑惑が、民衆の中に動揺した声となって増大し、遅かれ早かれ、いずれにしろ公方はそうするだろうと誰もが考えていた。

と記し、大坂城にこだわる家康と秀頼の様子を指摘するとともに、いつか家康が秀頼の将来とともに大坂城をも奪うのではないかという観測が「民衆の中」で強まっていった様子を伝えている。

だが、この記述が大げさともいえないと思われる理由は、例えば、『舜旧記』の慶長十八年二月十九日条に、次のような記述が見出されるからである（『史纂舜』第四）。

下鳥羽ヨリ船ニテ大坂ヘ下、遷宮之事、市正（片桐且元）殿ヘ令内談也、御城鎮守豊国社之遷宮也、

大坂城に豊国社を勧請して鎮守とし、そのための遷宮の儀式を執り行うべく、梵舜は大坂へとやって来ているのである。遷宮は慶長十八年（一六一三）二月二十七日に行われ、秀頼

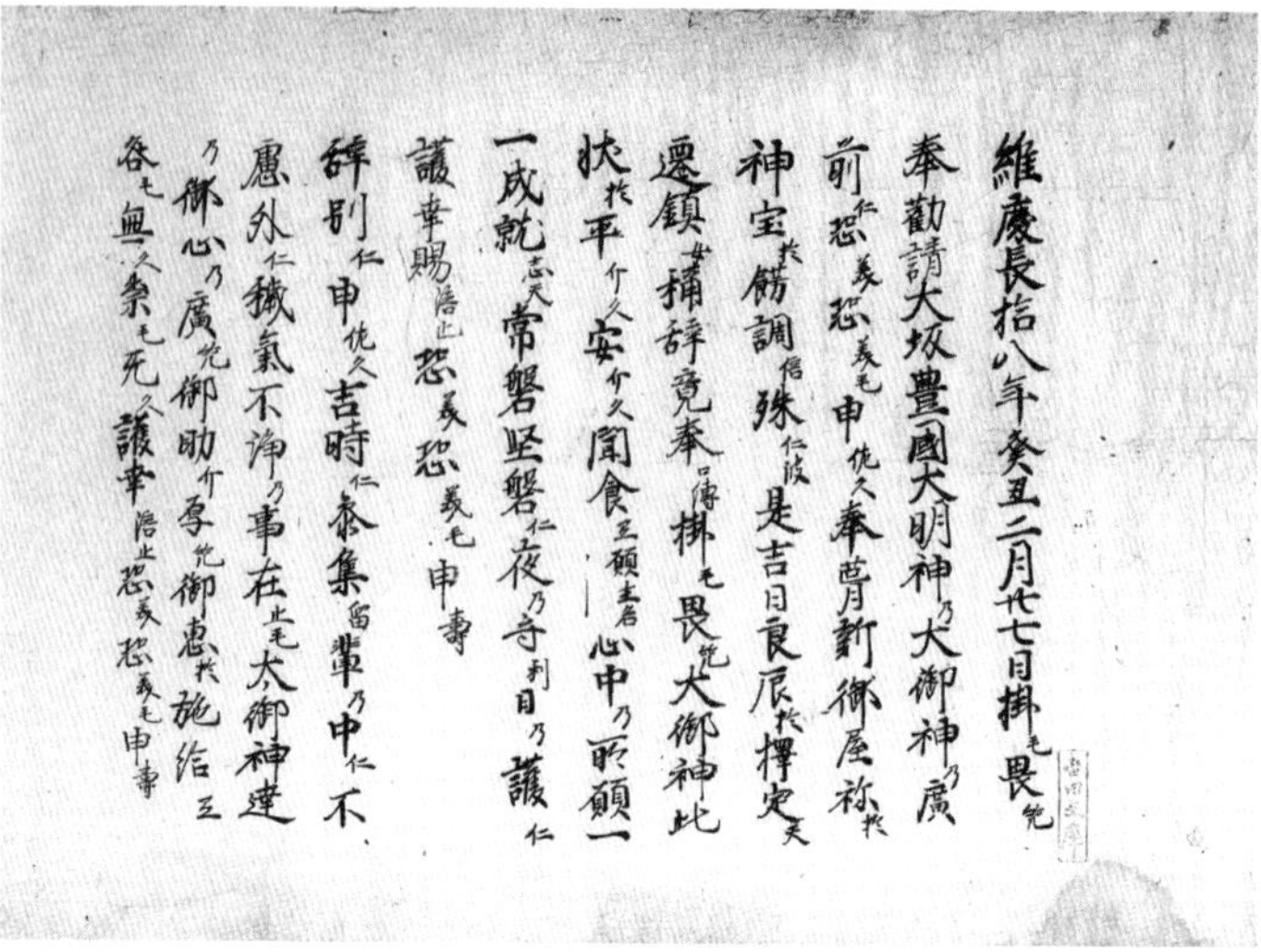
維慶長拾八年癸丑二月廿七日掛毛畏伎
奉勧請大坂豊國大明神乃大御神乃廣
前仁恐美恐美毛申佐久奉営新御屋祢於
神宝於餝調倍殊仁波是吉日良辰於擇定天
遷鎮女補辞竟奉口傳掛毛畏伎大御神此
状於平介久安介久聞食豆願主名——心中乃所願一
一成就志天常磐堅磐仁夜乃守利日乃護仁
護幸賜浩止恐美恐美毛申事
辞別仁申佐久吉時仁参集留輩乃中仁不
慮外仁穢氣不浄乃事在止毛太御神達
乃御心乃廣伎御助介厚伎御恵於施給豆
各毛無久祟毛无久護幸浩止恐美恐美毛申事

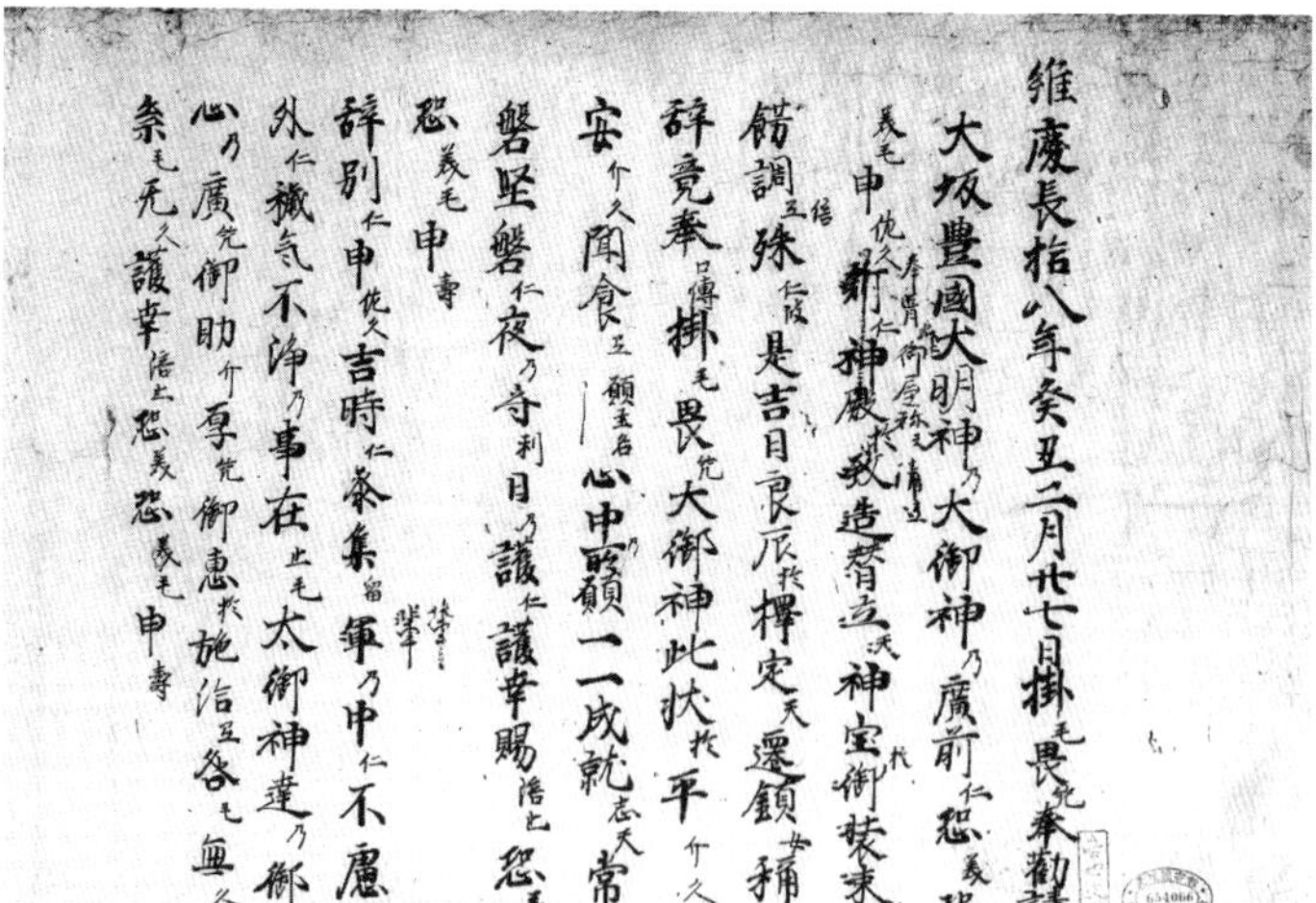
維慶長拾八年癸丑二月廿七日掛毛畏伎奉勧請
大坂豊國大明神乃大御神乃廣前仁恐美恐
美毛申佐久新仁神殿於致造營立天神宝御装束於
餝調倍殊仁波是吉日良辰於擇定天遷鎮女補
辞竟奉口傳掛毛畏伎大御神此状於平介久
安介久聞食豆願主名——心中乃所願一一成就志天常
磐堅磐仁夜乃守利日乃護仁護幸賜浩止恐美
恐美毛申事
辞別仁申佐久吉時仁参集留輩乃中仁不慮
外仁穢氣不浄乃事在止毛太御神達乃御
心乃廣伎御助介厚伎御恵於施給豆各毛無久
祟毛无久護幸浩止恐美恐美毛申事

豊国大明神祈願祝詞案（いずれも天理大学附属天理図書館蔵、下が案文）

も参詣したが、その際の祝詞と祝詞案を見ると、大坂城の守護とともに、そこに集う「輩」（案文では「軍」となっていた）の中に思わず不浄の事態が発生しても心を広くして助けてほしいと祈願する内容となっている。これらは、明らかに将来の戦を想定した願文であり、当時の大坂城がおかれていた緊張状態をうかがわせる内容である。この緊張の背景には、『舜旧記』の慶長十八年二月二日条に「大坂之城之北殿主之下矢櫓三宇、申刻焼失也」とあるように（『史纂舜』第四）、その直前に大坂城の北天守の櫓が焼失したことも影響しているかもしれない。しかし、北川央が、この慶長十八年（一六一三）二月の大坂豊国大明神の大坂城への勧請について、のちに江戸幕府によって豊臣方の戦闘開始と解釈され、残党狩りの対象者を絞り込む際にも幕府は「慶長十八年以降に大坂城に入った者を残党狩りの対象とした」と指摘していることもふまえると［北川二〇一六］、この時の祝詞と祝詞案の文言は、まさに豊国大明神を最後の頼みとする秀頼の姿を、如実に示しているともいえるのではなかろうか。

## 大仏鐘銘事件の展開

いっぽう、「ロレンゾ・デレ・ポッツォ訳、イエズス会総長宛、一六一五、一六年度・日本年報」（『イ日報』Ⅱ―二、鳥居正雄訳、一六一六年十二月十三日にマカオで管区長に代って

Gio.Vreman が執筆、以下の本章でことわらない引用は同年報）によれば、「内府《（徳川家康）》は、いつの日にか秀頼《（豊臣）》が武力に訴えても、自らが不正に奪い取られた領地を返還するよう要求する日が来はしまいかとの考えを心の中から取り除くことができなかった」という家康の精神状態が説明されるとともに、

国内の二党派のうちの秀頼《（豊臣）》側を片づける時が熟したと判断した。これこそが彼《（徳川家康）》の死後、将軍《ショウグン》《（徳川秀忠）》が日本全土を完全に掌中に収めることができるように、彼が（将軍に）残してはならない唯一の障害物だったのである。内府《（徳川家康）》はすでに八十歳（注、享年七十四歳）であったので、こうした行動によってのみ（彼の一族が）生き永らえ得ると考えた。かくて内府は悲劇の幕を開けるために次のような機会をとらえた。

と家康の決断の様子も述べられている。笠谷和比古も大坂両陣に至る過程を説明する際に同様の見解を示しているが［笠谷二〇〇七］、ここで「一六一五、一六年度・日本年報」が「時が熟した」と述べた理由は、片桐且元《かたぎりかつもと》が大坂「（城内の）食糧と弾薬を少しずつ運び出し、火薬を役に立たないようにして、内府《（徳川家康）》が容易に、かつ迅速にその城を攻めることができるよう（準備）した」と見ていたからであり、「一六一五、一六年度・日本年報」の描く片桐且

元は、かなり狡猾な裏切り者となっている。この点、黒田基樹の『羽柴家崩壊　茶々と片桐且元の懊悩』における片桐像とかなり異なるが、片桐の人物像は、この後の政治過程を分析するうえでも鍵となるので、ぜひ解明が俟たれるところである。本書では、あまり「一六一五、一六年度・日本年報」の描く片桐像に引き込まれ過ぎないように注意して叙述することを心がけたい。

さて、「一六一五、一六年度・日本年報」がいう、家康の考えた「悲劇の幕を開けるため」の「機会」とは、次のようなものであった（『イ日報』Ⅱ—二）。

内府《(徳川家康)》は大仏《ダイブツ》と称する偶像のためにきわめて美しい堂を造営し、この工事に対して秀頼《(豊臣)》は信じられないほどの（額の）費用を出して協力した。多くの人々が、この建物の内部には金三百万が使われたと自信を持って断言している。こうして献堂式を祝うために、想像を絶するほど盛大な祭りをしたり、そのほか種々の行事を催し、都ではすでに三千人の仏僧が法要の準備を整え、そこには秀頼《(豊臣)》も彼の母《(淀殿)》とともに出席することになっていた。その頃、秀頼はまったく大坂から離れて祭りを執り行ってた間に、兵士たちは旗印を足早に行進し、守備兵がほとんどいない（大坂の）城砦や市を驚かせるはずであったし、何一つ疑わしい点はなかった。ちょうど秀頼は、その時刻には生きているか、或いは敵と戦って殺されるかは別として、都にいなくてはならなかった。

しかし、様々な企てをうまくやり遂げることが必要なこのような不和の折には、それを胸の中に納めておくだけではすまないというのが上位者の計画であり、それらは香料のように幾人もの手を経るにあたって匂いを漏らすのと同じである。結局、秀頼は陰謀を嗅ぎつけ、内府《（徳川家康）》に、その栄えある場所に自身で出向くことはできぬと言い逃れた。内府は自らの筋書きが最初の糸から断ち切られてしまったことを嘆き、市正《（片桐且元）》を呼び、あたかも彼《（片桐且元）》に対して立腹しているかのように厳しい表情で彼と話し合ったが、その実、秘かに大坂を掌中に収める方法について細かく協議した。この人物（片桐且元）はそうすることは容易である（と言い）、内府が若者（秀頼）に償いとして領地か人質の交換という二者択一を迫ればよい、（秀頼を）抑圧しても利益は常に内府の側にある（と言った）。老人《（徳川家康）》はこの（彼の）助言が気に入った。そこで内府は市正自らが己の名のもとに秀頼のもとへ書状を運び、（秀頼に）大坂を去って都《ミヤコ》に隣接する丹波の国の亀山城に引き籠もり、母親《（淀殿）》を人質として江戸に送るよう伝えることを望み、さらに、大仏《ダイブツ》のために（秀頼が）造った鐘を造り直させるとともに、内府よりも太閤《（豊臣秀吉）》と秀頼により高い名誉を与えている（鐘の）文言を取り除かせるよう望んだ。

いわゆる大仏鐘銘事件を、大坂両陣につながるものとして叙述しており、そこでは京都における大仏開眼供養に秀頼の参列を促し、留守の大坂城と大坂を接収する計画であったと述べられている。その計画を察知した秀頼は大仏開眼供養に参列せず、家康の計画は失敗し、さらに家康は片桐と協議して秀頼に「領地か人質の交換という二者択一を迫」り、「鐘を造り直させ」て「内府よりも太閤と秀頼により高い名誉を与えている（鐘の）文言を取り除かせる」ことを「抑圧」的に示すことも検討したという。だが、「一六一五、一六年度・日本年報」のいう片桐像では、その家康の使節として大坂に赴いた片桐が失敗して大坂から退去する場面でも「妻だけを伴い、他の人々をすべて残してただちに屋敷を出て摂津国《ツノクニ》の茨木城へと向かった」と史実と異なる記述をしており（『イ日報』Ⅱ―二）、かなりの偏りが見られる。逆に、なぜイエズス会はこれほどまでに片桐且元のことを悪く描くのか、気になるところだが、少なくとも「一六一五、一六年度・日本年報」のみで議論することは危ないだろう。

慶長十九年（一六一四）八月三日に予定されていた大仏開眼供養は、関白鷹司信尚《たかつかさのぶひさ》以下、多くの公家衆と僧侶が参列して行われるはずであったが［吉田二〇〇五］、『舜旧記』の慶長十九年七月二十五日条に「今日大仏供養ニ諸門跡衆徒巳下集来之義有、天台衆之申分在之、座席被立之由也」とあるように（『史纂舜』第四）、導師をめぐる争いで、天台宗が意見を述べて座を立つという出来事があった。吉田によると、天海《てんかい》が大仏開眼供養の導師を真言宗ではなく、天台宗とするよう家康に働きかけたことをうけ、家康は開眼供養と堂供養を分けて行うことで対応しようとしたが、両供養の同日開催を主張する大坂方との交渉が難航してしまい、その過程で家康の態度にも変化が生じ、その中で鐘銘事件が発生したという［吉田二〇〇五］。次の『舜旧記』の慶長十九年七月二十九日条には（『史纂舜』第四）、

（原文）
早朝市正殿ヨリ使ニテ、上棟大仏供養延引之由申来也、（中略）、大仏供養之事者、今度之鐘銘韓長老被書之事、駿河之不御気色合候也、又鋳物師一人名之事、又不入御意事とも云々、

（大意）
早朝片桐且元より使者が来て、大仏殿の上棟と大仏供養が延引となったことを知らせてきた、（中略）、大仏供養の事は今度の鐘の銘文は清韓長老の書かれた事が徳川家康のお気持ちに沿わなかったのだ、また鋳物師の名の事も家康はお気に召さなかったともいわれている、

とあって、供養は鐘銘のことなどから「延引」になったとされ、中止ではなかったのだが、いつまで「延引」なのかという点については、「慶長十九年七月二十九日付成身院宛片桐且元書状」によると、家康の上洛までということであった（「守屋孝蔵氏所蔵文書」、『大日本史料』第十二編之二十、補遺第十二編之十四、東京大学史料編纂所「大日本史料総合データベース」）。

ここからは、当時の家康に上洛計画のあったことがわかるが、鐘銘の問題点をめぐる調査が進む中で片桐且元は慶長十九年（一六一四）八月十三日に駿府へ発ち、同年九月十七日に帰洛しており（『史纂舜』第四）、それと入れ替わりに、板倉重昌が同年八月十四日に上洛し、「今度大仏鐘之銘事、五山衆七人被召出、銘文字已下撰注可上候由」が命じられている。従来、鐘銘で家康の諱《いみな》を直接用いたことなどが問題になったと説明されているが［笠谷二〇〇七］、この時の板倉の駿府への復命は直ちになされた模様で『本光国師日記』の「慶長十九年八月二十二日付板倉勝重宛以心崇伝書状案」によると、板倉の復命によって家康の機嫌はよかったようで、片桐が八月十九日に駿府へ到着したところ、家康は、片桐が悪いわけではないとの上意を本多正純と以心崇伝《いしんすうでん》に伝えさせており、片桐が「文言以下之善悪」を知らなくて当然だとまで述べている（『新訂本光』第三）。しかも、「鐘をハ銘をすりつふし候へとの御内証」が示されているから（『新訂本光』第三）、鐘銘事件は通常いわれているよりも早くに、解決の方向へと向かっていたのではないかと推測される。そのように考える理由は、前述の家康の上洛計画も『本光国師日記』の「慶長十九年八月二十六日一乗院門跡中沼左京宛以心崇伝書状案」に「随而　大御所様（徳川家康）御上洛之儀相延申候」とあって延期されており、事態は切迫しているように見えないからである（『新訂本光』第三）。

史料を読む限り、確かに「慶長十九年九月十四日付板倉勝重宛以心崇伝書状案」が「大蔵卿殿ハ　御対面候。市殿（片桐且元）ハ無　御対面被罷上候。併市殿へ之　仰出者忝様子共ニ候」というように、家康は片桐を目通りしていないが、そのことで片桐に圧力を加えたり、不快感を伝えたりするという雰囲気ではない。むしろ『本光国師日記』の「慶長十九年九月八日付板倉勝重宛以心崇伝書状案」によると、片桐且元へは「江戸様（徳川秀忠）と秀頼（豊臣）公と。以来無疎意様ニ。江戸様へ被得御意候様ニ」という指示が与えられており（『新訂本光』第三）、今後どのように江戸と大坂が意思疎通を図るかが問題とされていたことがわかる。この指示は、『本光国師日記』の「慶長十九年九月十四日付板倉勝重宛以心崇伝書状案」における「大坂ニ而各談合候而。江戸へ被罷下。以後々々御不審も無之様ニ。可被相堅との　御諚ニ候」と同義であろうから（『新訂本光』第三）、江戸と大坂との意思疎通の方法について、大坂で話し合い、その結果を大蔵卿局《おおくらきょうのつぼね》か片桐が江戸へ赴いて知らせることが求められていたものと思われる。

にもかかわらず、『本光国師日記』の「慶長十九年十月一日付藤堂高虎宛以心崇伝書状案」が「今度被　仰出儀ニ付而。大坂本丸衆と片市正（片桐且元）と出入出来之由候。様子ニより　大御所様（徳川家康）

従是可被成　御上洛との御内証ニ候」と伝えなければならない事態になぜ立ち至ったのか（『新訂本光』第三）。この点について、片桐が大坂で示したという三条件についても、家康が示したものという理解［黒田二〇一七］と片桐の独断という理解［曽根二〇〇一］とが併存しているようである。このことについて、本書はこれ以上の分析を目的とするものではないが、いずれにせよ、片桐の行動が豊臣家の滅亡へとつながってしまったことは事実である。

## 豊臣家滅亡後の豊国社・豊国大明神

豊臣家の滅亡と豊国社・豊国大明神との関係について、「一六一五、一六年度・日本年報」は、次のような分析を示している（『イ日報』Ⅱ―二）。

> 人々の口から口へと、この戦さは秀頼《（豊臣）》が（国の）主権のためよりはむしろ信仰のために行なうのだという話が伝えられた。彼《（豊臣秀頼）》の父《（豊臣秀吉）》、太閤《（豊臣秀吉）》は彼の名のもとで数多くの神社や仏閣を建立していたが、それらの神社や仏閣において新たに戦さの神として尊敬され崇拝されていた。それはただちに都においてのみではなく、他の多くの場所でも同じように崇拝されていた。秀頼がもし、聖なる福音の教えがこの狂気に等しい迷信に反対すること

を聞いたならば、彼《（豊臣秀頼）》がその最後の努力を傾けてそれを覆そうとしたであろうことは疑いがない。しかし、大坂の市《まち》が荒れ果て城が倒壊するとともに神や仏の名声および信用が落ちたことは、もっとも有力な説教師が多年の間努力しても、このように立至らせることは不可能なほどであった。異教徒たちは、口々に彼らの神は詐欺者である、なぜならば、軍の神（太閤）でさえ自らの息子《（豊臣秀頼）》（の生命）を救えなかったし、かりにそうしようとしたのであっても、まったく倒れるに至らぬようできなかったと言った。

　秀吉の大切にした大坂城と大坂、そして秀頼が滅び去ったことをうけ、それらを加護することのできなかった豊国社と豊国大明神への信用は急落したといい、それはイエズス会の宣教師が、どれだけ努力して豊国社と豊国大明神を批判したとしても及ぶものではないくらいの信用の失墜であったとされている。

　豊臣秀頼が亡くなってから一ヶ月ほど後、ついに豊国社への処分が検討され始め、梵舜は『舜旧記』の慶長二十年七月九日条に「豊国大明神之御事、大仏殿之内ニ被移、社頭ヲハ一円ニ被壊之由、伝長老《（以心崇伝）》ヨリ内証之使来ニヨリ驚入立上、中々無是非也」と記している（『史纂舜』第四）。これは、『慶長見聞書』五の慶長二十年六月十八日条によると（『大日本史料』第十二編之二十二、東京大学史料編纂所「大日本史料総合データベース」）、

（原文）

豊国之社大坂之鎮守ニ候へハ、最早不入御事かと佐渡守（本多正信）申上候、然共社ハ其まゝ御立置、大菩薩之贈号有テ、仏にまつり可申由、御沙汰有之、公家衆門跡衆何茂智者寄合相談あり、

（読み下し）

豊国の社大坂の鎮守に候えば、もはや入らざる御事かと佐渡守申し上げ候、しかれども社は其のまま御立て置き、大菩薩の贈号有りて、仏にまつり申すべき由、御沙汰これ有り、公家衆・門跡衆何れも智者寄り合い相談あり、

とあって、本多正信の発案によるものとも思われるが、本多は社殿を壊すとまでは述べていない。社殿が壊されるのではないかという噂は、『義演准后日記』の慶長二十年七月十日条にも「豊国大明神社頭コホチ可申由被仰出」と記されているが（『大日本史料』第十二編之二十二、東京大学史料編纂所「大日本史料総合データベース」）、家康の発言として記録されている、次の『駿府記』の慶長二十年七月九日条の内容が、豊国社・豊国大明神の処分方針に関する、

ある程度の結論であったものと思われる（『史籍雑纂　當代記　駿府記』）。

（原文）

出御于前殿、南光坊（天海）僧正、伝長老（以心崇伝）◎脱字カ而仰曰、豊国社可毀捨雖本意、子細有間、可遷置大仏廻廊之裏、太閤（豊臣秀吉）可為大仏鎮主云々、両僧最可然之由言上、仍召板倉伊賀守勝重、為妙法院門跡（常胤法親王）大仏住持、知行千石御加増云々、照高院（興意法親王）被調伏御父子（徳川家康・徳川秀忠）之間、有思召其子細、雖然先枉而可遷于聖護院云云、

（読み下し）

前殿に出御、南光坊僧正、伝長老◎脱字カて仰せに曰く、豊国社毀ち捨つべき本意といえども、子細有る間、大仏廻廊の裏に遷し置くべし、太閤大仏鎮主と為すべしうんぬん、両僧最もしかるべしの由言上、仍って板倉伊賀守勝重を召し、妙法院門跡を大仏住持と為し、知行千石御加増うんぬん、照高院御父子の間を調伏せられ、其の子細を思し召し有り、しかりといえどもまず枉げて聖護院に遷すべしうんぬん、

家康からは、社殿を破壊することが本意だが、「子細」があるため、大仏殿の廻廊の裏側

に遷し、秀吉を「大仏鎮主」とすることが示され、天海《てんかい》と以心崇伝も同意したという。以後、神官の知行召し上げなどが続き、梵舜は『舜旧記』の元和元年七月二十七日条に「豊国此度悉神官已下知行並家共迄相果時節也、無是非次第也」と記さざるを得なくなった（『史纂舜』第四）。また、豊国社の社家である萩原兼従に対しても、次の「元和元年七月二十七日付萩原兼従宛細川忠興書状」（『豊国社祠官萩原文書』一、東京大学史料編纂所架蔵写真帳、萩原兼武氏原蔵）が示すように、

（原文）

猶々何事も天下事候、貴殿御知行上方にて御と〻のへ候迠九州にて御とり御はかりのちかいにて候べく候、成次第ニめされ候べく候、御きニかけられ候ま〻候べく候、天下事ハかく別にて候、已上

去（元和元年七月）十二日之御状令拝見候、

一、豊国御神領悉被召上、御神躰ハ大仏へ被入置候也、天下事候条、無是非儀候事

一、御身上之儀、豊後我等（細川忠興）御代官所にて替地可被遣之由、先以珎重ニ候事

一、大明神へ親納候道具共之事、政所（北政所）（高台院）様へ被仰上候へハ、其侭御置候へと被仰出、板伊（板倉勝重）州へ能々御理候而をかせらるへき儀、肝要候事

一、神龍院（梵舜）之手前、御算用候へと被　仰出候由候、然者貴殿（萩原兼従）も神龍院にて銀子二十貫目

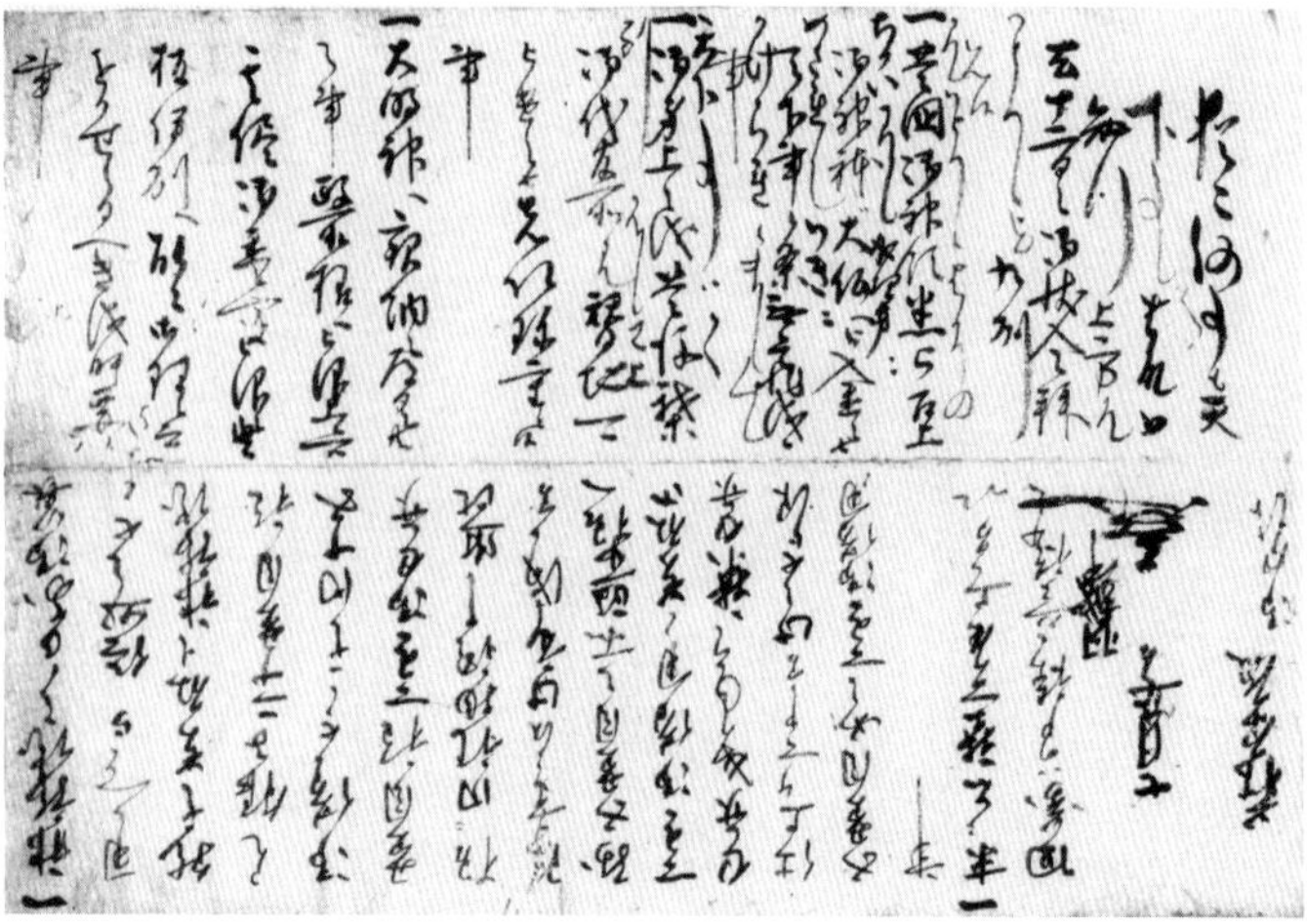

元和元年（1615）7月27日付萩原兼従宛細川忠興書状（東京大学史料編纂所蔵写真、萩原兼武氏原蔵）

程御借候由候、其内十五貫目程可有
御返斉様ニ内記（細川忠利）物語申候、近比珎重
ニ候、此度之儀候間、残五貫目之所、
政所様へ可有御借用候、貴殿御返斉
成かね候ハヽ（ママ）、我等内斉仕上ケ可申
候間、此之由被仰、五貫目必々可
有御借用候事
一、末ニ者我等可罷上候間、以面万可申
談候、恐々謹言

羽越中
七月廿七日（元和元年）　忠（細川忠興）（花押）

萩原殿（兼従）

御返報

（読み下し）

なおなお何事も天下事候、貴殿御知行上方に

て御整へ候まで九州にて御とり御はかりのちがいにて候べく候、成り次第にめされ候べく候、御気にかけられ候まま候べく候、天下事は格別にて候、已上

去る十二日の御状拝見せしめ候

一、豊国御神領悉く召し上げられ、御神躰は大仏へ入れ置かれ候なり、天下事候条、是非なき儀候事

一、御身上の儀、豊後我ら御代官所にて替え地遣わさるべきの由、まず以て弥重に候事

一、大明神へ親納候道具どもの事、政所様へ仰せ上げられ候えば、其のまま御置き候えと仰せ出され、板伊州へよくよく御ことわり候て置かせらるべき儀、肝要候事

一、神龍院の手前、御算用候えと仰せ出され候由候、しからば貴殿も神龍院にて銀子二十貫目程御借り候由候、其の内十五貫目程御返済有るべき様に内記物語り申し候、近ごろ弥重に候、此のたびの儀候間、残る五貫目の所、政所様へ御借用有るべく候、貴殿御返済成りかね候はば、我ら内済仕り上げ申すべく候間、此の由仰せられ、五貫目必ず必ず御借用有るべく候事

一、末には我ら罷り上るべく候間、面を以てよろず申し談ずべく候、恐々謹言

（元和元年）七月二十七日　　忠（細川忠興）（花押）

羽越中

萩原（兼従）殿
御返報

細川忠興は、今回の処分について「天下事」であり、「天下事ハかく別」であるから従わざるを得ないと萩原兼従を諭している。この書状の第三条で言及されている、北政所（高台院）が豊国大明神へ「親納候道具共之事」については、第四章で北政所（高台院）が梵舜に指示していたのと同様、細川も板倉勝重とよく話し合うようにと萩原に助言しているが、結局、「元和元年七月二十七日付萩原兼従宛細川忠興書状」の第一条と第三条の扱いについては、次の「二二〇　板倉勝重執達状（己一八二）」（『妙法院史料』第五巻）が示すように、

（原文）

今度豊国明神同神宝社物御蔵被移大仏殿之仏場、為墳墓令造立石塔一基、仏事勤行等無懈怠可被仰付、因茲新補寺領幷境内無相違旨、被成御直判上者、永代可為当門之御進止之由、依仰執達如件、

元和二年

八月六日　伊賀守（板倉勝重）（花押）

妙法院御門跡
雑掌

（読み下し）

今度豊国明神同じく神宝・社物御蔵大仏殿の仏場に移され、墳墓として石塔一基を造立せしめ、仏事勤行等懈怠なく仰せ付けらるべし、茲に因み新補寺領ならびに境内相違なき旨、御直判成さる上は、永代当門の御進止たるべきの由、仰せに依り執達くだんの如し、

元和二年
八月六日　伊賀守（花押）
妙法院御門跡
雑掌

徳川家康の没後、妙法院門跡に対して、宝物類は「大仏殿之仏場」に移し、また秀吉の墳墓として石塔を造り、あくまでも仏事として勤行することで秀吉の霊を弔うことが命じられ、その役割を担った妙法院門跡の立場は寺領と境内地の面でも確固たるものとなっていくので

ある。

ところで、豊臣家の滅亡後、豊国社の退転を目の当たりにした梵舜は、元和元年（一六一五）十二月十一日から不思議な行動をとり始める。このことについては、かつて津田三郎も注目していたが［津田一九九七］、梵舜は『舜旧記』の元和元年十二月十一日条に「早朝豊国越了、旬之社参、祈念成就願望申也」と記し、社頭で何らかの祈りを捧げている（『史纂舜旧記』第四、以下の『舜旧記』は第四）。また、元和元年十二月十八日条でも「早朝豊国越了、旬之社参、祈念成就願望申也」と記し、元和元年十二月二十日条になると「予《（梵舜）》早朝豊国へ越、令社参、来年祈念、別而心中成就願望之義祝申了」と記して、その祈りが「来年」、すなわち元和二年（一六一六）を期したものであることが明らかにされる。そして、歳末の元和元年十二月二十八日条には「豊国社へ歳暮社参也、御宝殿御扉指堅置処ニ、年頭ニ目出度御戸扉開申所也、神感尤被成就之加護勿論也」とあって、「御宝殿」の扉を堅く閉め、年頭に新たな気持ちで扉を開くことを期し、「神感尤被成就之加護勿論也」との確信を記すのである。

いったい、梵舜が元和二年（一六一六）を期していた祈りとは何であったのか。『舜旧記』では早速に正月から祈りのことが記され、元日条で「次当社両宮参詣、願望成就令祈念也」と記し、正月五日条には「年中之祈禱、願望成就令祈念也」、正月七日条にも「所願成就勿論也」と書き込まれ、正月十八日条ではとくに「豊国社へ神供、予《（梵舜）》令進上也、当年別而令祈念」と、やはり元和二年（一六一六）を期した祈禱が行われた。

ところが、津田も指摘するように［津田一九九七］、これ以降、あれほど心中に期していたと思われる元和二年（一六一六）の祈りが『舜旧記』に記されなくなるのである。津田は、元和二年（一六一六）正月二十一日に徳川家康が発病したことと関係しているのではないかと推測している（［津田一九九七］、『大日本史料』第十二編之二十三、東京大学史料編纂所「大日本史料総合データベース」）。すなわち、津田は梵舜による家康への呪詛だったのではないかと推測したのだが［津田一九九七］、これを論証する術は筆者にない。

しかし、再び梵舜が『舜旧記』の元和二年三月三日条に「豊国社参詣、於神前祈念」と記し始め、翌日の同年三月四日条で「今日依吉日、豊国社ヘ駿府下向吉凶御鬮、於神前取之義、以弥兵衛為名代社参申付也」と記し、さらに同年三月七日条で「豊国社ヘ参詣、今度駿府事付、神慮趣猶々祈念等之社参申也」と記していることから考えると、梵舜が家康のことを相当に意識していたことは間違いないものと思われる。この一連の祈禱に関する史料が他にないため、残念ながら梵舜の心中を知ることはできないが、最後に彼は『舜旧記』で元和二年三月十六日に「豊国ヘ社参、仕合令祈念」たこと、そして三月十八日の「駿府下向発足」のことを記し、家康の病臥する駿府城へと旅立つのである。今後、駿府における梵舜の様子を追いかけてみると、当時の梵舜が何を考えていたのか、少しはわかるかもしれない。

## おわりに

本書を締めくくるにあたり、その後の豊国社・豊国大明神をめぐる動向を展望しておきたい。

跡部信によれば、江戸幕府の外交を担った禅僧などにも、日明間の上下関係を意識する者と両国の相等を意識する者は併存したが〔跡部二〇一六〕、藤井譲治によると、慶長二十年（一六一五）の豊臣家の滅亡以降、国内外の情勢は変化し、日明間の交渉においても「日本の地位の相対的上昇がはかられ」、その後は「日本を核とする日本型華夷秩序」が形成されていくという〔藤井一九九四〕。

本書の内容に照らすと、そのような動きは、新八幡としての自己神格化を希望した秀吉の遺言を改変し、慶長四年（一五九九）四月から慶長五年（一六〇〇）九月（または同年十月）にかけて二段階の神格の変貌を遂げる豊国大明神を生み出した後陽成天皇・豊臣家（北政所〈高台院〉と豊臣秀頼）・徳川家康の三者のうち、それらの一角であった後陽成天皇が慶長十六年（一六一一）三月二十七日に後水尾《ごみずのお》天皇へ譲位し（『大日本史料』第十二編之七、東京大学史料編纂所「大日本史料総合データベース」）、豊臣家も政治的に徐々に後退して遂に滅亡するという、豊国大明神を生み出した当事者のうちの二つの勢力が相次いで不在となる過程をも含んでいた。この過程は、日本国が、文禄・慶長の役と関ヶ原合戦後における内外の政治情勢をふまえて創出・崇敬された豊国大明神の下での世界観から解放されていく過程でもあった。豊国大明神は、まさに豊臣家を守りきることができず、その滅亡とともに歴史の表舞台から退場したのであり、その神格の取り扱いは、新たに日本国と天皇の守護を担う徳川将軍家に委ねられたのであった。

ところが、その徳川将軍家が歴史の表舞台から退いた時、再び本書でいう第一段階の豊国大明神の神格に注目し、それをほぼそのまま再生させようとしていた人物が明治天皇であった。実は、豊国大明神という神格を最も必要とした人物は、後陽成天皇と明治天皇であったのかもしれない。そのような歴史上の人物に仮託した人格神に国の行く末を祈り、託すという精神構造は、本書で見たイエズス会による批判をものともせず、中世から近世、そして近代へと鞏固《きょうこ》に受け継がれたのである。

このように考えると、日本人にとって神とは何か、また現代のわれわれにとっての人格神とは何かという問題が浮上してくる。われわれは、西洋の神と、日本の神仏をどのように認識しているだろうか。もはや日本史学の範疇を超えた、とてつもなく大きな問題であり、今後のわれわれの人格神との向き合い方が問われているということだろうが、少なくとも、本書で見たイエズス会と天下人たちの間で展開された神学論争をふまえたものではなく、信仰を有する人以外の神観念は、とても曖昧なものである可能性がある。

本書の執筆前に考えていたことは、筆者を含む従来の日本史学では、日本史上、前後を画するはずの天下人の神格化という問題を捉えきることができていないのではないかということであった。その原因の一つは、前提となる研究者の神観念も、前述のように曖昧であったからかもしれない。そして、いま一つの原因は、天下人の神格化が、それまでの日本の神仏に対する以上に、天皇の主体的関与によって実現されていたこと、すなわち、天下人の神格化を実現する鍵であった天皇に関する研究が、いまだ発展途上であることにも求められよう。

そもそも天皇は、なぜ天下人に神格を宣下することができたのか。それは、天皇が記紀神話（古事記と日本書紀で叙述される神話）をふまえた存在と考えられていたからなのか。しかし、天皇の祖先神をめぐる記紀神話の扱いは、近世を通じ、また近代にかけて大きく変貌しており、近代になっても未解決の問題を残しているくらいだから、かつて天皇が神格を宣下できたことを自明のことと考えるべきではないだろう。日本人にとって天皇とは何かという問題は、日本史を研究するうえで、常についてまわるのである。

一昨年、平凡社編集部の坂田修治氏からお手紙をいただき、お目にかかることになったが、坂田氏は、ある著名な戦国時代史の研究者から拙著『天下人の神格化と天皇』のことをお聞きになり、お読みくださったとのことであった。実際、坂田氏の手元にあった拙著には、びっしりと付箋が付いていた。そして、当時はまだシリーズ名や出版の形式も定まっていなかったように記憶しているが、どのようなテーマで執筆したいかを考えておいてほしいとおっしゃって、坂田氏は辞去された。

さまざまなことを考えたが、やはり前述の問題意識があったので、後日、天下人の神格化の問題で執筆したいと申し出た。その際、これまで天下人の神格化の問題は、豊臣秀吉と徳川家康の問題が一括して議論されてきたが、両者の神格化は歴史的性格がそれぞれ異なるので、できれば分けて議論したいと提案した。坂田氏は驚かれたが、同氏のご尽力と平凡社のご理解があって、二冊執筆してよいということになった。研究者にとって、発言の場と考察の機会が与えられることはまことにありがたく、坂田氏と平凡社には厚く御礼を申し上げたい。

通常、研究者が取り組んでいる問題をあらためて別の本にまとめる時、自説を変えずにまとめなおし、執筆する人が多いと思う。だが、筆者はそうしなかった。かつて拙著で述べた内容から、自説を変化させたところがある。そして、次は徳川家康の神格化の問題を考えるわけだが、まだ構想途上である。貴重な機会をいただいたのだから、過去の自説を繰り返し述べるだけの本にしてはいけないと思っている。

最後に、本書の作成にあたり、取材や史料閲覧、史料や宝物、境内の写真撮影・使用などに多くの関係機関・関係各位のご理解とご協力をいただいた。深く感謝申し上げたい。

二〇一八年二月三日

野村　玄

# 主要参考文献

## 著書・論文

朝尾直弘「一六世紀後半の日本――統合された社会へ」（朝尾直弘他編『岩波講座　日本通史』一一、近世一、岩波書店、一九九三年、のち朝尾直弘『朝尾直弘著作集　第八巻　近世とはなにか』岩波書店、二〇〇四年に再録、本書での引用は『朝尾直弘著作集』による）
芦原義行「豊国大明神の盛衰」（『龍谷日本史研究』第三六号、二〇一三年三月）
芦原義行「豊国社の祭礼について――豊国社の神事並びに運営を中心に」（『日本宗教文化史研究』第一七巻第一号、二〇一三年五月）
青山重鑒『豊国神社誌』（青山重鑒［私家版］、一九二五年）
跡部信『豊臣政権の権力構造と天皇』（戎光祥出版、二〇一六年）
荊木美行「「明王贈豊太閤冊封文」をめぐって」（『皇學館史學』第二九号、二〇一四年三月）a
同『金石文と古代史料の研究』（燃焼社、二〇一四年）b
今福匡『神になった戦国大名　上杉謙信の神格化と秘密祭祀』（洋泉社、二〇一三年）
岩沢愿彦「秀吉の唐入りに関する文書」（『日本歴史』第一六三号、一九六二年一月）
岩田重則「甦る死者」（苅部直他編『岩波講座　日本の思想』第八巻、聖なるものへ、躍動するカミとホトケ、

岩波書店、二〇一四年）
魚澄惣五郎『古社寺の研究』（国書刊行会、一九七二年）
大庭脩『古代中世における日中関係史の研究』（同朋舎出版、一九九六年）
岡野友彦「家康生涯三度の源氏公称・改姓」（二木謙一編『戦国織豊期の社会と儀礼』吉川弘文館、二〇〇六年）
小椋純一「洛中洛外図の時代における京都周辺林――「洛外図」の資料性の検討を中心にして」（『国立歴史民俗博物館研究報告』第一一集、一九八六年三月）
小和田哲男「徳川家康の源氏改姓問題再考」（『駒沢大学史学論集』第三五号、二〇〇五年四月）
笠谷和比古『関ヶ原合戦と近世の国制』（思文閣出版、二〇〇〇年）
同『関ヶ原合戦と大坂の陣』（戦争の日本史17　吉川弘文館、二〇〇七年）
同『関ヶ原合戦　家康の戦略と幕藩体制』（講談社学術文庫1858、二〇〇八年）
河内将芳『中世京都の都市と宗教』（思文閣出版、二〇〇六年）
同『秀吉の大仏造立』（法藏館、二〇〇八年）
同『落日の豊臣政権――秀吉の憂鬱、不穏な京都』（歴史文化ライブラリー418　吉川弘文館、二〇一六年）
河上繁樹「豊臣秀吉の日本国王冊封に関する冠服について――妙法院伝来の明代冠服」（『學叢』第二〇号、一九九八年三月）
同「爾を封じて日本国王と為す――明皇帝より豊臣秀吉へ頒賜された冠服」（『国際服飾学会誌』No.一六、一九九九年九月）

鍛代敏雄『神国論の系譜』（法藏館、二〇〇六年）
同「基調講演　神国論の系譜」（『神道宗教』第二〇六号、二〇〇七年四月）
北川央「14　秀吉の神格化　実像編」（堀新・井上泰至編『秀吉の虚像と実像』笠間書院、二〇一六年）
北川弘紀「豊国社成立後の豊臣家と徳川家――『舜旧記』による一試論」（『織豊期研究』第一五号、二〇一三年十月）
北島万次『豊臣政権の対外認識と朝鮮侵略』（校倉書房、一九九〇年）
木村展子「豊臣秀頼の作事体制について」（『日本建築学会計画系論文集』第五一一号、一九九八年九月）
京都国立博物館編『秀吉とねねの寺　高台寺の名宝』（鷲峰山高台寺、一九九五年）
久世奈欧「近世期京都における豊国大明神の展開」（『比較都市史研究』第三四巻第二号、二〇一五年十二月）
黒田基樹『羽柴家崩壊　茶々と片桐且元の懊悩』（中世から近世へ　平凡社、二〇一七年）
高台寺掌美術館編『平成26年秋の特別展 九州に残った豊臣氏 豊後国・日出藩主木下家と北政所』（高台寺掌美術館、二〇一四年）
佐賀県立名護屋城博物館編『佐賀県立名護屋城博物館・韓国国立晋州博物館学術交流記念　特別企画展 秀吉と文禄・慶長の役』（佐賀県芸術文化育成基金、二〇〇七年）
佐島顕子「第六章　文禄役講和の裏側」（山本博文・堀新・曽根勇二編『偽りの秀吉像を打ち壊す』柏書房、二〇一三年）
サントリー美術館・徳川美術館・林原美術館・鷲峰山高台寺・朝日新聞社編『秀吉とねねの寺 高台寺の名宝』（鷲峰山高台寺・朝日新聞社、一九九五年）
白峰旬『新解釈 関ヶ原合戦の真実――脚色された天下分け目の戦い』（宮帯出版社、二〇一四年）

同　「『十六・七世紀イエズス会日本報告集』における五大老・五奉行に関する記載についての考察（その1）」（『別府大学紀要』第五六号、二〇一五年二月）a

同　「『十六・七世紀イエズス会日本報告集』における織田信長・豊臣秀吉・豊臣秀頼・徳川家康・徳川秀忠に関するイエズス会宣教師の認識について（その1）」（『別府大学大学院紀要』第一七号、二〇一五年三月）b

同　「『十六・七世紀イエズス会日本報告集』における関ヶ原の戦い関連の記載についての考察（その1）——関ヶ原の戦いに至る政治状況と関ヶ原の戦い当日の実戦の状況」（『別府大学大学院紀要』第一七号、二〇一五年三月）c

同　「『十六・七世紀イエズス会日本報告集』における五大老・五奉行に関する記載についての考察（その2）」（『史学論叢』第四五号、二〇一五年三月）d

同　「『十六・七世紀イエズス会日本報告集』における織田信長・豊臣秀吉・豊臣秀頼・徳川家康・徳川秀忠に関するイエズス会宣教師の認識について（その2）」（『史学論叢』第四五号、二〇一五年三月）e

同　「『十六・七世紀イエズス会日本報告集』における関ヶ原の戦い関連の記載についての考察（その2）——関ヶ原の戦いに至る政治的状況と関ヶ原の戦い当日の実戦の状況」（『史学論叢』第四五号、二〇一五年三月）f

同　「関ヶ原の戦いについての高橋陽介氏の新説を検証する——高橋陽介氏の著書『一次史料にみる関ヶ原の戦い』を拝読して」（『史学論叢』第四六号、二〇一六年三月）

同　「通説打破！〝天下分け目の戦い〟はこう推移した　関ヶ原合戦の真実」（『歴史群像』第二六巻第五号・№一四五・二〇一七年十月号、二〇一七年九月）

市立長浜城歴史博物館編『神になった秀吉――秀吉人気の秘密を探る』（市立長浜城歴史博物館・サンライズ出版、二〇〇四年）
曽根勇二『片桐且元』（人物叢書228 吉川弘文館、二〇〇一年）
曽根原理『神君家康の誕生――東照宮と権現様』（歴史文化ライブラリー256 吉川弘文館、二〇〇八年）
高瀬弘一郎『キリシタン時代の研究』（岩波書店、一九七七年）
高野信治『武士神格化の研究』（吉川弘文館、二〇一八年）
田島公「明神宗贈豊太閤書」（週刊百科編集部編『朝日百科 皇室の名宝』朝日新聞社、一九九九年）
たつの市立龍野歴史文化資料館・市村高規編『秀吉からのたより――よみがえる龍野神社の宝物』（たつの市立龍野歴史文化資料館、二〇一六年）
谷徹也「秀吉死後の豊臣政権」（『日本史研究』第六一七号、二〇一四年一月）
千葉栄「豊国社成立の意義」（『東洋大學紀要』第七輯、一九五五年三月）
津田三郎『秀吉の悲劇――抹殺された豊臣家の栄華』（ＰＨＰ文庫、一九八九年）
同『北政所――秀吉歿後の波瀾の半生』（中公新書１１９７、一九九四年）
同『秀吉英雄伝説の謎――日吉丸から豊太閤へ』（中公文庫、一九九七年）
寺嶋一根「装束からみた豊臣政権の支配秩序」（『洛北史學』第一七号、二〇一五年六月）
東京国立博物館・日本テレビ放送網編『特別展 京都――洛中洛外図と障壁画の美』（日本テレビ放送網、二〇一三年）
徳富蘇峰著・平泉澄校訂『近世日本国民史 徳川家康（一）――家康時代 関原役』（講談社学術文庫571 一九八一年）

中野等『豊臣政権の対外侵略と太閤検地』（校倉書房、一九九六年）
同『秀吉の軍令と大陸侵攻』（吉川弘文館、二〇〇六年）
同『文禄・慶長の役』（戦争の日本史16　吉川弘文館、二〇〇八年）
中村栄孝『日鮮関係史の研究』中（吉川弘文館、一九六九年）
中村孝也『新訂 徳川家康文書の研究』中巻（日本学術振興会、一九八〇年）
野村玄『天下人の神格化と天皇』（思文閣出版、二〇一五年）
福田千鶴『豊臣秀頼』（歴史文化ライブラリー387　吉川弘文館、二〇一四年）
藤井貞文「豊国神社再興始末」（『國史學』第九号、一九三一年十二月）
藤井譲治「一七世紀の日本――武家の国家の形成」（朝尾直弘他編『岩波講座 日本通史』一二、近世二、岩波書店、一九九四年）
同『天皇と天下人』（天皇の歴史5　講談社、二〇一一年）
同 編『織豊期主要人物居所集成【第2版】』（思文閣出版、二〇一七年）
藤島益雄『新日吉神宮と豊国社頽廃後その神躰の行方と樹下社の創建』（新日吉神宮、一九七〇年）
同『新日吉神宮略史』（新日吉神宮、一九七二年）
堀新「第五章 豊臣秀吉と「豊臣」家康」（山本博文・堀新・曽根勇二編『消された秀吉の真実――徳川史観を越えて』柏書房、二〇一一年）
堀越祐一『豊臣政権の権力構造』（吉川弘文館、二〇一六年）
丸山眞男『丸山眞男講義録〔第七冊〕――日本政治思想史一九六七』（東京大学出版会、一九九八年）
三鬼清一郎『織豊期の国家と秩序』（青史出版、二〇一二年）a

同『豊臣政権の法と朝鮮出兵』（青史出版、二〇一二年）b
宮地直一『神祇と國史』（古今書院、一九二六年）
村井早苗『天皇とキリシタン禁制――「キリシタンの世紀」における権力闘争の構図』（雄山閣出版、二〇〇〇年）
森谷尅久監修・京都文化博物館学芸第二課片岡肇編『豊太閤没後四〇〇年記念 秀吉と京都――豊国神社社宝展』（豊太閤四百年祭奉賛会豊国会・豊国神社、一九九八年）
柳田國男「人を神に祀る風習」（柳田國男『定本 柳田國男集』第十巻、筑摩書房、一九六二年）
矢部健太郎『関ヶ原合戦と石田三成』（敗者の日本史12 吉川弘文館、二〇一四年）
山口和夫『近世日本政治史と朝廷』（吉川弘文館、二〇一七年）
湯本文彦「豊太閤改葬始末」（『史學雜誌』第一七編第一号、一九〇六年一月）
吉田洋子「豊臣秀頼と朝廷」（『ヒストリア』第一九六号、二〇〇五年九月）
米沢市上杉博物館・阿部哲人編『開館15周年記念特別展 米沢中納言上杉景勝』（米沢市上杉博物館、二〇一六年）
米谷均「第十章 豊臣秀吉の「日本国王」冊封の意義」（山本博文・堀新・曽根勇二『豊臣政権の正体』柏書房、二〇一四年）
同「10 文禄・慶長の役／壬辰戦争の原因 実像編」（堀新・井上泰至編『秀吉の虚像と実像』笠間書院、二〇一六年）a
同「コラム 破り捨てられた？ 冊封《さくほう》文書」（堀新・井上泰至編『秀吉の虚像と実像』笠間書院、二〇一六年）b

同　「例会ニュース「壬辰戦争」終結をめぐる日明両国の演出儀礼――冊封儀礼・施餓鬼供養・献俘棄市」（『日本史研究』第六五八号、二〇一七年六月）
渡辺武『豊臣秀吉を再発掘する』（新人物往来社、一九九六年）

## 参考公刊史料

『成簣堂叢書　戸田左門覚書』（民友社、一九一四年）
『史籍雑纂　當代記　駿府記』（続群書類従完成会、一九九五年）
青森県史編さん近世部会編『青森県史　資料編』近世1、近世北奥の成立と北方世界（青森県、二〇〇一年）
異国日記刊行会『影印本異国日記――金地院崇伝外交文書集成』（東京美術、一九八九年）
王有立主編『中華文史叢書第三輯十九　經略復國要編（二）宋應昌撰』（華文書局、一九六八年）
鎌田純一校訂『史料纂集　舜旧記』第一（続群書類従完成会、一九七〇年）
同　『史料纂集　舜旧記』第二（続群書類従完成会、一九七三年）
同　『史料纂集　舜旧記』第三（続群書類従完成会、一九七六年）
同　『史料纂集　舜旧記』第四（続群書類従完成会、一九七九年）
同　『史料纂集　舜旧記』第五（続群書類従完成会、一九八三年）
国立国会図書館デジタルコレクション
財団法人神道大系編纂会編『神道大系　神社編四　宮中・京中・山城国』（財団法人神道大系編纂会、一九九二年）
酒井信彦校訂『史料纂集　義演准后日記』第二（続群書類従完成会、一九八四年）

末松保和編『李朝實録第廿八冊　宣祖實録』第二（學習院東洋文化研究所、一九六一年）
副島種経校訂『新訂　本光国師日記』第三（続群書類従完成会、一九六八年）
中央研究院歴史語言研究所校印『明實録』一〇八、神宗實録（中央研究院歴史語言研究所、一九六六年）
辻善之助校訂『鹿苑日録』第三巻（続群書類従完成会、一九六一年）
東京大学史料編纂所編『大日本古記録　言経卿記』九（岩波書店、一九七五年）
同　『大日本古記録　言経卿記』十一（岩波書店、一九八〇年）
東京大学史料編纂所「大日本史料総合データベース」
東京大学史料編纂所編『日本関係海外史料　イギリス商館長日記』訳文編之上（東京大学、一九七九年）
東京帝国大学編『大日本古文書　家わけ第二　浅野家文書』（東京帝国大学、一九〇六年）
同　『大日本古文書　家わけ第八　毛利家文書之三』（東京帝国大学、一九二二年）
同　『大日本古文書　家わけ九ノ二　吉川家文書之二』（東京帝国大学、一九二六年）
日本随筆大成編輯部編『日本随筆大成〈第三期〉19』（吉川弘文館、一九七八年）
服部英雄解説・曽田菜穂美訳と解説「翻訳・フロイス『日本史』3部1～4章」（『比較社会文化』第二〇号、二〇一四年三月電子体）
塙保己一編『群書類従』第二十一輯（続群書類従完成会、一九六〇年）
朴鐘鳴訳注『看羊録――朝鮮儒者の日本抑留記』（平凡社東洋文庫440、一九八四年）
藤井讓治・吉岡眞之監修『後陽成天皇実録』第二巻（ゆまに書房、二〇〇五年）
堀田璋左右・川上多助編『日本偉人言行資料　利家夜話全　微妙公御夜話全　命期集全』（国史研究会、一九一六年）

松田毅一監訳『十六・七世紀イエズス会日本報告集』第Ⅰ期第一巻（同朋舎出版、一九八七年）
同『十六・七世紀イエズス会日本報告集』第Ⅰ期第二巻（同朋舎出版、一九八七年）
同『十六・七世紀イエズス会日本報告集』第Ⅰ期第三巻（同朋舎出版、一九八八年）
同『十六・七世紀イエズス会日本報告集』第Ⅰ期第四巻（同朋舎出版、一九八八年）
同『十六・七世紀イエズス会日本報告集』第Ⅰ期第五巻（同朋舎出版、一九八八年）
同『十六・七世紀イエズス会日本報告集』第Ⅱ期第一巻（同朋舎出版、一九九〇年）
同『十六・七世紀イエズス会日本報告集』第Ⅱ期第二巻（同朋舎出版、一九九六年）
同『十六・七世紀イエズス会日本報告集』第Ⅲ期第六巻（同朋舎出版、一九九一年）
同『十六・七世紀イエズス会日本報告集』第Ⅲ期第七巻（同朋舎出版、一九九四年）
妙法院史研究会編『妙法院史料』第五巻、古記録・古文書一（吉川弘文館、一九八〇年）
山口県文書館編『萩藩閥閲録　遺漏』（山口県文書館、一九七一年、一九七九年復刻）
早稲田大学図書館編『早稲田大学所蔵荻野研究室収集文書』下巻（吉川弘文館、一九八〇年）

**野村 玄**（のむら げん）
1976年大阪府生まれ。2004年、大阪大学大学院文学研究科博士後期課程修了。博士（文学、大阪大学）。専門は日本近世史。現在、大阪大学大学院文学研究科准教授。著書に『日本近世国家の確立と天皇』（清文堂出版）、『徳川家光――我等は固よりの将軍に候』（ミネルヴァ書房）、『天下人の神格化と天皇』（思文閣出版）がある。

［中世から近世へ］

豊《とよ》国《くに》大《だい》明《みよう》神《じん》の誕《たん》生《じよう》　変えられた秀吉の遺言

発行日　2018年３月23日　初版第１刷

著者　野村 玄
発行者　下中美都
発行所　株式会社平凡社
〒101-0051　東京都千代田区神田神保町3-29
電話（03）3230-6581［編集］（03）3230-6573［営業］
振替 00180-0-29639
ホームページ http://www.heibonsha.co.jp/
印刷・製本　株式会社東京印書館
DTP　平凡社制作


ISBN978-4-582-47738-2
NDC分類番号210.47　四六判（18.8cm）　総ページ292